庄钟庆 庄明萱 编撰

两地书·集注

【厦门—广州】

厦门大学出版社

前　言

　　经过多少年的努力，这个注本终于成书出版，实现了久蓄的那份心愿，甚感欣慰。这里想就编撰中考虑较多的几个事情，提出来说一说。

　　这个注本的书名，在拟定中，前后有个重要变动。前一段时间，随着有关资料涉猎的增多，我们愈越深切感到，鲁迅在厦门时期，是他一生中的一个重要时期。他在这个时期写作的《两地书》（厦门—广州），生动地纪录和反映当年的生活、工作状况和思想感情经历，具有相当重要价值。但由于受到所处时代环境限制，有些紧要的事情不能明白写出来。加上年代相隔很远，许多人事风物，都早已淡化或变更，后人研习起来，自有不少难处。为当代读者计，应有个更具感性的注本。因此，"《两地书》（厦门—广州）详注"，即成为我们心目中最初的课题和书名。后来，在一次鲁迅专题研讨会上，我们报告了"详注"的课题与设想，与会专家和同行经讨论，建议把书名的"详注"改为"集注"，很有启发。觉得虽是一字之差，却使这个注本更具学理性和兼容性，便欣然接受这个建议，定为正式出版的书名。

　　诚然，《两地书》注释，已有多种版本。现在再做起来，就不能没有一点新意和拓展。为此，我们即根据本书的具体情况，在几个地方做了一些探索和尝试。当中，最主要的是，在保留原有注释的同时，大量地增加了显示书中所蕴含重要内容的注释。经过前前后后的学习，在我们感受中，《两地书》的"厦门—广州"部分，有三个方面的内容相当突出：

　　（一）纪录了作者在厦门—广州两地的生活、工作和感受。包括两地的大小环境，作者的工作进程、生活状况、社会活动、人事关系和种种体验。

（二）对重大社会问题及个人生活道路的探索。包括对北伐进军的形势和发展，党派纷争的背景和实质，社会改革的目标和力量，文化联合战线的组成和指向，鲁迅面临几种生活道路的比较与选择，创作与教学的矛盾和应对策略，厦门与广州的比较和去留等问题的观测和探讨。

（三）反映鲁迅与许广平之间感情发展的重要历程。书中始终流淌着他们之间相互关爱、体贴、尊重和同调的感情。但也伴有惜别离思的漪涟，深沉探索的衷肠，遭遇种种风波的反响，更加勇于亲近前行的交流等。

我们正是围绕上列内容，在已有注释的基础上，增加了一倍多的条目，使之更具规模性，更富有独立本色。

采用集注式是这本书用心探索和尝试另一个重要地方。在编撰过程中，结合面对的诸多情况和问题，择取了以下几个做法：

（一）尽量汇入各个版本和各种来源的注释材料。根据我们的查阅和梳理，相关注释的主要资料有：人民文学出版社出版的1958年版《鲁迅全集·两地书》，1981年版《鲁迅全集·两地书》，2005年版《鲁迅全集·两地书》；人民文学出版社出版的2005年版《鲁迅全集·鲁迅日记》、《鲁迅全集·鲁迅书信》；人民文学出版社1983年版的《鲁迅年谱》。另有一些知情者的回忆性资料和学界新的研究成果。还有编撰者历年搜集的资料和新查阅到的文史资料。我们即按照集注的统一要求，经过选编，分别汇入注中。

（二）增设了集注式的体例。我们在沿用原有的体例之外，又根据相当部分注条出现了或可以有多种注释的情况，增设了集注式的体例，即在一个注条之下，有多种注释。采用了这样的体例，一般是先列出编撰者的注释；继而列出人民文学出版社各个时期不同版本的注释；最后列出带有资料性和成果性的注释。同一注条之下，标示注码，依次列注。

（三）对于已有注释出现的复杂现象，则分别不同情形加以处理。人民文学出版社三个不同年代版本的注释，条目集中且注文规范，是我们引用的主要版本。但在实际接触中，也遇到了复杂情况。这三个版本的注释，在同一条目之下，有的是完全相同的，有的是不同的，有的是大同小有差异。对此，我们分别作了这样的处理：凡属条目与注释相同的,取最早的一个版本;注文有不同的,由近及远一并列出;注释稍有不同的,取写得更为完整的那个版本。经此梳理与建构,以期使注释更具有兼容性,体例更备有适应性。

相关资料的入注和引进,也是我们用力探索和尝试的一个很重要地方。在注本中,汇集了各个版本的注释,可以认为,这本身就是一种最为核心资料的荟萃。同时,我们在新增加的条目中,又注入了较为详细的相关资料。如引用了有关北伐节节进展的消息,包括全国性及浙江、广东、福建的报道;鲁迅在厦大的人事关系、任课和授课、创作与学术研究、指导文艺青年;在校内国学馆、集美楼、映雪楼、群贤楼、同安楼、囊萤楼及到厦门市区、鼓浪屿、集美学校活动等情况的资料。引用了许广平在广州的人事关系和亲属关系,在校的职务和职责,校务与社会活动;笔下所涉及的广东的工人群众运动、青年学生运动、妇女运动和省立女子师范学校、中山大学、省立一中、省立二中中的校事;与鲁迅相互关心与倾谈等情况的资料。还有,在全书注释之后,增加了附录部分,收入 16 篇有参考性的文稿。其中有:许广平《厦门和广州》、陈漱渝《在大革命风暴中》、川岛《和鲁迅先生在厦门相处的日子里》、陈梦韶《鲁迅在周会上演说有关"少读中国书"部分追记》、戴锡樟《鲁迅在集美学校讲演内容概要》、罗明《厦门大学地下党与鲁迅的关系》等。把上述各类相关资料汇集一起,分别加以处理,以期有助于还原当年的社会面貌和生活情景,便于从多个侧面去了解作品的内涵,并可藉此留住一些难得资料,增加注本的资料性和功能性。上述种种,既是我们着重探索和尝试的地方,也是我们追求的重要方面,或许可以说是这个注本的重要特色。

在注释过程中,我们也曾遇到各种问题,需要去认真思考,妥当处理。譬如说,关于本注的自主性与继承性问题,经过反复考虑认为,两方面都有必要,关键是要立足科学,服务读者,扬其所长,构成一体。为了还当年的历史情景,当中也还原了一些带有政治色彩或纷歧性的人与事。对于这个问题,我们采用了历史唯物主义的原则和方法,取材与落笔都严格限于彼时彼事,此后的发展变化,交由历史申明。注本所引用和附录的资料,其中一部分,因受诸多历史条件中的制约,在观点、提法、文字、编排、印刷等方面,都留有当年痕迹。为了尊重历史,也在引用或收录中保留原样,交由读者辨正。为了在注释中提供更多更详的一些资料,力求在允许的条件下对注文进行变通处理。

　　这样的几种情况,甚感有相互交流之必要,谨此提出,略作说明,有祈广大读者和同行赐教。

编撰者
2008 年 4 月于厦门大学海滨东区

《两地书》序言[1]

这一本书,是这样地编起来的——

一九三二年八月五日,我得到霁野,静农,丛芜三个人署名的信,说漱园于八月一日晨五时半,病殁于北平同仁医院了,大家想搜集他的遗文,为他出一本纪念册,问我这里可还藏有他的信札没有。这真使我的心突然紧缩起来。因为,首先,我是希望着他能够全愈的,虽然明知道他大约未必会好;其次,是我虽然明知道他未必会好,却有时竟没有想到,也许将他的来信统统毁掉了,那些伏在枕上,一字字写出来的信。

我的习惯,对于平常的信,是随复随毁的,但其中如果有些议论,有些故事,也往往留起来。直到近三年,我才大烧毁了两次。

五年前,国民党清党的时候,我在广州,常听到因为捕甲,从甲这里看见乙的信,于是捕乙,又从乙家搜得丙的信,于是连丙也捕去了,都不知道下落。古时候有牵牵连连的"瓜蔓抄"我是知道的,但总以为这是古时候的事,直到事实给了我教训,我才分明省悟了做今人也和做古人一样难。然而我还是漫不经心,随随便便,待到一九三〇年我签名于自由大同盟,浙江省党部呈请中央通缉"堕落文人鲁迅等"的时候,我在弃家出走之前,忽然心血来潮,将朋友给我的信都毁掉了。这并非为了消灭"谋为不轨"的痕迹,不过以为因通信而累及别人,是很无谓的,况且中国的衙门是谁都知道只要一碰着,就有多么的可怕。后来逃过了这一关,搬了寓,而信札又积起来,我又随随便便了。不料一九三一年一月,柔石被捕,在他的衣袋里搜出有我名字的东西来,因此听说就在找我。自然罗,我只得又弃家出走,但这回是心血来潮得更加明白,当然先将所有信札完全烧掉了。

因为有过这样的两回事,所以一得到北平的来信,我就担心,怕大约未必有,但还是翻箱倒箧的寻了一通,果然无踪无影。朋友的信一封也没有,我们自己的信倒寻出来了。这也并非对于自己的东西特别看作宝贝,倒是因为那时时间很有限,而自己的信至多也不过蔓在自身上,因此放下了的。此后这些信又在枪炮的交叉火线下,躺了二三十天,也一点没有损失。其中虽然有些缺少,但恐怕是自己当时没有留心,早经遗失,并不是由于什么官灾兵燹的。

一个人如果一生没有遇到横祸,大家决不另眼相看,但若坐过牢监,到过战场,则即使他是一个万分平凡的人,人们也总看得特别一点。我们对于这些信,也正是这样。先前是一任他垫在箱子底下的,但现在一想起他曾经几乎要打官司,要遭炮火,就觉得他好像有些特别,有些可爱似的了。夏夜多蚊,不能静静的写字,我们便略照年月,将他编了起来,因地而分为三集,统名之曰《两地书》。

这是说:这一本书,在我们自己,一时是有意思的,但对于别人,却并不如此。其中既没有死呀活呀的热情,也没有花呀月呀的佳句;文辞呢,我们都未曾研究过《尺牍精华》或《书信作法》,只是信笔写来,大背文律,活该进"文章病院"的居多。所讲的又不外乎学校风潮,本身情况,饭菜好坏,天气阴晴,而最坏的是我们当日居漫天幕中,幽明莫辨,讲自己的事倒没有什么,但一遇到推测天下大事,就不免胡涂得很,所以凡有欢欣鼓舞之词,从现在看起来,大抵成了梦呓了。如果定要恭维这一本书的特色,那么,我想,恐怕是因为他的平凡罢。这样平凡的东西,别人大概是不会有,即有也未必存留的,而我们不然,这就只好谓之也是一种特色。

然而奇怪的是竟又会有一个书店愿意来印这一本书。要印,印去就是,这倒仍然可以随随便便,不过因此也就要和读者相见了,却使我又得加上两点声明在这里,以免误解。其一,是:我现在是左翼作家联盟中之一人,看近来书籍的广告,大有凡作家一旦向左,则旧作也即飞升,连他孩子时代的啼哭也合于革命文学之概,不过我们的这书是不然的,其中并无革命气息。其二,常听得有人说,书信是最不掩饰,最显真面的文章,但我也并不,我无论给谁写信,最初,总是敷敷衍衍,口是心非的,即在这一本中,遇有较为紧要的地方,到后来也还是往往故意写得含胡些,因为我们所处,是在"当地长官",邮局,校长……,都可以随意检查信件的国度里。但自然,明白的话,是也不少的。

　　还有一点,是信中的人名,我将有几个改掉了,用意有好有坏,并不相同。此无他,或则怕别人见于我们的信里,于他有些不便,或则单为自己,省得又是什么"听候开审"之类的麻烦而已。

　　回想六七年来,环绕我们的风波也可谓不少了,在不断的挣扎中,相助的也有,下石的也有,笑骂诬蔑的也有,但我们紧咬了牙关,却也已经挣扎着生活了六七年。其间,含沙射影者都逐渐自己没入更黑暗的处所去了,而好意的朋友也已有两个不在人间,就是漱园和柔石。我们以这一本书为自己记念,并以感谢好意的朋友,并且留赠我们的孩子,给将来知道我们所经历的真相,其实大致是如此的。

　　　　　　　　　　　一九三二年十二月十六日,鲁迅。
　　　　　　　　　　　北京

注释:

[1]《两地书》全书分为三集,即第一集北京,第二集厦门—广州,第三集北平—上海。本篇既是全书的序言,也适用于第二集。最初印入 1933 年 4 月上海青光书局出版的《两地书》,同年底又经作者收入《南腔北调集》。现特编入,以资参考。

目　录

前言
《两地书》序言

第二集　厦门—广州（集注）

附　　录

第二集　厦门—广州（集注）

三六[1]

广平兄：

我九月一日夜半上船，二日晨七时开，四日午后一时到厦门[2]，一路无风，船很平稳，这里的话，我一字都不懂，只得暂到客寓[3]，打电话给林语堂[4]，他便来接，当晚即移入学校[5]居住了。

我在船上时，看见后面有一只轮船，总是不远不近地走着，我疑心就是"广大"。不知你在船中，可看见前面有一只船否？倘看见，那我所悬拟的便不错了。

此地背山面海，风景佳绝[6]，白天虽暖——约八十七八度[7]——夜却凉。四面几无人家，离市面约有十里，要静养倒好的。普通的东西，亦不易买[8]。听差懒极，不会做事也不肯做事；邮政也懒极，星期六下午及星期日都不办事。

因为教员住室[9]尚未造好（据说一月后可完工，但未必确），所以我暂住在一间很大的三层楼上[10]，上下虽不便，眺望却佳。学校开课是二十日，还有许多日可闲。

我写此信时，你还在船上，但我当于明天发出，则你一到校，此信也就到了。你到校后，望即见告，那时再写较详细的情形罢，因为现在我初到，还不知什么。

迅
九月四日夜

注释：

[1]　这是鲁迅在厦门写给许广平最早的一封信，收入《两地书》中，编序三六。

《两地书》是鲁迅与许广平在 1925 年 3 月至 1929 年 6 月间的通讯结集,共收信一百三十五封(其中鲁迅六十七封半),由鲁迅编辑而成,分为三集,1933 年 4 月由上海青光书局初版。《第一集　北京》收存鲁迅与许广平 1925 年 3 月至 7 月在北京的书信三十五封,编序一至三十五。《第二集　厦门——广州》,收存鲁迅与许广平从 1926 年 9 月至 1927 年 1 月来往书信七十八封,编序三六至一一三。《第三集　北京—上海》收存鲁迅 1929 年 5 月至 6 月鲁迅北上省母期间与许广平的来往通讯二十二封,编序一一四至一三五。

[2]厦门　据《鲁迅日记》记载:他于 1926 年 8 月 26 日离开北京南下,途经上海,转乘"新宁"号轮船,9 月 4 日抵达厦门。厦门原是个无名小岛,宋太平兴国年间,因产"一茎数穗"的水稻,才被称为"嘉禾屿"。元代在岛上设嘉禾千户所,屯兵守卫。明代为抗倭寇,设中左所,筑城守御,始称厦门。明末郑成功举义反清,以厦门港阔水深,地势险要,遂辟为根据地,改称思明州,并据此挥师东征,从荷兰殖民主义者手中收复祖国领土台湾。康熙年间,清政府攻占厦门、台湾之后,设台厦兵备道统辖两地;乾隆年间又设兴泉永兵备道于此。自元代以来,厦门一直是海防军事要地。至 1842 年,清廷在鸦片战争中失败,与英国签订了丧权辱国的《南京条约》,开厦门为五个通商口岸之一,厦门才逐渐成为八闽的门户及华侨出入的重要港口,成为中国东南的重要商埠。但直至二十世纪一十年代,厦门繁荣的市区仍偏于岛西一隅,即今第一码头及开元路一带。全岛丘峰起伏,溪流纵横,岛内交通极为不便。(洪永宏编著:《厦门大学校史·第一卷》,厦门大学出版社 1990 年版)。

[3]客寓　指邻近当时厦门太古码头的中和旅社。

[4]林语堂

①林语堂(1895—1976)　又作"玉堂",原名和乐,福建漳州(旧称龙溪)人。曾留学美国。1923 年回国后,先后在北京大学、北京女子师范大学等校任教,为《语丝》撰稿人之一。他声称自己是"自由主义者",既表示支援女师大改革风潮,同时又宣扬"费厄泼赖"主张。1926 年 5 月回厦门,任厦门大学文科主任兼国学研究院秘书。不久,即推荐聘请鲁迅来校任教。1930 年代初期,在上海主编《论语》《人间世》《宇宙风》等杂志。1936 年 8 月后,曾长住美国,后返回台湾。

②林语堂(1895—1976)　福建龙溪人,作家。曾留学美国,早期是《语丝》撰稿人之一。先后在北京大学、北京师范大学、北京女子师范大学等校任教,当时任厦门大学文科主任兼国学院秘书。(《鲁迅全集·11 卷·两地书》,人民文学出版社 1981 年版。以下称人民文学出版社 1981 年版。)

[5]学校　指厦门大学。

①1921 年 4 月 6 日由陈嘉庚创建,校址在厦门。当时,全校共设置文、理、教

育、商、工、法六科,下设国文、外国语文学、哲学、历史社会学、数学、物理、化学、植物学、动物学、教育学、心理学、商业学、会计学、土木工程、电气工程、机械工程、法律学、政治学、经济学等 19 系。还有预科及医科筹备处。学生 330人,教师 75 人。鲁迅应聘任文科国文系教授和国学研究院教授。

②1920 年 8 月由陈嘉庚捐资创办,邀蔡元培、汪精卫、黄炎培诸人为筹备委员,聘邓萃英为校长,1921 年 4 月 6 日举行开学式。1921 年 5 月邓萃英辞职,由林文庆任校长。(鲁迅博物馆、鲁迅研究室编:《鲁迅年谱·第 2 卷》,人民文学出版社 1983 年版)

③爱国华侨陈嘉庚 1921 年在厦门创办的一所大学,校长林文庆。1926 年 5月林语堂任该校文科主任兼国学研究院秘书,经他推荐,聘鲁迅任该校文科国文系教授兼国学研究院研究教授。鲁迅 8 月 26 日离京,取道上海,9 月 4 日抵厦门,次年 1 月 16 日离厦门去广州,在厦门共四个月又十二天。(《鲁迅全集·日记》,人民文学出版社 1981 年版)

[6]背山面海,风景佳绝　　这是鲁迅对厦大自然景观最初的印象和生动描绘。厦大风景历来为人羡赞,此与陈嘉庚当年重视和用心选择校址有着直接关系。自 1919 年夏开始,他躬亲遍勘各处地点,经过深谋远虑,最后选定厦门南端演武亭一带为校址。认为:"校址问题乃创办首要;校址当以厦门为最宜,而厦门地方尤以演武场附近山麓最佳,背山面海,坐北向南,风景秀美,地场广大。"(陈天明编著:《厦大校史资料第八辑·厦大建筑概述》,厦门大学出版社 1991年版)

[7]八十七八度　　指气温。此为华氏寒暑表的温度,相当于摄氏寒暑表的 31°。

[8]普通的东西,亦不易买　　当时厦大地处边远城郊,与市区之间有镇南关、大生里、埔头山、蜂巢山、澳岭、赤岭阻隔,从陆路前往必须循缘山道,攀越重岭。因此,欲前往者多取水路,即由学校近处的沙坡尾搭舢板船到市区,或在市区码头搭船,驶过虎头山下海面,绕过厦门港,在沙坡尾东边上陆。

[9]教员住室　　当时计划建在厦大小北城一带的教员宿舍。

[10]三层楼上　　即厦大生物学院的最高一层。鲁迅 9 月 4—25 日住在这里。他住的房间,是在靠海一边,可看到茫茫的海水,听到呼呼的风声。该楼建筑于小山岗,楼前地面比楼后地面高出一层,前后看去不一样。因此,鲁迅有时说是住在三层楼上,有时说是住在四层楼上。1938 年 5 月,厦门沦陷之后,该楼被日军彻底拆毁改修工事。1954 年,陈嘉庚在原址上按原规模和结构重建,取名"南安楼",通称"生物学馆"。

三七

My dear teacher：

　　昨到你住的孟渊旅馆奉访后，四妹[1]领我到永安公司[2]，买得小手巾六条，只一元，算来一条不到二角。晚上又游四川路广东街，买雨伞一把，也不过几角钱。访了两处亲戚，都还客气，留吃点心或饭，点心是吃的，但饭却推却了。

　　今天（九月一日）又往先施公司[3]等，买得皮鞋一双，只三元；又信纸六大本（与此纸同，但大得多），一元。此外又买些应用什物，不敢多买，因为我那天看见你用炒饭下酒[4]，所以也想节省一点。

　　今晚（一日）七时半落广大轮船[5]，有二位弟弟[5]送行，又有大安旅馆之茶房带同挑夫搬送行李，现在是已在船中安置好了。一房二人，另一人行李先到，占了上格床，我居下格。现只我一人在房，我想遇有机会，想说什么就写什么，管它多少，待到岸即投入邮筒；但临行时所约的时间[6]，我或者不能守住，要反抗的。

　　船票二十五元，连杂费约共花三十余元，余下的还很不少。又，大安旅馆自沪一直招呼至粤，使费大约较自己瞎撞的公道，且可靠，这也足以令人放心的。

　　船中热甚，一房竟夕惟我一人，也自由，也寂寞，船还停着，门窗不敢打开，闷热极了！好在虽然时时醒来，但也即睡去；臭虫到处都是，不过我尚能安眠。只是因为今晚独自在船，想起你的昨晚来了。本来你昨晚下船没有，走后情形如何，我都不知道，晚间妹妹们又领我上街闲走，但总是蓦地一件事压上心头，十分不自在，我因想，此别以后的日子，不知怎么样？

二日晨八时十分，船始开。天刚亮，就有人来查行李。先开随身的木箱，后开帆布箱，我故意慢慢地，他不耐烦了，问我作什么的。我答学生，现做教员。他走了。船开后又来查，这回是查私贩铜元的，床铺里也都穷搜，将漆黑的手印满留在枕席上。

同房的姓梁，是基督教徒，有一个她的女友，住房舱的，却到我们房里来吃饭，两人总是谈着什么牧师爷牧师奶，讨厌得很，我这回车和船都顶着"华盖"[7]了。午后她们又约我打牌，虽则不算钱，总是费时无益的事，我连忙躺下看书，不久睡着，从十一点多钟一直到四点。六时顷晚饭，菜是广东味，不十分好，也还吃得几碗饭。也不晕船，躺着看小说。

睡起见水色已变浅绿，泛出雪白的波头，好看极了。因为多年囚禁在沙漠中，所以见之不禁惊喜，但可气的是船面上挤满着人，铺盖，水桶，货物；房的窗口也总有成排的人，高高的坐在箱子上，遮得全房漆黑，而我又在下层床，日里又要听基督圣谕。My dear teacher! 你的船中生活怎么样？

三日晨七时起床，十时早饭，十一时左右，在我们房门口的堆满行李的舱面上，是工友们开会。许多人聚在一处，有一个学生模样的做主席，大家演说北伐的必要……随意发挥；报告各地情形的也有，我也略略说了一点北京的黑暗。开会有二时之久，大家精神始终贯注，互相勉励，而著重于鼓励工人，因为这会是为工人而开的。我在旁参与，觉到一种欢欣，算是我途中第一次的喜遇。这现象，在北方恐怕是梦想不到的罢！下午一时多散会，还豫约每天开会一次，尤其是注意于向着上海工厂招来的工友们，灌输国民革命的意义。有一个孙传芳[8]部下的军官，当场演说北方军阀的黑幕，并说自当军官以来，不求升官发财，现在看北方军人实在无可希望了，所以毅然脱离，径向广东投国民革命军，意欲从这里打破北方的黑暗。这是大家都很欢迎的。My dear teacher，你看这种情形是多么朝气呀！

十时吃的算是午饭，一时顷有咖啡一杯，面包二片，晚九时又有鸡粥一碗，其间的四时顷是晚餐，食物较火车上为方便。船甚稳，如坐长江轮船一样，不知往厦门去的是否也如此？

四日被姓梁的惊醒，已经八点多了。她有一个女友，和一个男友（？），不绝的来，一方面唱圣诗，一方面又打扑克。我被挤得连看书的地方都没有了,也看不下去,勉强的看了《骆驼》[9];又看《炭画》,是文言的,没有终卷。继看《夜哭》,字句既欠修饰,命意也很无聊,糟透了。

下午四时船经过厦门,我注意看看,不过茫茫的水天一色,厦门在那里!?

因为听说是经过厦门,我就顺便打听从厦门到广州的走法。据客栈人说:可以由厦门坐船到香港,再由香港搭火车到广州,但坐火车要中途自己走一站,不方便,倘由广州往香港,则须用照相觅铺保,准一星期回,否则惟店铺是问。也有从厦门到汕头的。我想,这条路较好,从汕头至广州,不是敌地,检查之类,可省许多麻烦,这是船中所闻,先写寄,免忘记,借供异日参考。

现在写字时是四日晚的九时,快有粥吃了。男女两教徒都走了,清净不少,但天气比前两天热,也不愿意睡,就想起上面的那些话,写了下来。

My dear teacher:现在是五日午后二时廿分了,我正吃过午点心。不晓得你在做什么? 今天工人仍然开会,但时间提早了,是十时多。刚刚摆开早饭,一个工人就来邀我赴会,说有两个主席,我是其一。我想,在这样人地生疏的境况之下,做主席是很难的,一不合式,就会引起纠纷,便说正在吃饭,又向来没有做过主席,不敢当,当场推却了。饭后到会,就有人要我演说,正推辞间,主席已在宣布喉咙不大好,说话不便,要我去接替。我没法,只得站上台去,攻击了一顿北京的政治和社会上的黑暗的情形。一完就退席,回到房里。听人说,开会时有国民党员百来人,但是彼此争执开会手续不合法,一部分人退席了。这是我后来才知道的。往回一想,这么几个人,在这么短期间,开一个小会就冲突,则情形之复杂可想,幸而我没有做主席,否则,也许会糟到连自己都莫名其妙哩! 听说明天上午可以到广州了,船内的会总该不致再开,我或者可以不再去说话,但是,到广州呢?

现时船早过了汕头,晚饭顷可经香港之北,名大划[10]的地方。在这里须等候带船的人来领入广州,但他来的迟早很不一定,即使来了,也得再走六小时之久,始达终点。但无论如何,六日是必能到广州的了。

My dear teacher:今天是六日,现在是快到八点了。昨晚十时,船停香北大划[10]地方,候带船人,因为此后伏礁甚多,非熟识者难以前进。幸而今早起来,听说带船人已经到了,专候潮长,便即开船;如能准时,则午后可到珠江了。

My dear teacher:现在(三时)船快到了,以后再谈罢。

Your H. M.[11]

六日下午三时

注释:

[1]四妹　许广平的堂妹,那时随其父许炳墩住在上海。

[2]永安公司　侨资经营的大型百货公司,与先施公司同设在上海南京路。

[3]先施公司　侨资经营的最早的大型百货公司。1900 年在香港设总公司,1917年在上海设分公司。

[4]炒饭下酒　鲁迅于 1926 年 10 月 4 日的信里说:"在上海时,我和建人因为吃不多,便只叫了一碗炒饭,不料又惹出影响,至于不在先施公司多买东西,孩子之神经过敏,真令人无法可想。相距又远,鞭长不及马腹,也还是姑且记在帐上罢。"

[5]两位弟弟　许广平的堂弟许崇富、许崇强,当时随其父许炳墩住在上海。

[6]所约的时间　鲁迅与许广平离京南下前,相约做两年工作再见面。许广平后来说:临去之前,鲁迅曾经考虑过,教书的事,绝不可以作为终生事业来看待,因为社会上的不合理遭遇,政治上的黑暗压力,作短期的喘息一下的打算则可,永远长此下去,自己也忍受不住。因此决定,一面教书,一面静静地工作,准备下一步的行动,为另一个战役作更好的准备,也许较为得计吧。因此,我们就相约,做两年工再作见面的设想,还是为着以后的第二个战役的效果打算。这是《两地书》里没有解释清楚的。(《鲁迅回忆录·厦门和广州》,作家出版社 1961 年版)

[7]"华盖"　原是相家用语,指人的运气好。这里是许广平引用鲁迅的话,说自己在途中遇到不愉快的事。鲁迅在《华盖集·题记》中写到:"我生平没有学过算命,不过听老年人说,人是有时要交'华盖运'的……这运,在和尚是好运;顶有华盖,自然是成佛作祖之兆,但俗人不行,华盖在上,就要给罩住了,只好碰钉子。"

[8]孙传芳(1885—1935 年)　山东历城人,,北洋直系军阀。当时任安徽、江苏、浙江、江西、福建五省联军总司令。信中对孙传芳的下属军官去广东投国民革命

军的行动发出感慨。

[9]《骆驼》　不定期刊物,周作人、徐祖正等主办,1926 年 6 月在北京创刊,北新书局发行。下文的《炭画》,中篇小说,波兰显克微支著,周作人于 1909 年用文言翻译,1914 年 4 月由上海文明书局出版。《夜哭》,散文诗集,焦菊隐著,1926 年 7 月北新书店出版。(人民文学出版社 1981 年版)

[10]大划　在香港北角铜锣湾附近。许广平在乘船南下广州途中,特别留意厦门、汕头、大划等海域的方位和有关交通事项。

[11]YOUR H. M.

①YOUR,英语:你的;H. M. ,"害马"罗马字拼音"HAIMA"的缩写。1925 年许广平就读北京女子师范大学期间,参加领导学校爱国学生运动,为学校当局所不容,于 5 月 9 日,贴出告示,宣布开除出校:"本校为全国策源之地,学风纯谨,最属要端。近数月来,查有学生蒲振声、张平江、郑德音、刘和珍、许广平、姜伯谛不守本分,违背校规,甚至鼓动风潮,妨碍公众学业。曾经屡次宽容,予以自新之路,讵意前日礼堂开会来宾讲演之时,复敢群集守门,拦阻校长到会,并在会场哗噪,扰乱秩序,侮辱师长。如此怙恶不悛,目无规纪,不独自玷性行,实乃败坏学风。兹提交评议会公同议决,将该生蒲振声、张平江、郑德音、刘和珍、许广平、姜伯谛等开除学籍,即令出校,以免害群。"因学校杨荫榆当局在开除布告中加罪许广平等是"害群之马",此后鲁迅就给许广平起了个"害马"的绰号。每当许广平来访,鲁迅就会幽默地说:"害马来了"。从这封信开始,许广平也乐于自称为"害马"。

②YOUR,英语,你的;H. M. ,"害马"罗马字拼音的缩写。(人民文学出版社 1981 年版)

三八

先生：

　　六日我寄了一封信，那是在船上陆续写出，到粤后托客栈人寄的，收到了没有？

　　船于这日上午九时启碇驶入广州，经虎门黄埔，下午二时又停于距城甚远之车歪炮台[1]外，又候至六时，始受专意捣乱，久延始来之海关外人[2]查关检疫，乃放人换坐小艇泊岸。将泊岸了，而船夫一时疏失，突入旋涡，更兼船中人多（三十余）货重（百余件），躲浪不及，以致船身倾侧，江水入船，船夫坠水，幸全船镇静，使船放平，坠水船夫更竭力挽救，始得化险为夷，迨水上警察来时，已经平安无事矣。

　　登岸后，住大安栈，但钱币不同[3]，路不认识，迫得写信叫人送给约我回来的陈家表叔[4]，请其到栈接我，即于七日上午迁寓陈家，此信即在陈家所写。女子师范学校[5]已经正式上课，今日（八日）下午四时左右，便当搬到校内去了。一切情形还多。女师甚复杂。我担任的是训育[6]，另外授课八小时，每班一时，现在姑且尽力，究竟能否长久，再看情形就是了。

　　这里民气激昂，但闻北伐顺利，所以英人从中破坏[7]，现正多方寻衅，见诸事实，例如武装兵船示威珠江，沙面等，以图扰乱后方即是。闽中有何新闻？关于本地或外省的，便希通知一下，以后再谈。

　　候著安。

你的 H. M.

九月八日

注释:

[1]车歪炮台　地名,在珠江南石头附近,清政府曾在这里筑过炮台。

[2]海关外人　旧海关的外籍人员。(人民文学出版社 1981 年版)

[3]钱币不同　当时广东的货币自成系统,使用本省铸造的毫银,不通行大银元,也不通行全国各银行印发的纸币。

[4]陈家表叔　指陈延炘,广东番禺人。北京大学毕业,时任中山大学理学院地质系讲师,约请许广平返回广东工作。许广平由船上登岸后,即由客栈迁寓他家。

[5]女子师范学校

　　①即广东省立女子师范学校,为许广平到广东任职的学校。该校是清朝光绪三十三年(1874)两广提学使于晦若创立,以大右街中的大清宫旧址为校舍,委任程耀华女士为校长,设初级师范两班,高初小各两班,1911 年添设幼稚园两班。1923 年省令拨广州市莲塘路积原坊旅粤中学校址扩充为新校舍,随将师范全部搬入新址。以原旧址为师范部宿舍和附属小学校舍,改招新制初中生两班。1927 年旧制师范完全办理毕业,并由是年起,开始办师范科。(《广东年鉴·下册·卷十二·教育》1935 年版)

　　②即广东省立女子师范学校。许广平时任该校训育主任。(《鲁迅全集·第十一卷·两地书》注释,人民文学出版社 2005 年版,下称人民文学出版社 2005 年版)

　　③即广东省立女子师范学校。(人民文学出版社 1981 年版)

[6]训育　1926 年,广东国民政府在所属的部分中等以上学校中初次设置的一种行政职务。根据广东省立女子师范学校校章规定,训育职责包括宣传党义、考查学生操行、调解学生纠纷、处理学生奖罚、审查学生集会、联络学生家庭、管理学生起居饮食等 17 项。许广平应聘到校时,即被任命为训育,另教《三民主义》课程八小时。

[7]英人从中破坏

　　①指英国方面在珠江多方寻衅,扰乱后方,以破坏北伐顺利进行。当地报刊多有详细报道:1926 年 9 月 4 日,英舰开入省河挑衅。5 日中午,突有枪声由沙面及白鹅潭英舰向我省港罢工纠察队射来,计有 30 余响,时发时止。9 月 7 日中午,又有英舰一艘,配足武装,驶至湾泊车歪炮台附近之亚细亚轮前湾泊,舰上英兵即放空枪示威,然后有全副武装英兵 45 名,其中 15 名手持机关枪者,气势汹汹,蜂涌上亚细亚轮船,先将驻船值日捆绑,然后向船内人员以枪指吓,勒令即刻离船,并不准其携带行李,所有船上器械什物均行没收,船仓亦被撞烂等。(《工人之路》1926 年第 432 期)

　　② 1926 年北伐军向武汉进军时,英国军舰于 9 月 4 日占领广州省港码头,且连日在珠江游弋,截击货船,拘捕华人,开枪射击省港罢工纠察队。(人民文学出版社 1981 年版)

三九

迅师：

七，九两日发了两封信，你都收到了没有？那信是写一路上情形的。

五日你寄的信，十日晚收到了。信来在我到校之后，并非一到校也就收到。

八日搬入学校，在下午四时顷，我的妹妹[1]，嫂嫂已在等我相见许多时候了。待行李送到后，我即和她们同回老家，入门，则见房屋颓坏，人物全非，对此故园，不胜凄痛。晚间蚊虫肆虐，竟夕不成眠。次晨为母氏纪念日，祀祭后十时余返校，卧室在旧校楼上，是昔之缝纫室，今隔为三，前后两间皆有窗，光线充足，但先已有人居住；中间室狭而暗，周围无窗，四面"碰壁"，即我朝夕之居处也。

校役招呼尚好，食品价亦不算太贵，但较北方或略昂，惟若可口，即算值得。

本校八日正式开课，校长[2]特许休息几天，所以于明日（十三，星期一）才起首授课及办公。以前几天，有时在校豫备教课，或休息，有时也出去探访亲戚，但总是请人带领。

这个学校的学生颇顽固，而且盲动，好闹风潮，将来也许要反对我，现时在小心中。

我一路上不觉受苦，回来后精神也佳，校内旧的熟人不少，但是我还是常常喜欢在房内看书。

你的较详细的信是否在途中，还是尚未写发，我希望早点收到。

明天有两小时教课，急要豫备，下次再细谈罢。

Your H. M.

九月十二晚六时三十五分

我的职务(略)

注释:

[1]妹妹　许月平,1913 年生,居幼,广州女子职业学校毕业。

[2]校长

①廖冰筠　广东惠阳人,廖仲恺之妹。她于 1920 年至 1927 年初任省立女子师范学校校长。(人民文学出版社 2005 年版)

②廖冰筠　广东惠阳人。她于 1920 年至 1927 年初任广东省立女子师范学校校长。(人民文学出版社 1981 年版)

③据当年在该校就读的黄慧宜回忆:"廖冰筠是廖仲恺的妹妹,她任女子师范学校校长时是倾向进步。记得有一次请了一位共产党负责人来校作报告。开会前,我和一个女同学荡跶跶,给甩下来。因此,直到现在,这件事还记得很清楚。"(笔者 1976 年 4 月 21 日访问录)

四〇[1]

（明信片背面）

从后面（南普陀[2]）所照的厦门大学全景。

前面是海，对面是鼓浪屿[3]。

最右边的是生物学院与国学院[4]，第三层楼上有记的便是我所住的地方[5]。

昨夜发飓风，拔木发屋，但我没有受损害。

迅
九，十一

（明信片正面）

想已到校，已开课否？

此地二十日上课。

十三日

注释：

[1]这是鲁迅用明信片写给许广平的信。明信片正面，介绍厦大上课时间，询问许
广平开课情形。明信片背面印有从南普陀后面蜂巢山上拍照的厦门大学全
景。信中特在全景照片中介绍南普陀、鼓浪屿的方位，标出自己在生物学院和
国学院所住的地方。

[2]南普陀　厦门南普陀寺,原名普照寺,建于唐开元年间(713—741)。附设闽南佛学院,时太虚法师为该寺住持,兼任该院院长。鲁迅在厦大期间,曾先后多次到过南普陀寺。其中一次是为散步游览,一次是为看傀儡戏。

[3]鼓浪屿　位于厦门岛西南,是个东西长南北狭的小岛。当时为英、美、法、日、荷等国的租借地。屿东有升旗山,西有笔架山,中央的骆驼峰最高。昔日,郑成功曾据骆驼峰山麓为督操台,操练水师。市区称龙头街,长约三里,余者大半是住宅区。鲁迅在厦大期间,曾四次到过鼓浪屿。其中一次是为了凭吊郑成功水操台旧址,游了日光岩一带。

[4]生物学院与国学院　指生物学院楼。生物学院,院址在生物学院楼,设有动物学系和植物学系。国学院,即厦大国学院,院址附设于生物学院楼。1926年8月开始筹备,10月正式成立,下设编辑部、图书部、陈列部、研究部等。出版刊物有《厦大国学》等。1927年鲁迅离开厦门后,停办。

[5]我所住的地方　鲁迅住的生物学院楼,与博学楼、兼爱楼等座列成"L"形。因厦门大学全景照片不清晰,所以记号误打在博学楼上。

四一

广平兄：

依我想，早该得到你的来信了，然而还没有，大约闽粤间的通邮，不大便当，因为并非每日都有船。此地只有一个邮局代办所[1]，星期六下午及星期日不办事，所以今天什么信件也没有——因为是星期——且看明天怎样罢。

我到厦门后发一信（五日），想早到。现在住了已经近十天，渐渐习惯起来了，不过言语仍旧不懂，买东西仍旧不便。开学在二十日，我有六点钟功课，就要忙起来，但未开学之前，却又觉得太闲，有些无聊，倒望从速开学，而且合同[2]的年限早满。学校的房子尚未造齐，所以我暂住在国学院的陈列所空屋里，是三层楼上，眺望风景，极其合宜，我已写好一张有这房子照相的明信片，或者将与此信一同发出。上遂[3]的事没有结果，我心中很不安，然而也无法可想。

十日之夜发飓风，十分利害，语堂的住宅的房顶也吹破了，门也吹破了，粗如笔管的铜闩也都挤弯，毁东西不少。我住的屋子只破了一扇外层的百叶窗，此外没有损失。今天学校近旁的海边漂来不少东西，有桌子，有枕头，还有死尸，可见别处还翻了船或漂没了房屋。

此地四无人烟，图书馆中书籍不多，常在一处的人，又都是"面笑心不笑"，无话可谈，真是无聊之至。海水浴倒是很近便，但我多年没有浮水了，又想，倘若你在这里，恐怕一定不赞成我这种举动，所以没有去洗，以后也不去洗罢，学校有洗浴处的。夜间，电灯一开，飞虫聚集甚多，几乎不能做事，此后事情一多，大约非早睡而一早起来做不可。

迅

九月十二夜

今天(十四日)上午到邮政代办所去看看,得到你六日八日的两封来信,高兴极了。此地的代办所太懒,信件往往放在柜台上,不送来,此后来信,可于厦门大学下加"国学院"三字,使他易于投递,且看如何。这几天,我是每日去看的,昨天还未见你的信,因想起报载英国鬼子在广州胡闹,进口船或者要受影响,所以心中很不安,现在放心了。看上海报,北京已戒严[4],不知何故;女师大已被合并为女子学院,师范部的主任是林素园(小研究系),而且于四日武装接收[5]了,真令人气愤,但此时无暇管也无法管,只得暂且不去理会它,还有将来呢。

回上去讲我途中的事,同房的是一个五十多岁的广东人,姓魏或韦,我没有问清楚,似乎也是民党中人,所以还可谈,也许是老同盟会员罢。但我们不大谈政事,因为彼此都不知道底细,也曾问他从厦门到广州的走法,据说最好是从厦门到汕头,再到广州,和你所闻于客栈中人的话一样。船中的饭菜顿数,与广大同,也有鸡粥;船也很平;但无耶稣教徒,比你所遭遇的好得多了。小船的倾侧,真太危险,幸而终于"马"已登陆,使我得以放心。我到厦门时,亦以小船搬入学校,浪也不小,但我是从小惯于坐小船的,所以一点也没有什么。

我前信似乎说过这里的听差很不好,现在熟识些了,觉得殊不尽然。大约看惯了北京的听差的唯唯从命的,即容易觉得南方人的倔强,其实是南方的等级观念,没有北方之深,所以便是听差,也常有平等言动,现在我和他们的感情好起来了,觉得并不可恶。但茶水很不便,所以我现在少喝茶了,或者这倒是好的。烟卷似乎也比先前少吸。

我上船时,是克士[6]送我去的,还有客栈里的茶房。当未上船之前,我们谈了许多话,我才知道关于我的事情,伏园已经大大的宣传过了,还做些演义。所以上海的有些人,见我们同车到此,便深信伏园之说了,然而也并不为奇。

我已不喝酒了,饭是每餐一大碗(方底的碗,等于尖底的两碗),但因为此地的菜总是淡而无味(校内的饭菜是不能吃的,我们合雇了一个厨子,每月工钱十元,每人饭菜钱十元,但仍然淡而无味),所以还不免吃点辣椒末,但我还想改良,逐渐停止。

　　我的功课[7],大约每周当有六小时,因为语堂希望我多讲,情不可却。其中两点是小说史,无须豫备;两点是专书研究,须豫备;两点是中国文学史,须编讲义。看看这里旧存的讲义,则我随便讲讲就很够了,但我还想认真一点,编成一本较好的文学史。你已在大大地用功,豫备讲义了罢,但每班一小时,八时相同,或者不至于很费力罢。此地北伐顺利的消息也甚多,极快人意。报上又常有闽粤风云紧张之说,在这里却看不出,不过听说鼓浪屿上已有很多寓客,极少空屋了,这屿就在学校对面,坐舢板一二十分钟可到。

迅

九月十四日午

注释:

[1]邮局代办所　设在厦大映雪楼。该楼为学生宿舍楼,楼下西南端两间房子是邮局代办处,一边办公,一边放着教职员及学生的信箱。这是鲁迅在厦大期间最常到过的地方。

[2]合同　据 1927 年 1 月 15 日《厦声日报》所载《与鲁迅的一席话》,鲁迅受聘于厦门大学,原定期限为两年。

[3]上遂

　①即许寿裳(1883－1948),字季黻,笔名上遂,浙江绍兴人。曾留学日本,历任浙江两级师范学堂教务长、教育部参事、北京女子高等师范学校校长、中山大学教职等职。留日期间与鲁迅同学,以后一直和鲁迅保持深厚的友谊。他倾向民主,积极宣传鲁迅的革命精神和事迹,于 1948 年 2 月 18 日深夜在台北被刺逝世。著有《我所认识的鲁迅》和《亡友鲁迅印象记》等书。当时他因不满北洋军阀政府的统治,急于离开北京南下,曾托鲁迅代寻工作。鲁迅对此十分关心,多方帮他解决。

　②原信作季黻,即许寿裳(1883－1948),字季黻,号上遂,浙江绍兴人,教育家。鲁迅留学日本弘文学院时的同学,后又在教育部、北京女子师范大学、广州中山大学等处与鲁迅同事多年。当时鲁迅正在为他谋职。抗日战争胜利后在台湾大学任教。1948 年 2 月 18 日深夜被刺杀于台北寓所。(人民文学出版

社 2005 年版)

[4]北京已戒严　奉系军阀与直系军阀争夺对北京的控制权,奉系张宗昌于 1926
　　年 9 月 3 日夜十时突然发布戒严令,任命京师警察总监李寿金为戒严司令,宪
　　兵司令王琦为戒严副司令。7 日,李、王公布戒严法八条。9 月 22 日直系卫戍
　　司令王怀庆被迫将所部移驻保定。(1926 年 9 月 5 日、8 日《申报》)

[5]武装接收

①1926 年 8 月 28 日,北洋政府决定将北京女子师范大学改为师范部,并入北京女
　　子学院,由教育总长任可澄自兼院长,并任命林素园为师范部学长。9 月 4 日,
　　任可澄同林素园率领军警武装接收师大。

②对于此事,鲁迅在不久后写道:"我赴这会的后四日,就出北京了。在上海看见
　　日报,知道女师大已改为女子学院的师范部,教育总长任可澄自做院长,师范
　　部的学长是林素园。后来看见北京九月五日的晚报,有一条道:'今日下午一
　　时半,任可澄同林氏,并率有警察厅保安队及军督察处兵士共四十左右,驰赴
　　女师大,武装接收。……'原来刚一周年,又看见用兵了。不知明年这日,还是
　　带兵的开得校纪念呢,还是被兵的开毁校纪念?"(《华盖集续编·记谈话(1926
　　年 10 月 14 日附记)》)

[6]克士　即鲁迅的三弟周建人(1888－1984),字乔峰,笔名克士,生物学家。时
　　任商务印书馆编辑。据《鲁迅日记》记载:一九二六年九月一日夜十二时,登
　　"新宁"轮船,三弟送至船。

[7]我的功课

　　①指鲁迅担任的课务。鲁迅在信中写到:"我的功课,大约每周当有六小时,
　　因为语堂希望我多讲,情不可却。其中两点是小说史,无须豫备;两点是专书
　　研究,须豫备;两点是中国文学史,须编讲义。"后经商定,正式开出的课程是:
　　《中国小说史略》和《中国文学史》,各二小时。

　　②鲁迅当时担任《声韵文字训诂研究》(一小时)、《小说选及小说史》(二小
　　时)、《文学史纲要》(二小时)三门课,每周授课五小时。(《厦大周刊》第一百六
　　十八期,1926 年 12 月 18 日)

　　③据陈梦韶回忆:鲁迅在厦大那年文科办公室布告,和那年《厦大周刊》所登
　　任课时间表,都说鲁迅担任三门功课。但实际上,《声韵文字训诂研究》一门,
　　因与沈兼士所开的《声韵文字训诂专书研究》重复,而且选修的人很少,所以把
　　它归并到沈兼士的讲课里去。鲁迅所上的二门课,当时发给学生的讲义标题
　　是:《中国小说史略》和《中国文学史略》。他在厦门大学所编的《中国文学史
　　略》讲义,到了后来出版时,又改名《汉文学史纲要》。(陈梦韶:《鲁迅先生在厦
　　门大学》,《鲁迅生平史料汇编·第 4 辑》,天津人民出版社 1983 年版)

　　④参阅本书附录《鲁迅在厦门活动简表》9 月 27、30 日条。

四二

广平兄：

十三日发的给我的信，已经收到了。我从五日发了一信之后，直到十四日才发信，十四以前，我只是等着等着，并没有写信，这一封才是第三封。前天，我寄上了《彷徨》[1]和《十二个》[2]各一本。

看你所开的职务，似乎很繁重，住处亦不见佳。这种四面"碰壁"的住所，北京没有，上海是有的，在厦门客店里也看见过，实在使人气闷。职务有定，除自己心知其意，善为处理外，更无他法；住室却总该有一间较好的才是，否则，恐怕要瘦下。

本校今天行开学礼，学生在三四百人之间，就算作四百人罢，分为豫科及本科[3]七系，每系分三级，则每级人数之寥寥，亦可而知。此地不但交通不便，招考极严，寄宿舍也只容四百人，四面是荒地，无屋可租，即使有人要来，也无处可住，而学校当局还想本校发达，真是梦想。大约早先就是没有计画的，现在也很散漫，我们来后，都被搁在须作陈列室的大洋楼上，至今尚无一定住所。听说现正赶造着教员的住所，但何时造成，殊不可知。我现在如去上课，须走石阶九十六级[4]，来回就是一百九十二级；喝开水也不容易，幸而近来倒已习惯，不大喝茶了。我和兼士[5]及朱山根[6]，是早就收到聘书的，此外还有几个人，已经到此，而忽然不送聘书，玉堂费了许多力，才于前天送来；玉堂在此似乎也不大顺手，所以上遂的事，竟无法开口。

我的薪水不可谓不多，教科是五或六小时，也可以算很少，但别的所谓"相当职务"，却太繁，有本校季刊[7]的作文，有本院季刊[8]的作文，有指导研究员的事（将来还有审查），合计起来，很够做做了。学校当局又急于事功,问履历,问著作,问计画,问年底有什么成绩发表,令人看得心烦。其实我只要将《古小说钩沈》[9]整理一下拿出去,就可以作为研究教授三四年的成绩了,其余都可以置之不理,但为了玉堂好意请我,所以我除教文学史外,还拟指导一种编辑书目的事[10],范围颇大,两三年未必能完,但这也只能做到那里算那里了。

在国学院里的,朱山根是胡适之[11]的信徒,另外还有两三个,好像都是朱荐的,和他大同小异,而更浅薄,一到这里,孙伏园便要算可以谈谈的了。我真想不到天下何其浅薄者之多。他们面目倒漂亮的,而语言无味,夜间还要玩留声机,什么梅兰芳[12]之类。我现在惟一的方法是少说话;他们的家眷到来之后,大约要搬往别处去了罢。从前在女师大做办事员的白果[13]是一个职员兼玉堂的秘书,一样浮而不实,将来也许会兴风作浪,我现在也竭力地少和他往来。此外,教员内有一个熟人[14],是先前往陕西去时认识的,似乎还好;集美中学内有师大旧学生五人[15],都是国文系毕业的,昨天他们请我们吃饭,算作欢迎,他们是主张白话的,在此好像有点孤立。

这一星期以来,我对于本地更加习惯了,饭量照旧,这几天而且更能睡觉,每晚总可以睡九至十小时;但还有点懒,未曾理发,只在前晚用安全剃刀刮了一回髭须而已。我想从此整理为较有条理的生活,大约只要少应酬,关起门来。是做得到的。此地的点心很好;鲜龙眼已吃过了,并不见佳,还是香蕉好。但我不能自己去买东西,因为离市有十里,校旁只有一个小店,东西非常之少,店中人能说几句"普通话",但我懂不到一半。这里的人似乎很有点欺生。因为是闽南了,所以称我们为北人;我被称为北人,这回是第一次。

现在的天气正像北京的夏末,虫类多极了,最利害的是蚂蚁,有大有小,无处不至,点心是放不过夜的。蚊子倒不多,大概是因为我在三层楼上之故。生疟疾的很多,所以校医给我们吃金鸡纳[16]。霍乱已经减少了。但那街道,却真是坏。其实是在绕着人家的墙下。檐下走,无所谓路的。

兼士似乎还要回京去,他要我代他的职务,我不答应他。最初的布置,我未与闻,中途接,一班绝不相干的人,指挥不灵,如何措手,还不如关起门来,"自扫门前雪"罢,况且我的工作也已经够多了。

章锡琛[17]托建人写信给我,说想托你给《新女性》[18]做一点文章,嘱我转达。不知可有这兴致？如有，可先寄我，我看后转寄去。《新女性》的编辑，近来好像是建人了，不知何故。那第九（?）期，我已寄上，想早到了。

　　我从昨日起，已停止吃青椒，而改为胡椒了，特此奉闻。
再谈。

　　　　　　　　　　　　　　　　　　　　　　　　迅
　　　　　　　　　　　　　　　　　　　　九月二十日下午

注释：

[1]《彷徨》　鲁迅第二部小说集。1924－1925 年间作，内收录小说 11 篇。1926 年
　　8 月北新书局出版，列为作者所编的《乌合丛书》之一。

[2]《十二个》　苏联作家勃洛克写的长诗。胡教译，鲁迅作《后记》。1926 年 8 月
　　北新书局出版，为《未名丛刊》之一。

[3]豫科及本科　旧大学的体制中，豫科是附设机构，招收中学及同等学校毕业
　　生，学习普通学科以备升入大学。本科是基本组成部分，招收豫科结业生或同
　　等学校毕业生，学习专门学科。据《厦大周刊》第一百五十八期报道：当时预科
　　设三个部：甲部（文教法或商科），乙部（理或工科），丙部（医科）。本科设文科、
　　理科、教育科、商科、工科、医科等七个科。后因受条件限制，医科经筹办未果。

[4]石阶九十六级　指从生物学院楼最高一层至平地的石阶数。当中从平地到山
　　岗上四十八级，院内石阶四十八级，共九十六级。

[5]兼士　即沈兼士（1885－1947），浙江吴兴人。文字学家，留学日本。曾任北京
　　大学和北京女师大教授。时任厦门大学国文系主任。

[6]朱山根　原信作"顾颉刚"。顾颉刚（1893－1980），江苏吴县人，历史学家。曾
　　任北京大学研究所国学门助教和预科国文讲师。时任厦门大学国学研究院教
　　授，兼国文系名誉讲师。

[7]本校季刊　即《厦门大学季刊》，1926 年创刊。据查，只见出版第一卷第 1 号、
　　第 2 号。

[8]本院季刊　即《厦门大学国学研究院季刊》，简称《国学季刊》，原计划在 1926

年12月出版创刊号第一期。后因故未能付印发刊。《厦大周刊》第一百六十四期(1926年11月20日)作了以下报道：

本校国学研究院季刊第一期行将付印。其内容大略如左。

发刊词

今后研究文字学之新趋势	沈兼士
中国史书上关于马黎诺里使节之记载	张星烺
西汉方音区域考	林语堂
孔子何以成为圣人和何不成为神人	顾颉刚
嵇康集考	鲁　迅
云岗石窟小记	陈万里
释单	丁　山
述何宴王弼的思想	容肇祖
中国人种概论	史禄国
泉州访古记	张星烺
西汉货币问题之研究	王肇鼎
形声字之研究(珂罗掘伦著)	潘家洵译
论古韵(珂罗掘伦著)	林语堂译
本院成立会记事	林景良
书评	史禄国

内云岗石窟小记及泉州访古记均有铜版插图。西汉货币问题之研究中有锌版插图。因厦地尚无制版处所。故须寄沪印刷。印妥以后寄厦装订入册。闻该项图样,亦将于日内寄出矣。

[9]《古小说钩沈》　鲁迅早年辑录的唐以前散佚的古小说集,共三十六种。当时曾重新整理编订,列入厦大国学院丛书。鲁迅在校时,未能出版。后收入1938年出版的《鲁迅全集》。

[10]编辑书目的事　指编辑《中国图书志》之事。据1926年12月4日《厦大周刊》报道:厦门大学国学院计划编辑一种规模宏大的《中国图书志》,内容包括谱录、春秋、地理、曲、道家儒家、尚书、小学、医学、小说、金石、政书、集、法家共十三类书目。鲁迅负责编辑小说一类书目。

[11]胡适之

①胡适之(1891—1962),名适,字适之,安徽绩溪人,早年留学美国,"五四"时期新文化运动的代表人物之一。当时是北京大学教授,现代评论派的主要成员。(人民文学出版社2005年版)

②胡适之(1891—1962),名适,安徽绩溪人,早年留学美国,"五四"时期,他是新文化运动的右翼代表人物。当时是北京大学教授,现代评论派主要成员之

一。(《鲁迅全集·11卷·两地书》注释,人民文学出版社 1981 年版)

[12]梅兰芳(1894—1961)　名澜,字畹华,江苏泰州人,京剧表演艺术家。

[13]白果　原信作"黄坚"。字振玉,江西清江人,曾任北京女子师范大学总务处和教务处秘书。当时任厦大国学院陈列部干事兼文科主任办公室襄理。

[14]指陈定谟(1889—1961),江苏昆山人。曾任北京大学、南开大学教授。时任厦大社会科学教授。1924 年 7 月,与鲁迅同去西安讲学。

[15]旧学生五人　指在集美中学内的师大旧学生五人——戴锡樟、宋文翰、吴菁、赵宗闻、林品石,他们都是北京师大国文系毕业生,1924 年毕业后到集美中学任教。获悉鲁迅在厦大任教,就邀请鲁迅到南普陀聚会,席间,受到鲁迅的鼓励。据戴锡樟回忆:这次聚会的谈话内容主要有三个方面:(一)谈到文化界任务:目前北方文化界落后了,但"五四"运动的精神我们绝不允许有所改变。社会生活定要向民主化发展,我们对事物定要有科学态度。没有科学和民主,那什么事情都做不成了。(二)谈到文艺刊物:革命文艺和舆论要起先驱的作用,进步文艺刊物当然能出版得越多越好;但目前事实上不是这样的。(三)最后谈到白话文:我们要继续提倡白话文,推广普及白话文,并要把它通俗化。现在还有人提倡读经、恢复文言文,我们要毫不客气地反对它。(戴锡樟:《鲁迅师在厦门时期与我们的聚会》,《鲁迅研究资料·第 2 辑》,文物出版社 1977 年版)

[16]金鸡纳　后信也作金鸡纳霜,即奎宁。西药,治疟疾。

[17]章锡琛(1889—1969)　字雪村。曾任商务印书馆《妇女杂志》主编,经常在该刊"通讯"栏内解答读者提出的各种问题。当时,他托周建人向鲁迅转达,请许广平为《新女性》做文章。

[18]《新女性》　月刊,1926 年 1 月创刊,章锡琛主编。1929 年 12 月停刊,共出四卷。上海新女性发行。

四三

迅师：

七，九，十二去了三信，只接到五日来的一信，你那里的消息一概不知道，惟有心猜臆测。究竟近状如何？是否途中感冒，现在休养？望勿秘不见告。

我不喜欢出街，因为到处不胜今昔之感；也因回来迟了，更不好意思偷懒，日常自早八时至晚五时才从办公室退至寝室，此后是沐浴和豫备教课……时间总觉短促，各方还未顺熟，终日傻瓜似的一个。

这校有三数学生是顽固大家[1]，大多数都是盲从，貌似一气，其实全无主见。今日十六晚是星期四，此信寄到或当不是在邮差休息时，你可以早些看见了。你豫备教课忙么？余后陈。

祝你在新境度中秋鉴赏他们的快乐。

你的 H. M.
九月十七日

注释：

[1]顽固大家　指当时在校一部分学生的思想政治状态。原信手迹写到："这校有三数学生是邹鲁西山会议派，大多数是盲从，外似右实则被利用于人"。（王得后：《〈两地书〉研究》，天津人民出版社 1982 年版）

四四

广平兄：

十七日的来信，今天收到了。我从五日发信后，只在十三日发一信片，十四日发一信，中间间隔，的确太多，致使你猜我感冒，我真不知怎样说才好。回想那时，也有些傻气，因为我到此以后，正听见英人在广州肇事，遂疑你所坐的船，亦将为彼等所阻，所以只盼望来信，连寄信的事也拖延了。这结果，却使你久不得我的信。

现在十四的信，总该早到了罢。此后，我又于同日寄《新女性》一本，于十八日寄《彷徨》及《十二个》各一本，于二十日寄信一封（信面却写了廿一），想来都该到在此信之前。

我在这里，不便则有之，身体却好，此地并无人力车，只好坐船或步行，现在已经炼得走扶梯百余级，毫不费力了。眠食也都好，每晚吃金鸡纳霜一粒，别的药一概未吃。昨日到市去，买了一瓶麦精鱼肝油，拟日内吃它。因为此地得开水颇难，所以不能吃散拿吐瑾[1]。但十天内外，我要移住到旧的教员寄宿所去了，那时情形又当与此不同，或者易得开水罢（教员寄宿舍有两所，一所住单身人者曰"博学楼"[2]，一所住有夫人者曰"兼爱楼"[3]，不知何人所名，颇可笑）。

教科也不算忙，我只六时，开学之结果，专书研究二小时无人选，只剩了文学史，小说史各二小时了。其中只有文学史须编讲义，大约每星期四五千字即可，我想不管旧有的讲义，而自己好好的来编一编，功罪在所不计。

这学校化钱不可谓不多，而并无基金，也无计划，办事散漫之至，我看是办不好的。

　　昨天中秋,有月,玉堂送来一筐月饼,大家分吃了,我吃了便睡,我近来睡得早了。

　　　　　　　　　　　　　　　　　　　　　　　　迅
　　　　　　　　　　　　　　　　　　　　九月二十二日下午

注释:

[1]散拿吐瑾　西药,德国柏林出产的补脑健胃滋补品。淡红色末状,泡吃法与藕粉大致相同。

[2]博学楼　在厦大演武场东端,王字形,三层楼,1923年落成,初期作为单身教员宿舍,后长期用作学生宿舍。1949年后,改成人类博物馆。该楼命名出于《礼记·中庸》:"博学之,审问之,慎思之,明辨之,笃行之。"

[3]兼爱楼　在博学楼附近,现芙蓉二东侧,1923年建成,二层楼,用作教员眷属住宅。日军占领厦门期间,被夷为平地。该楼名出《墨子》篇名。

四五

My dear teacher：

　　你扣足了一星期给我一信，我在企望多日之中[1]总算得到一点安慰——虽则只是一张明信片。

　　然而我实不解，我于七，九，十二，十七共发四函，并此为五，倘皆不到，我想，是否理由如下：

　　第一信，是到广州之次早，托大安栈茶房发出的，不知是否他学了洪乔？但可惜，此信记自沪至粤一路情形颇详细。

　　第二信，同时寄出者四处，除你之外尚有上海之叔[2]，天津之嫂[3]，东省之谢[4]。岂学校女工（给我做事的）作弊？

　　兹对于收到之信片更作复函，由我自己投邮，看结果如何？

　　五日来信十日晚到，十三信片十八到，计需六天。如我寄之信不失，则你于十二，十四，十八，二二，二四，应陆续接得我信。假使非茶房及女工之误，则请你向贵校门房一询，凡有书周树人，豫才，鲁迅而下款为广州或粤之景，宋，许……缄者，即为我寄之信。下笔时故意捣乱，不料反致遗失，可叹！

　　我校从十三日起，我即授课办公，教课似乎还过得去（察看情形），至于训育，真是难堪，包括学监舍监的事，从早八时至下午五时在办公处或查堂，回来吃晚饭后又要查学生自习及注意起居饮食……，总之无一时是我自己的时间。更有课外会议，各种领导事业及自己豫备教材……，弄得精疲力尽，应接不暇。明日是星期，下午一时还要开训育会议，回想做学生真快活也。

　　现人已睡久，钟停了不知何时，急忙写此，恕其不备为幸。

祝快乐,不敢劝戒酒,但祈自爱节饮。

你的 H. M.

九月十八晚

飓风拔木,何不向林先生要求乔迁?

注释:

[1]企望多日之中　原稿作"望眼欲穿"。(王得后:《〈两地书〉研究》,天津人民出
　　版社 1982 年版)

[2]上海之叔　指许广平的叔父许炳璪,当时在上海南洋兄弟烟草公司做事。

[3]天津之嫂　指许广平的堂嫂,当时居住天津。

[4]东北之谢　指谢敦南(1900－1959),名毅,福建安溪人,当时在黑龙江省任财
　　政厅总务科科员兼省陆军军官医院医官。其妻常瑞麟(1909－1984),1926—
　　1928 年在黑龙江省立女子师范学校任校医兼生理卫生教员。她是许广平早年
　　在河北省立第一师范学校的同学,两人常年保持友好关系。

四六

广平兄：

　　十八日之晚的信，昨天收到了。我十三日所发的明信片既然已经收到，我惟有希望十四日所发的信也接着收到。我惟有以你现在一定已经收到了我的几封信的事，聊自慰解而已。至于你所寄的七，九，十二，十七的信，我却都收到了，大抵是我或孙伏园[1]从邮务代办处去寻来的，他们很乱，或送或不送，堆成一团，只要有人去说要拿那几封，便给拿去，但冒领的事倒似乎还没有。我或伏园是每日自去看一回。

　　看厦大的国学院，越看越不行了。朱山根是自称只佩服胡适陈源两个人的，而田千顷[2]，辛家本[3]，白果三人，似皆他所荐引。白果尤善兴风作浪，他曾在女师大做过职员，你该知道的罢，现在是玉堂的襄理，还兼别的事，对于较小的职员，气焰不可当，嘴里都是油滑话。我因为亲闻他密语玉堂，"谁怎样不好"等等，就看不起他了。前天就很给他碰了一个钉子，他昨天借题报复，我便又给他碰了一个大钉子，而自己则辞去国学院兼职。我是不与此辈共事的，否则，何必到厦门。

　　我原住的房屋，要陈列物品了，我就须搬。而学校之办法甚奇，一面催我们，却并不指出搬到那里，教员寄宿舍已经人满，而附近又无客栈，真是无法可想。后来总算指给我一间了，但器具毫无，向他们要，则白果又故意特别刁难起来（不知何意，此人大概是有喜欢给别人吃点小苦头的脾气的），要我开帐签名具领，于是就给碰了一个钉子而又大发其怒。大发其怒之后，器具就有了，还格外添了一把躺椅，总务长[4]亲自监督搬运。因为玉堂邀请我一场，我本想做点事，现在看来，恐怕是不行的，能否到一年，也很难说。所以我已决计将工作范围缩小，希图在短时日中，可以有点小成绩，不算来骗别人的钱。

　　此校用钱并不少，也很不搏节，而有许多悭吝举动，却令人难耐。即如今天我搬房时，就又有一件。房中原有两个电灯，我当然只用一个的，而有电机匠来，必要取去其一个玻璃泡，止之不可。其实对于一个教员，薪水已经化了这许多了，多点一个电灯或少点一个，又何必如此计较呢。

　　至于我今天所搬的房[5]，却比先前的静多了，房子颇大，是在楼上。前回的明信片上，不是有照相么？中间一共五座，其一是图书馆，我就住在那楼上，间壁是孙伏园和张颐[6]教授（今天才到，原先也是北大教员），那一面是钉书作场，现在还没人。我的房有两个窗门，可以看见山。今天晚上，心就安静得多了，第一是离开了那些无聊人，也不必一同吃饭，听些无聊话了，这就很舒服。今天晚饭是在一个小店里买了面包和罐头牛肉吃的，明天大概仍要叫厨子包做。又自雇了一个当差的，每月连饭钱十二元，懂得两三句普通话，但恐怕颇有点懒。如果再没有什么麻烦事，我想开手编《中国文学史略》[7]了。来听我的讲义的学生[8]，一共有二十三人（内女生二人），这不但是国文系全部，而且还含有英文，教育系的；这里的动物学系，全班只有一人，天天和教员对坐而听讲。

　　但是我也许还要搬。因为现在是图书馆主任[9]正请假着。由玉堂代理。所以他有权。一旦本人回来，或者又有变化也难说。在荒地里开学校，无器具，无房屋给教员住，实在可笑。至于搬到那里去，现在是无从揣测的。

　　现在的住房还有一样好处，就是到平地只须走扶梯二十四级，比原先要少七十二级了。然而"有利必有弊"，那"弊"是看不见海，只能见轮船的烟通。

　　今夜的月色还很好，在楼下徘徊了片时，因有风，遂回，已是十一点半了。我想，我的十四的信，到二十，二十一或二十二总该寄到了罢，后天（二十七）也许有信来，因先来写了这两张，待二十八日寄出。

　　二十二日曾寄一信，想已到了。

　　　　　　　　　　　　　　　　　　　　　　　　　迅

　　　　　　　　　　　　　　　　　　　　　二十五日之夜

今天是礼拜,大风,但比起那一次来,却差得远了。明天未必一定有从粤来的船,所以昨天写好的两张信,我决计于明天一早寄出。

昨天雇了一个人,叫作流水,然而是替工,今天本人来了,叫作春来,也能说几句普通话,大约可以用罢。今天又买了许多器具,大抵是铝做的,又买了一只小水缸,所以现在是不但茶水饶足,连吃散拿吐瑾也不为难了(我从这次旅行,才觉到散拿吐瑾是补品中之最麻烦者,因为它须兼用冷水热水两种,别的补品不如此)。

今天忽然有瓦匠来给我刷墙壁了,懒懒地乱了一天。夜间大约也未必能静心编讲义,玩一整天再说罢。

迅

九月二十六日晚七点钟

注释:

[1]孙伏园(1894—1966)　浙江绍兴人。鲁迅任绍兴山会初级师范学校时的学生,北京大学国文系毕业,参加语丝社,曾任《京报副刊》编辑。后来与鲁迅同在厦门大学、中山大学工作。

[2]田千顷　原信作陈万里(1891—1969),江苏吴县人。时任厦门大学国学院考古学导师,兼造形部干事和国文系名誉讲师。

[3]辛家本　原信作潘家洵(1896—1989),江苏吴县人。翻译工作者,曾任北京大学和外国语专门学校教员。时任厦门大学国学院英文编辑兼外国语言文学系讲师。

[4]总务长　指周辨明(1891—1984),字怍明,福建惠安人。时任厦大文科外国语言文学系主任,语言学教授兼总务处主任。重视鲁迅住房的更动,亲自监督搬运。

[5]我今天所搬的房

①即在厦大集美楼上。鲁迅自9月25日从生物学院楼迁至集美楼上,直到他离开厦大前,都没有变动。现辟为鲁迅纪念馆文物陈列室。

②原信在"至于我今天所搬的房"的那页信纸上方,画了一幅示意图。图如下:

这是我住过的地方

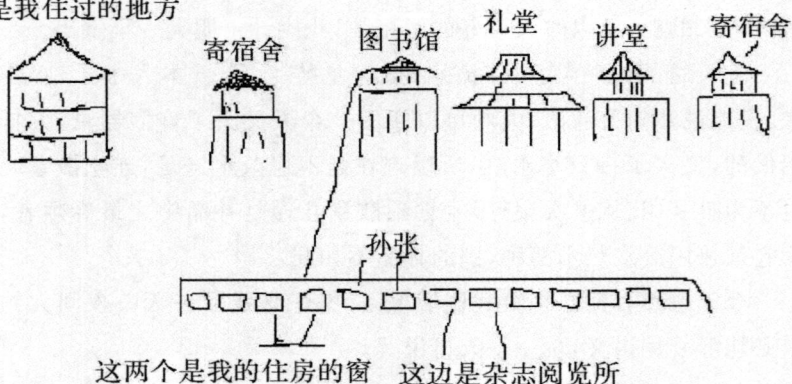

这两个是我的住房的窗　这边是杂志阅览所

　　"我住过的地方"指生物学院楼；"寄宿舍"指映雪楼；"图书馆"指集美楼；"礼堂"指群贤楼；"讲堂"指同安楼；"寄宿舍"指囊萤楼。"孙张"指孙伏园、张颐住的房间。

[6]张颐（1887－1969）　字真如，四川叙永人。曾任北京大学教授，时任厦门大学哲学系教授。

[7]《中国文学史略》　鲁迅在厦门大学讲授中国文学课程的讲义（未完稿）。全书共分十篇，鲁迅生前未曾出版。最早收入 1938 年出版的《鲁迅全集》，改名《汉文学史纲要》。

[8]来听我的讲义的学生　9 月 30 日，鲁迅在信中说到："听讲的学生倒多起来了，大概有许多是别科的。女生共五人。"据陈梦韶回忆：第二周后，来旁听的学生，在那同安楼上两端一间可坐四五十人的教室中，已经满座了。我记得那时，甚至有许多人是靠依墙隅，站着听讲的。学生除了国学系全部外，不但有英文系、教育系的，而且也有商科、法科、理科的学生……所谓"女生共五人"，是指以后正式选修的人数；至于旁听的，有时全校女生都全部参加。那时全校女生，仅有十八名。（陈梦韶：《鲁迅在厦门》，作家出版社 1954 年版）

[9]图书馆主任　指裴开明，武昌文华大学图书专科毕业。

四七

My dear teacher：

　　二十二日得到你十四的和十二的放在一个信封内的信，知道了好多要说的话，虽则似乎很幽默，但我是以己度人，能够领解的。我以为一两天的路程，通信日期当然也不过如此，即须较多，三四天了不得了，而乃五六七八天，这真教人从何说起，况有时且又过之呢？

　　我正式做工和上课，已经有一星期零四天了，所觉到的结果是忙，忙……早上八点起就到办事处，或办事，或授课，此外还要查堂，看学生勤惰；五时回来吃晚饭；到七时学生自习，又要查了。训育职务是兼学监舍监之类（但又别有教务，舍务处），又须注意学风，宣传党义，与教务及总务俱隶属于校长之下，而如此办法，则惟广东在今年暑假后为然。我初毕业，既无经验，且又无可借鉴（他校尚未成立训育处），居此地位，真是盲人瞎马，"害"字加了一目矣。更兼学生为三数旧派所左右，外有全省学生联合会[1]（广东学生而多顽固，岂非"出人意表之外"）为之援，更外则京沪旧派[2]为之助，势力滋蔓，甚难图也，此后倘能改革，固为大幸，否则我自然三十六着，走为上着，但多半是要被排斥的。当我未回之前，学生联合会已借口省立第一，二中学为口口[3]校长，作种种办学无状之条文，洋洋洒洒，大加攻击，甚至教育厅开除学生；继而广大（中山大学）法科反对陈启修[4]为主任，亦与第一，二中同一线索。女师是他们豫备第三次起风潮的，所以学生总是蠢蠢欲动，现正在多方探听我的色彩，好像曾经反抗段祺瑞政府者，亦即党国罪人一样。女子本少卓见，加以外诱，增其顽强，个个有杨荫榆之流风，甚可叹也。好在我只要自己努力，或者不至失败，即使失败，现时广东女子地位与男子等，亦自有别处可去，非如外地一受攻击，即难在社会上立足之困人也。

My dear teacher！你为什么希望"合同年限早满"呢？你是因为觉得诸多不惯，又不懂话，起居饮食不便么？如果对于身体的确不好，甚至有妨健康，则还不如辞去的好。然而，你不是要"去作工"么？你这样的不安，怎么可以安心作工！？你有更好的方法解决没有？或者于衣食抄写有需我帮忙的地方，也不妨通知，从长讨论。

中秋那一天，你玩了没有？难得旅行到福建，住一天，最好是勿白辜负了这一天，还是玩玩吃吃的好，学校的厨子不好，不是五分钟可到鼓浪屿么？那边一定有食处，也有去处，谢君的哥哥[5]就住在那地方，他们待人都好，你愿意去看看他么？今日还接到谢君来信，他极希望回到家乡去做点事，但看你所处的情形，连上遂先生也难荐，则其余恐怕更不必说了。

我在中秋的那天上午随校长赴追悼朱执信[6]六周年纪念会，到的人很多，见于树德[7]先生讲演，依然北方淳厚之风，后又往烈士坟凭吊，回校已午后一时，算是过了上半天的节。是日，不断的忆起去年今日，我远远的提着四盒月饼，跑来喝酒，此情此景，如在目前，有什么法子呢！而且训育方面逼住要中秋后一天开会，交出计画书去，我于中秋前赶做一晚，当天又接着做，勉强抄袭出来，能否适用还说不定。中秋下午，我实在耐不住了，跑回家里一趟，看见嫂妹的冷清清的，便又记起未出广东以前家庭的样子，不胜凄恻，又不忍走开，即买菜同吃一顿。饭后出街走一圈，回来买些灯笼给孩子们，买些水果大家吃，约莫十时睡了，月是怎么样，没有细看。

北京女师大事，我收到两次学生宣言[8]，教育部诬助学生之教员为图自己饭碗；岂明[9]，祖正[10]二先生且被林素园当面诬为赤化，虽即要求他认错取消，但亦可谓晦气。北伐想是顺利，此间清一色的报纸，莫明究竟，在福建大约可以较得真相。

邮政代办所离学校有多少远？天天走不累的慌么？

伏园宣传的话，其详可得闻欤？

现时候不早，眼睛倦极，下次再谈罢。祝你快乐！

　　　　　　　　　　　　　　　　　　　　　　　　你的 H. M.

　　　　　　　　　　　　　　　　　　　　　　　　九月二十三晚

注释：

[1]全省学生联合会　指当时为右派组织"孙文主义学会"，"女权运动大同盟"所
　　操控的广东省学生联合会。同期选出的广州市学生联合会，也属同类组织。

[2]京沪旧派　指当时在北京、上海公开进行反对孙中山"三大政策"的国民党右
　　派。

[3]□□

　　①原信作赤化。1926 年夏，广东省立一中、二中学生中的右派组织"孙文主义
学会"和"女权运动大同盟"，以两校校长陈蕃、黎樾庭是"赤化"分子为由，策动
学生要求省教育厅撤换他们，经两校学生议决反对后，反动学生便到教育厅闹
事。在省教育厅批准两校开除七名带头闹事者后，他们又盗用省、市学联名
义，对教育厅进行攻击。（人民文学出版社 1981 年版）

　　②原稿作赤化。（《鲁迅全集・两地书》，人民文学出版社 1958 年版）

　　③据当年的知情者陈志文回忆：广东省立第一中学，旧址在广州市西村。它
的前身是清朝官僚张之洞办的广雅中学，民国后称省立第一中学。1925 年前
后，一中校长换了好几个。较早是王仁宇当的，他是个官僚。1924 年，学校闹
了改革风潮，提出打倒学阀的口号，要求公开校务、学务，让学生参加校务会
议，声势很大，到了 1925 年初就把他撵出校。继任的邹焯然，他是邹鲁的同
乡，也是个官僚，思想陈腐，在进步学生强烈反对下，上任不久，也呆不下去。
1925 年后，由陈蕃任校长。陈蕃，广东东莞人，先是在广州市公安局做事，与共
产党人有联系。当了一中校长后，与学校中共产党领导的共青团的外围组织
"新学生社"、"青年社"关系密切。因而被当时参加"孙文主义学会"、"女权运
动大同盟"的右派学生，骂为"赤化"校长，并发起风潮，想把他赶走，但遭到进
步学生的坚决反对。……广东省立第二中学，旧址设在原广州司复街。原名
广府中学，1925 年 11 月改名省立第二中学。校长原是广州的一个大绅士，名
叫卢乃潼，思想很老朽。1925 年该校闹起改革运动，把卢乃潼赶走，由黎樾庭
当校长。黎樾庭，广东东莞人，曾任东莞县立中学校长、陆安师范学校校长。
1925 年 10 月间，他来广州参加国民党广东省党部成立会议后，被留下在省党
部当青年部秘书，不久，当了青年部长。11 月，被广东省国民政府任命为省立
二中主席委员，1926 年 2 月改任校长。其间，与共产党组织关系密切，被该校

右派学生骂为"赤化"校长,想把他搞掉。(笔者广州访问录,1976 年 5 月 20日)

④1926 年 8 月间,省立一中"学生何澄远假冒学生会及校友名义向教育厅控告校长,请求撤换。当经该校全体学生开会议决反对,并于 9 日联往教育厅请愿查办伪代表。而何等复愈弄愈凶,肆意捣乱秩序,破坏校务进行。其后由该校党团议决提出学校开除何澄远、关瑞和、谢炳枢、李文伟、周景岐、马广进、李伦伟等七名""省立二中风潮之性质与一中同,亦纯为'树的派'捣乱学校、分裂学生运动的一种阴谋,与一中风潮同时爆发。不良学生陈业有等假冒全体学生名义,请求教育厅更换校长,为同学谢晓东等二百余人反对,双方发表宣言,互相攻击。"(《广东省青年部一年来工作报告》1926 年)

[4]陈启修

①陈启修(1886—1960)字惺农,四川中江人,曾任北京大学教授,时任广州《民国日报》社长。1926 年 8 月,广东大学法科右派,同样以"赤化"为由,反对他任主任。

②陈启修是进步人士。谢汝诚在《"广州市新闻记者联合"的组织与斗争》文中写到:"《广州民国日报》是当时国民党中央党部的党报,社长陈启修任过北京大学教授,是当时进步人士。"(《广州文史资料·第二辑》)

[5]谢君的哥哥　指谢敦南的哥哥谢德南,当时在厦门。

[6]朱执信(1885—1920)　原名大符,浙江萧山人,民主革命家。1920 年秋赴广东策划桂系军队反正,9 月 21 日在虎门被杀害。朱执信之弟朱秋如在《朱执信虎门遇难经过》一文中写到:1920 年秋,"粤军被桂系军队阻止,不能前进,执信顾虑到粤军人数当不及桂系人数之三分一,形势堪虞,必须另辟一个新战线做应援。适值李耀汉来报丘渭南已应允独立,反对桂系,请执信入龙门主持,故执信遂入虎门。九月廿一日已自称独立反对桂系的炮台军,突然来攻,执信遂壮烈牺牲。"(《广东文史资料·第五辑》)

[7]于树德(1894—1982)　字永滋,河北静海(今属天津)人。早年参加辛亥革命,1922 年参加中国共产党,曾任国民党中央委员,北京执行部常务委员,时任黄埔军校政治教官。在广州举行追悼朱执信六周年纪念会上,他作了关于"三一八"惨案和北京革命运动有关情况的讲演。据他回忆:"北京的学生运动,自1925 年孙中山逝世后持续不断地进行,直至次年的'三一八',被称为'首都革命运动'……'三一八'后,我从天津到广州。以后曾报告过'三一八'惨案和首都革命运动情况。想《两地书》中所指的当是此事。"(于树德致笔者信,1976 年4 月 18 日)

[8]两次学生宣言　指北京女师大学生于 1926 年 9 月 3 日、8 日分别发表的宣言。主要内容是反对北洋政府撤销女师大,揭露任可澄、林素园率领军警武装接收

学校的暴行,呼吁全国各界声援。(1926 年 9 月 4 日、8 日《世界日报》)

[9]岂明　周作人(1885－1967),浙江绍兴人,鲁迅的二弟。早年留学日本,曾任北京大学、北京女子师范大学教授,语丝社成员之一。抗日战争时期出任伪华北政务委员会教育总署督办。

周作人在《语丝》第九十六期(1926 年 9 月 11 日)发表的《女师大的命运》一文,其中述及徐祖正被素园"当面诬为赤化"的经过:"(一九二六年)八月(按应为九月)四日上午,北京女子师范大学因为续招新生,开考试委员会,我也出席,议事完了,正要分散的时候,忽然说女子学院的学长林素园来了。……我因与林君略略相识,便约了一位徐君(按指徐祖正)前去招待。略谈几句,林君就露出不逊的态度来,徐君……劝他注意,末后渐近争论,徐君便说我教训你不要如此。说时迟,那时快,林君勃然大怒,厉声疾呼曰:'你是共产党! 抓,抓,抓!'我那时真有点不大敢相信自己的耳朵了。……尔时警察既未即进'抓'徐君,徐君乃乘间力请于林君,要求宣示证据,经了同来的两个人的好些奇妙的辩解,如'共产党并没有什么要紧'之类,林君终乃道谢,云系误会,于是此事遂告一结束。"(人民文学出版社 2005 年版)

[10]祖正　即徐祖正(1895－1978),字耀辰,江苏昆山人,早年留学日本,曾任北京大学、北京女子师范大学教授。

四八

广平兄：

　　廿七日寄上一信,收到了没有？今天是我在等你的信了,据我想,你于廿一二大约该有一封信发出,昨天或今天要到的,然而竟还没有到,所以我等着。

　　我所辞的兼职(研究教授),终于辞不掉,昨晚又将聘书送来了,据说林玉堂因此一晚睡不着。使玉堂睡不着,我想,这是对他不起的,所以只得收下,将辞意取消。玉堂对于国学院,不可谓不热心,但由我看来,希望不多,第一是没有人才,第二是校长有些掣肘(我觉得这样)。但我仍然做我该做的事,从昨天起,已开手编中国文学史讲义,今天编好了第一章。眠食都好,饭两浅碗,睡觉是可以有八或九小时。

　　从前天起,开始吃散拿吐瑾,只是白糖无法办理,这里的蚂蚁可怕极了,有一种小而红的,无处不到。我现在将糖放在碗里,将碗放在贮水的盘中,然而倘若偶然忘记,则顷刻之间,满碗都是小蚂蚁。点心也这样。这里的点心很好,而我近来却怕敢买了,买来之后,吃过几个,其余的竟无法安放,我住在四层楼上的时候,常将一包点心和蚂蚁一同抛到草地里去。

　　风也很利害,几乎天天发,较大的时候,令人疑心窗玻璃就要吹破;若在屋外,则走路倘不小心,也可以被吹倒的。现在就呼呼地吹着。我初到时,夜夜听到波声,现在不听见了,因为习惯了,再过几时,风声也会习惯的罢。

　　现在的天气,同我初来时差不多,须穿夏衣,用凉席,在太阳下行走,即遍身是汗。听说这样的天气,要继续到十月(阳历?)底。

L.S.[1]

九月二十八日夜

今天下午收到廿四发的来信了，我所料的并不错。但粤中学生情形如此，却真出我的"意表之外"，北京似乎还不至此。你自然只能照你来信所说的做，但看那些职务，不是忙得连一点闲空都没有了么？我想，做事自然是应该做的，但不要拼命地做才好。此地对于外面的情形，也不大了然，看今天的报章，登有上海电（但这些电报是什么来路，却不明），总结起来；武昌还未降[2]，大约要攻击；南昌猛扑数次[3]，未取得；孙传芳已出兵[4]；吴佩孚似乎在郑州[5]，现正与奉天方面暗争保定大名。

我之愿合同早满者[6]，就是愿意年月过得快，快到民国十七年，可惜来此未及一月，却如过了一年了。其实此地对于我的身体，仿佛倒好，能吃能睡，便是证据，也许肥胖一点了罢。不过总有些无聊，有些不高兴，好像不能安居乐业似的，但我也以转瞬便是半年，一年，聊自排遣，或者开手编讲义，来排遣排遣，所以眠食是好的。我在这里的情形，就是如此，还可以无需帮助，你还是给学校办点事的好。

中秋的情形，前信说过了。谢君的事，原已早向玉堂提过的，没有消息。听说这里喜欢用"外江佬"，理由是因为倘有不合，外江佬卷铺盖就走了，从此完事，本地人却永久在近旁，容易结怨云。这也是一种特别的哲学。谢君的令兄[7]我想暂且不去访问他，否则，他须来招呼我，我又须去回谢他，反而多一番应酬也。

伏园今天接孟余[8]一电，招他往粤办报，他去否似尚未定。这电报是廿三发的，走了七天，同信一样慢，真奇。至于他所宣传的[9]，大略是说：他家不但常有男学生，也常有女学生，但他是爱高的那一个的，因为她最有才气云云。平凡得很，正如伏园之人，不足多论也。

此地所请的教授，我和兼士之外，还有朱山根。这人是陈源之流，我是早知道的，现在一调查，则他所安排的羽翼，竟有七人之多，先前所谓不问外事，专一看书的舆论，乃是全都为其所骗。他已在开始排斥我，说我是"名士派"，可笑。好在我并不想在此挣帝王万世之业，不去管他了。

　　我到邮政代办处的路,大约有八十步,再加八十步,才到便所,所以我一天总要走过三四回,因为我须去小解,而它就在中途,只要伸首一窥,毫不费事。天一黑,就不到那里去了,就在楼下的草地上了事。此地的生活法,就是如此散漫,真是闻所未闻。我因为多住了几天,渐渐习惯,而且骂来了一些用具,又自买了一些用具,又自雇了一个用人,好得多了,近几天有几个初到的教员,被迎进在一间冷房里,口干则无水,要小便则须旅行,还在"茫茫若丧家之狗"哩。

　　听讲的学生倒多起来了,大概有许多是别科的。女生共五人。我决定目不邪视,而且将来永远如此,直到离开了厦门。嘴也不大乱吃,只吃了几回香蕉,自然比北京的好,但价亦不廉,此地有一所小店,我去买时,倘五个,那里的一位胖老婆子就要"吉格浑"(一角钱),倘是十个,便要"能(二)格浑"了。究竟是确要这许多呢,还是欺我是外江佬之故,我至今还不得而知。好在我的钱原是从厦门骗来的,拿出"吉格浑""能格浑"去给厦门人,也不打紧。

　　我的功课现在有五小时了,只有两小时须编讲义,然而颇费事,因为文学史的范围太大了。我到此之后,从上海又买了一百元书。克士已有信来,说他已迁居,而与一个同事姓孙的同住,我想,这人是不好的,但他也不笨,或不至于上当。

　　要睡觉了,已是十二时,再谈罢。

　　　　　　　　　　　　　　　　　　　　　　　　迅
　　　　　　　　　　　　　　　　　　　　　　九月三十日之夜

注释:

[1]L. S.　"鲁迅"罗马字拼音"LuSin"的缩写。

[2]武昌还未降　武昌为当时吴佩孚的军事中心。据1926年9月《申报》报道:9月4日,北伐军已完全包围武昌,经12日、14日二度谈判,敌军刘玉春、陈嘉谟仍拒开城投降。

[3]南昌猛扑数次　南昌为当时孙传芳盘踞的军事要地。据1926年9月《申报》报道:1926年9月间,北伐军向江西发动攻势,与孙传芳军队在南昌展开争夺战,得而复失。

[4]孙传芳已出兵　据当时《申报》报道:孙传芳于1926年8月30日在南京召开军事会议,策划与北伐军对抗,随后向江西前线大量增兵。9月21日,孙传芳从南京赶赴九江,亲自督兵与北伐军在九江、德安、南昌一线作战。

[5]吴佩孚似乎在郑州　吴佩孚(1874—1939),字子玉,山东蓬莱人,北洋军阀直系首领之一。1926年7月,北伐军从广东出发,首先打击吴佩孚。9月16日,北伐军攻克汉口、汉阳,他于17日逃至郑州,企图组织援军反攻。这时奉系军阀张作霖趁机向吴佩孚提出接防保定、大名的要求,吴佩孚认为这两地是他占据的重要地区,拒绝交出,两方为此进行了明争暗斗。

[6]愿合同早满者　原信于"不过总有些无聊"之后,写了"有些不满足,仿佛缺了什么似的"。

[7]指谢德南。当时谢敦南托许广平请鲁迅,为赋闲在家的大哥谢德南,在厦门大学谋职的事情。

[8]孟余　即顾兆熊(1888—1972),字梦余,又作孟余,河北宛平(今属北京人),曾任北京大学教授、教务长。1925年12月任广东大学校长,1926年10月任中山大学委员会副委员长。后任国民党中央执行委员会常务委员等职。他于1926年9月发电来厦大,约孙伏园到广东担任《广州民国日报》副刊编辑。

[9]他所宣传的　指孙伏园所宣传的内容。原信写道:"L家不但常有男学生,也常有女学生,有二人最熟,但L是爱长的那个的。他是爱才的,而她最有才气,所以他爱她。但在上海,听了这些话并不为奇"。

四九

My dear teacher：

　　廿三晚写好的信，廿四早发出了。当日下午收到《彷徨》和《十二个》，包裹甚好，书一点没有损坏。但是两本书要寄费十分，岂非太不经济？

　　我一天的时间，能够给我自己支配的，只有晚上九时以后，我做自己的事——如写信，豫备教材——全得在这时候。此外也许有时有闲，但不一定。所以我写信时匆忙极了，许多应当写下来的事，也往往忘却，致使你因此挂心，这真是该打！忘记了什么呢？就是我光知道诉苦，说我住的是"碰壁"的房，可是现在已经改革了，东面的楼上住的一位附小的教员辞了职，校长教我搬去，我赶紧实行，于到校第二个星期六搬过来了。此楼方形，隔成田字，开间颇大，用具也不少。每间住一人，余三人为小学教员，胸襟一样狭窄，第一天即三人成众，给我听了不少讽刺话，我也颇气愤，但因不是在做学生了，总得将就一些，便忍耐下去，次早还要陪笑脸招呼，这真是做先生的苦处。现在她们有点客气了，然而实在热闹得可以，总是高朋满坐，即使只有三人，也还是大叫大嚷，没一时安静。更难堪的是有两位自带女仆婢子，日里做事，夜间就在她们房里搭床，连饭菜也由用人用煤油炉煮食，一小房便是一家庭，其污浊局促可想。所以我的房门口的过道，就成了女仆婢子们的殖民地，摆了桌子，吃饭，梳洗，桌下锅盆碗碟，堆积甚多，煞是好看。但我这方面总是竭力回避，关起门来，算是我的世界，好在一大块向南的都是窗，有新空气，不会病了。

　　这个学校，先前是师范和小学合在一处的，现在师范分到新校去了，但校舍还未造好，正在筹捐，所以师范教员和学生仍旧住在小学——即旧校里。今年暑假以后，算是大加革新[1]了，分设教务，总务，训育于校长之下，而训育最繁琐，且须管理寄宿，此校学生曾起反对校长风潮,后虽平息,而常愤愤,每寻瑕伺隙,与办事人为难。我上课的第一天,学生就提出改在寝室内自修(原在教室,但灯暗……)的难题目给我做。现已给以附有条件的允许。于明日实行。但那么一来,学生散处各室,夜间查堂就更加困难了。对寝室负责的,我之外本来还有一舍监,现此人因常骂学生及仆人,大有非去不可之势,学校当局以为我闲空,要我兼任(但不加薪),我只答应暂兼数天,那时就将更加忙碌,因早晚舍监应做的如督率女仆,收拾寝室,厕所……也须归我管理也。

看你在厦大,学生少,又属草创,事多而趣少,如何是好? 菜淡不能加盐么? 胡椒多吃也不是办法,买罐头补助不好么? 火腿总有地方买,不能做来吃么? 万勿省钱为要!!!

广东水果现时有杨桃,五瓣,横断如星形,色黄绿,厦门可有么?

广东常有雨,但一止就可以出街,无雨则热甚,上课时汗流浃背的,蚊子大出,现在就一面写字,一面在喂它。蚂蚁也不亚于厦门,记得在"碰壁"的房里,夜间睡眠中,臂膊还曾被其所咬;食物自然更易招致,即使挂起来,也能缘绳而至,须用水绕,始得平安。空气甚湿,衣物书籍,动辄发霉,讨厌极了。

我虽然忙,但《新女性》既转折的写了信来,似乎不好推却。不过我的作品太幼稚,你有什么方法鼓舞我,引导我,勿使我疏懒退缩不前么?

现在我事务虽然加多,但办得较前熟手了。八时教课,实则只要豫备四班教材,而都是从头讲起,班高的讲快,参考简单,班低讲慢,参考较多,互相资助,日来似觉稍为顺手。总之,到这里初做事,要做得好,即不能辞劳苦,宁可力竭而去,不欲懒散而存,所以我愿意努力工作,你以为何如?

有北京消息没有,学校近况如何?

祝你健康。

Your H. M.

九月二十八晚

注释:

[1]大加革新　指学校行政管理体制的革新。1926 年 9 月,省立女子师范学校经
　　革新后,由刘万镒任教务主任,卢海村任总务主任,许广平任训育主任。

五〇

广平兄：

一日寄出一信并《莽原》两本，早到了罢。今天收到九月廿九的来信了，忽然于十分的邮票大发感慨，真是孩子气。花了十分，比寄失不是好得多么？我先前闻粤中学生情形，颇"出于意表之外"，今闻教员情形，又"出于意表之外"，我先前总以为广东学界状况，总该比别处好得多，现在看来，似乎也只是一种幻想。你初作事，要努力工作，我当然不能说什么，但也须兼顾自己，不要"鞠躬尽瘁"才好。至于作文，我怎样鼓舞，引导呢？我说，大胆做来，先寄给我，不够么？好否我先看，即使不好，现在太远，不能打手心，只得记帐，这就已可以放胆下笔，无须退缩的了，还要怎么样呢？

从信上推测起你的住室来，似乎比我的阔些，我用具寥寥[1]，只有六件，皆从奋斗得来者也。但自从买了火酒灯之后，我也忙了一点，因为凡有饮用之水，我必煮沸一回才用，因为忙，无聊也仿佛减少了。酱油已买，也常吃罐头牛肉，何尝省钱!!! 火腿我却不想吃，在北京时吃怕了。在上海时，我和建人因为吃不多，便只叫了一碗炒饭，不料又惹出影响，至于不在先施公司多买东西，孩子之神经过敏，真令人无法可想。相距又远，鞭长不及马腹，也还是姑且记在帐上罢。

我在此常吃香蕉，柚子，都很好；至于杨桃，却没有见过，又不知道是甚么名字，所以也无从买起。鼓浪屿也许有罢，但我还未去过，那地方大约也不过像别处的租界，我也无甚趣味，终于懒下来了。此地雨倒不多，只有风，现在还热，可是荷叶却干了。一切花。我大抵不认识；羊是黑的。防止蚂蚁，我现也用四面围水之法，总算白糖已经安全，而在桌上,则昼夜总有十余匹爬着,拂去又来,没有法子。

我现在专取闭关主义,一切教职员,少与往来,也少说话。此地之学生似尚佳,清早便运动,晚亦常有;阅报室中也常有人。对我之感情似亦好,多说文科今年有生气了,我自省自己之懒惰,殊为内愧。小说史有成书,所以我对于编文学史讲义,不愿草率,现已有两章付印了,可惜本校藏书不多,编起来很不便。

北京信已有收到,家里是平安的,煤已买,每吨至二十元。学校还未开课[2],北大学生去缴学费,而当局不收,可谓客气,然则开学之毫无把握可知。女师大的事没有听到什么,单知道教员都换了男师大的,大概暂时当是研究系[3]势力。总之,环境如此,女师大是决不会单独弄好的。

上遂要搬家眷回南,自己行踪未定,我曾为之写信向天津学校设法,但恐亦无效。他也想赴广东,而无介绍。此地总无法想,玉堂也不能指挥如意,许多人的聘书,校长压了多日才发下来。校长[4]是尊孔的,对于我和兼士,倒还没有什么,但因为化了这许多钱,汲汲要有成效,如以好草喂牛,要挤些牛乳一般。玉堂盖亦窥知此隐,故不日要开展览会,除学校自买之泥人(古冢中土偶也)而外,还要将我的石刻拓片挂出。其实这些古董,此地人那里会要看,无非胡里胡涂,忙碌一番而已。

在这里好像刺戟少些,所以我颇能睡,但也做不出文章来,北京来催,只好不理。口口书店[5]想我有书给他印,我还没有;对于北新,则我还未将《华盖集续编》整理给他,因为没有工夫。长虹和这两店,闹起来了,因为要钱的事。沈钟社[6]和创造社[7],也闹起来了,现已以文章口角[8];创造社伙计[9]内部,也闹起来了,已将柯仲平[10]逐出,原因我不知道。

迅
十,四,夜

注释：

[1]用具寥寥　指集美楼住处的用具很少。

　　①原文在第二节开头,画了住房布置示意图,并作了说明。图文如下：

　　从信上推测你的住室来,似乎比我阔些,我的房如上图,器具寥寥,只有六件,皆以奋斗得来者,所以只有半屋。

　　②川岛回忆鲁迅住室内部情况说:"先看见一只小水缸……还有黄铜的打气炉;有大大小小的铝锅;有烧开水的水壶;板壁上挂着几个大大小小的纸包。当然其它还有床、书桌、书架、脸盆、暖水瓶以及其它的碗盏、瓢盆、桌椅板凳之类,一间教室,把它当作为卧室、书斋、接待室以及小厨房之用,也就不显得空荡荡的了。东一堆,西一簇,看起来倒是井井有条,很有秩序。"(川岛:《和鲁迅先生在厦门相处的日子里》,《红旗飘飘·第一集》1957年)

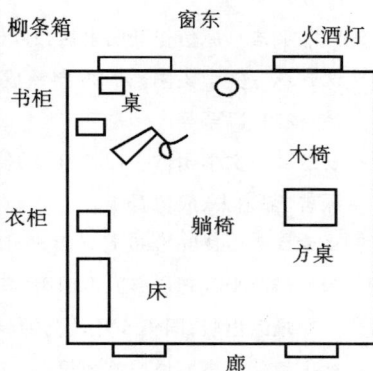

[2]学校还未开课　当时,北洋政府将大量财政投入反革命战争,开支日绌,不能按预算拨出教育经费,因而在京九所公立大学无法如期开学。

[3]研究系　1916年袁世凯死后,在黎元洪任总统、段祺瑞任国务总理时期,围绕国会制宪问题,形成府、院之争,原进步党首领梁启超、汤化龙等组织"宪法研究会",依附和支持段祺瑞,这个政客集团被称为"研究系"。(人民文学出版社2005年版)

[4]校长

　　①指林文庆(1869—1957)字梦琴,福建海澄人。曾留学英国爱丁堡大学,一度在新加坡、香港行医。积极参加中国好学会、中华总商会、华人体育会、海峡英籍华人公会等社团及《海峡华人杂志》的创办。第一次世界大战期间,加入英籍,组织英籍华人支持英国对德作战,做出巨大贡献,获大不列颠帝国勋章。支持孙中山革命活动,辛亥革命前,加入同盟会,民国成立后被孙中山任命为南京临时政府卫生部长,继而出任外交部顾问,先后获中华民国二等嘉禾章和二等文虎章。崇尚孔教,曾在马来亚华侨中发起组织孔教会并任会长。时任厦门大学校长兼国学研究院院长。著有《孔教大纲》、《孔教精神》等。

　　②指林文庆(1869—1957),字梦琴,福建海澄人,曾留学英国。1921年起任厦门大学校长,曾在马来亚华侨中发起组织孔教会并任会长。著有《孔教大纲》等。(人民文学出版社1981年版)

　　③指林文庆(1869—1957),字梦琴,福建海澄人,生于新加坡。曾留学英国爱

丁堡大学医学院,1892年毕业后返新加坡就医。1912年2月,任南京临时政府内务部卫生局局长。1921年5月,任厦门大学校长,至1937年因年迈而辞职。1938年回新加坡定居。著有《孔教大纲》、《孔教精神》等。(《鲁迅年谱》第二卷)

[5]□□书店　原信作开明书店,1926年8月在上海成立。

[6]沉钟社　文学团体。1925年秋成立于北京,主要成员有林如稷、陈炜谟、陈翔鹤、杨晦、冯至等。

[7]创造社　文学团体。1921年6月成立于日本东京,在上海活动,主要成员有郭沫若、郁达夫、成仿吾等。

[8]文章口角　1926年6月,《洪水》半月刊第二卷第十九期,登有《创造社出版部为〈沉钟〉半月刊启事》,声明因"事务浩繁",原定由该部代印的《沉钟》半月刊,一时难以出版;同年8月,《沉钟》半月刊第一期也登有《〈沉钟〉半月刊为创造社出版部启事》,说明该刊第一、二期交稿五月,而创造社出版部未能印行,故特改由北新书局出版。9月中,《洪水》第二卷第二十三,二十四合期又发表了周全平的《出版部的幸不幸二事》,针对《沉钟》的启事说:"出版部成立不久,就有不少的友人来托我们帮他的刊物出版的忙",但因资本不多,所以便"得罪了不少的友人","《沉钟》半月刊便是失望而归的一个";接着《沉钟》第四期也发表陈炜谟的《"无聊事"——答创造社的周全平》,列举事实,辨明《沉钟》之委托创造社出版部代印,系先由周全平致函沉钟社社员愿意"帮助出版",因此,"便同他接洽印半月刊","沉钟社并不曾'来托'创造社帮忙"等。(人民文学出版社2005年版)

[9]创造社伙计　指在上海出版部工作的周全平、潘汉年、叶灵凤等人。当时,创造社主要成员郭沫若、郁达夫、成仿吾已往广州等地从事实际工作,出版部的事务则由周全平等负责。

[10]柯仲平(1902—1964)　诗人,云南广南人。曾是狂飙社成员,参加过后期的创造社,当时在创造社出版部工作。

五一

My dear teacher：

　　今早到办公室就看见你廿二日写给我的信了。现在是卅晚十时。我正从外面回校。因为今天是我一个堂兄[1]生了孩子的满月，在城隍庙[2]内的酒店请客，人很多，菜颇精致，我回来后吃广东酒席，今天是第二次了。广东一桌翅席，只几样菜，就要二十多元，外加茶水，酒之类，所以平常请七八个客，叫七八样好菜，动不动就是四五十元。这种应酬上的消耗，实在利害，然而社会上习惯了，往往不能避免，真是恶习。

　　现时我于教课似乎熟习些，豫备也觉容易，但将上讲堂时，心中仍不免忐忑。训育一方，则千头万绪，学生又多方找事给我做，找难题给我处理，往往一波未平，一波又起，校务舍务，俱不能脱开。前信曾说过舍监要走的事，幸而现在已经打消了，我也省得来独力支持，专招怨骂了。

　　学校散漫而无基金，学生少，设备不全，当然是减少兴味的。但看北京的黑暗，一时不易光明，除非北伐军打入北京，或国民军再进都城，我们这路人，是避之则吉的。这样一想，现时我们所处的地方，就是避难桃源，其他不必苛求，只对自己随时善自料理就是了。

　　睡早而少吃茶烟，是出于自然还是强制？日间无聊，将何以写忧？

　　广东几乎无日无雨，天气潮湿，书物不易存储，出太阳则又热不可耐，讨厌之极。又此地不似外省随便，女人穿衣，两三月辄换一个尺寸花头，高低大小，千变万化，学生又好起人绰号，所以我带回来的衣服，都打算送给人穿，自己从新做过，不是名流，未能免俗，然私意总从俭朴省约着想，因我固非装饰家也。但此种恶习，也与酒席一样消耗得令人厌恶。

　　愿你将你的情形时时告我。祝你安心课业。

　　　　　　　　　　　　　　　　Your H.M
　　　　　　　　　　　　　　九月卅晚十时半

My dear teacher：

　　现在我又给你写信了，卅日写了一纸，本待寄去，又想，或者就有来信，所以又等着，到现在，四天了，中间有礼拜六，日，明天也许有信到，但是我等不及了，恐怕你盼望，就先寄给你罢。

　　这数日来我的大事记——一日整天大雨，无屋不漏。但党政府定于这天叫人到党部领徽章（铜质，有五元，一元，四角三种）去卖，我就代表学校，前去领取，还有扑满[3]，旗帜，标语，宣传印刷品等，要点数目，费了大半天工夫。二日除照常校务外，并将徽章按各班人数分配妥帖。三日星期，则上半天全化在将这些分给各班各组的事情上，神疲力尽，十一时始完。午餐后去看李表妹[4]及陈君，他们正拟邀我往城北游玩，因一同出城，乡村风景，甚觉宜人，野外花园，殊有清趣，树木蔚为大观，食品较城市便宜，我们三人在北园[5]饮茶吃炒粉，又吃鸡，菜，共饱二顿，而所费不过三元余，从午至暮，盘桓半日，始返陈宅。

　　今天四日晨，复与大家往第一公园[6]一游，午后上街买书报，又回家一看，三时顷回校收学生售章回来之扑满，直至五时，还只数个，明天尚有事做也。当我回校时，桌上见有李之良[7]名片，她初到粤，人地生疏，又不懂话，因即于晚六时半往访，听了一点关于北京的情形。才知道我出京后，那边收不到我的信，但是谢君的弟弟却收到的，不知何故。你这里于北京消息不隔膜么？至于女师大，据李君说，则已由教育部直接用武装军警，强迫交代，学生被任可澄[8]林素园召集至礼堂训话，大家只有痛哭，当面要求三事，一全体教职员照旧，二学校独立，三经费独立，闻经一一应允，但至李君来时，已经教职员全去，只留学生云。

　　我事情仍甚忙，学生对我尚无恶感，可是应付得太费力了，处处要钩心斗角，心里不愿如此，而表面上不得不如此，我意姑且尽职一学期至阳历一月，如那时情形不佳，则惟有另图生活之一法了。

前两天学校将所收的学费分掉了,新教职员得薪水之三成,我收到五十九元四角。听说国庆日以前还可多发一点,然而从中减去了公债票,国库券[9],北伐慰劳捐等等,则所余亦属无几。总之,所谓主任也者,名目好听,事情繁,收入少,实在为难,不过学学经验,练练脾气,也是好的。从前是气冲牛斗的害马,现在变成童养媳一般,学生都是婆婆小姑,要看她们的脸色做事了。这样子,又那里会有自我的个性,本来的面目。然而回心一想,社会就是这样,我从前太任性了,现今正该多加磨练,以销尽我的锋芒,那时变成什么,请你监视我就是了。

你近况何如? 对于程度较低的学生,倘用了过于深邃充实的教材,有时反而使他们难于吸收,更加不能了解:请你注意于这一层。

现已十一时,快夜半了,昨夜睡得不多,现倦甚,以后再谈罢。

祝你精神康适。

Your H. M.

十月四日晚十一时

注释:

[1]堂兄　指许崇清(1887－1969),广东番禺人,曾留学日本,时任广东省政府委员兼教育厅长。许广平应邀参加他举办孩子满月的庆宴,引发了对社会旧俗盛行的感慨。

[2]城隍庙　原广州市庙宇,在中山四路忠佑大街中段。

[3]扑满　旧时一种用陶瓷做的蓄钱器具,钱投进后不能任意取出。当时,广东省国民党党部为筹集北伐军费,常组织学生到校外宣传政治时事,推售党部制作的徽章等宣传品,或进行募捐,将所得的钱装入扑满,而后上缴。组织和安排学生进行此类活动,属学校训育行政部门的职责,信中称:被这类事情弄得"神疲力尽"。

[4]李表妹　李琬冰,广东番禺人。当时中山大学文学院教育系学生。

[5]北园　酒家名,原设在广州市北郊下塘的园林里。后移至今广州市登峯北路。

[6]第一公园　又称中山公园,位于今广州市广卫路附近。

[7]李之良　一作李知良,江苏泗阳人,曾在北京女子师范大学史学系学习,与许广平同学。时到广州,顺访许广平,介绍了女师大被教育部直接用武装军警强

迫接管的情况。

[8]任可澄(1877—1946) 字志清,贵州普定(今安顺)人,1926 年 6 月任北洋政府
教育总长。

[9]公债票,国库券 广东国民政府为筹集北伐军饷,在所管辖地区发行债券。偿
还时间分长期和短期两种。

五二

迅师：

六日收到您九月廿七的信及杂志一束，廿二的信亦已收到。我除十八以前的信外，又有廿四，廿九，十月五日，及此信共四封，想也陆续寄到了。

厦大情形，闻之令人气短，后将何以为计，念念。广州办学，似乎还不至如此，你也有熟人如顾先生[1]等，倘现时地位不好住，可愿意来此间一试否？郭沫若[2]做政治部长去了。广大改名中山大学[3]，校长是戴季陶[4]。陈启修先生在此似乎不得意，有前往江西之说。

我在此处，校中琐事太多，一点自己的时间都没有，几乎可以说全然卖给它了。其价若干？你猜，今天领到九月份薪水，名目是百八十元之四成五，实得小洋[5]三十七元，此外有短期国库券二十元，须俟十一月廿六方能领取，又公债票十五元，则领款无期，还有学校建筑捐款九元（以薪金作比例），女师毕业生演剧为母校筹款，因为是主任，派购入场券一张五元，诸如此类，不胜其烦。而最讨厌的是整天对学生钩心斗角，不能推诚相与（学生视学校如敌人，此少数人把持所致），所以觉得实在没趣，但仍姑且努力，倘若还是没法办，那时再作他图罢。

本来你在厦门就令人觉得不合式，但是到了现在，你有什么方法呢？信的邮递又是那么不便，你的情形已经尽情地说出来了没有呢？

《语丝》九六上《女师大的命运》那篇，岂明先生说："经过一次解散而去的师生有福了，"那么，你我不是有福的么？大可以自慰了。

祝你精神。

Your H. M.

十月七晚十二时

注释：

[1]顾先生　指顾孟余。

[2]郭沫若(1892—1978)　四川乐山人,文学家、历史学家和社会活动家。早年从事新文化活动,为创造社主要发起人之一。1926年3—6月任广东大学文学院院长,7月,随国民革命军北伐,任政治部副主任。这里指他任国民革命军政治部副主任一事。

[3]广大改名中山大学

　①广大,即广东大学。1924年5月,在孙中山的倡导下,将国立广东高等师范、省立法科大学、省立农业专科三校合并组成。1926年7月,广东国民政府接受廖仲恺生前的建议,下令将广东大学改名为中山大学。9月1日起实行。

　②1926年9月,广东国民政府据廖仲恺生前建议,下令将广东大学改名为中山大学。(人民文学出版社1981年版)

　③广州《民国日报》发布消息:"九月东日(一日)起,广东大学正式更名为中山大学。"(《民国日报》1926年9月2日)

[4]戴季陶(1890—1949)　名传贤,号天仇,浙江吴兴人。早年参加同盟会,后任国民党中央执行委员会常委、国民党政府考试院长等职。1926年9月1日,广东大学改名为中山大学时,戴季陶正卧病在湖州,校事乃由经享颐暂代。10月14日才被任命为中山大学委员会委员长。1927年6月,该校改为校长制后,被改命为校长。

[5]小洋　对大洋而言。当时广东省自制和通用货币的计算单位,分为单毫和双毫两种,每个小元等于十个单毫,相当于大洋八分多。

五三

广平兄：

十月四日得九月廿九日来信后，即于五日寄一信，想已收到了。人间的纠葛真多，兼士直到现在，未在应聘书上签名，前几天便拟于国学研究院成立会[1]一开毕，便往北京去，因为那边也有许多事待他料理。玉堂大不以为然，而兼士却非去不可。我便从中调和，先令兼士在应聘书上签名，然后请假到北京去一趟，年内再来厦门一次，算是在此半年，兼士有些可以了，玉堂又坚执不允，非他在此整半年不可。我只好退开。过了两天，玉堂也可以了，大约也觉得除此更无别路了罢。现在此事只要经校长允许后，便要告一结束了。兼士大约十五左右动身，闻先将赴粤一看，再向上海。伏园恐怕也同行，至是否便即在粤，抑接洽之后，仍回厦门一次，则不得而知。孟余请他是办副刊，他已经答应了，但何时办起，则似未定。

据我想：兼士当初是未尝不预备常在这里的，待到厦门一看，觉交通之不便，生活之无聊，就不免"归心如箭"了。这实在是无可奈何的事，教我如何劝得他。

这里的学校当局，虽出重资聘请教员，而未免视教员如变把戏者，要他空拳赤手，显出本领来。即如这回开展览会，我就吃苦不少。当开会之前，兼士要我的碑碣拓片[2]去陈列，我答应了。但我只有一张小书桌和小方桌，不够用，只得摊在地上，伏着，一一选出。及至拿到会场去时，则除孙伏园自告奋勇，同去陈列之外，没有第二人帮忙，寻校役也寻不到，于是只得二人陈列，高处则须桌上放一椅子，由我站上去。弄至中途，白果又硬将孙伏园叫去了，因为他是"襄理"（玉堂的），有叫孙伏园去之权力。兼士看不过去,便自来帮我,他已喝了一点酒,这回跳上跳下,晚上就大吐了一通。襄理的位置,正如明朝的太监,可以倚靠权势,胡作非为,而受害的不是他,是学校。昨天因为白果对书记们下条子(上谕式的),下午同盟罢工了,后事不知如何。玉堂信用此人,可谓胡涂。我前回辞国学院研究教授而又中止者,因怕兼士与玉堂觉得为难也,现在看来,总非坚决辞去不可,人亦何苦因为别人计,而自轻自贱至此哉!

此地的生活也实在无聊,外省的教员,几乎无一人作长久之计,兼士之去,固无足怪。但我比兼士随便一些,又因为见玉堂的兄弟[3]及太太,都很为我们的生活操心;学生对我尤好,只恐怕在此住不惯,有几个本地人,甚至于星期六不回家,豫备星期日我若往市上去玩,他们好同去作翻译。所以只要没有什么大下不去的事,我总想在此至少讲一年,否则,我也许早跑到广州或上海去了(但还有几个很欢迎我的人[4],是要我首先开口攻击此地的社会等等,他们好跟着来开枪)。

今天是双十节[5],却使我欢喜非常,本校先行升旗礼,三呼万岁,于是有演说,运动,放鞭爆。北京的人,仿佛厌恶双十节似的,沉沉如死,此地这才像双十节。我因为听北京过年的鞭爆听厌了,对鞭爆有了恶感,这回才觉得却也好听。中午同学生上饭厅,吃了一碗不大可口的面(大半碗是豆芽菜);晚上是恳亲会[6],有音乐和电影,电影因为电力不足,不甚了然,但在此已视同宝贝了。教员太太将最新的衣服都穿上了,大约在这里,一年中另外也没有什么别的聚会了罢。

听说厦门市上今天也很热闹,商民都自动的地挂旗结彩庆贺,不像北京那样,听警察吩咐之后,才挂出一张污秽的五色旗来。此地的人民的思想,我看其实是"国民党的"的,并不怎样老旧。

自从我到此之后,寄给我的各种期刊很杂乱,忽有忽无。我有时想分寄给你,但不见得期期有,勿疑为邮局失落。好在这类东西,看过便罢,未必保存,完全与否亦无什么关系。

我来此已一月余,只做了两篇讲义[7],两篇稿子[8]给《莽原》;但能睡,身体似乎好些。今天听到一种传说,说孙传芳的主力兵已败,没有什么可用的了,不知确否。我想,一二天内该可以得到来信,但这信我明天要寄出了。

迅

十月十日

注释：

[1]国学研究院成立会　厦大国学研究院经筹备，各部机构组织就绪，于1926年10月10日举行成立大会，莅会来宾三百多人。会上，沈兼士作了报告，林语堂及张星烺相继发言。成立仪式结束后，林文庆、沈兼士及林语堂陪同来宾，参观国学院陈列室及图书部。

[2]碑碣拓片　早在寓居北京绍兴会馆期间，鲁迅就开始搜集并研究金石拓本。当时，厦大国学研究院正在筹备古物展览会，鲁迅应允参展，后在会上展出所藏的石刻拓片，大多是六朝隋唐造像。

[3]玉堂的兄弟　指林语堂的大哥林景良和二哥林玉霖，当时分别担任厦大国学研究院编辑和学生指导长。

[4]有几个很欢迎我的人　指厦大的一部分学生和在厦门集美的原北师大学生及本地的一些记者。

[5]双十节　1911年10月10日，孙中山领导的同盟会发动武昌起义，推翻清王朝统治。次年1月1日建立中华民国，9月28日南京临时参议院决议10月10日为国庆纪念日，又称"双十节"。

[6]恳亲会　即一般"交谊会"。当时厦大规定，一学期中至少举行四次。每次开会时，全体师生及教职员家属都一起　　　　　　　会上有演说和节目表演等活动。

[7]两篇讲义　指在厦大撰写的《汉文学　　　　　字至文章》、《书与诗》。

[8]两篇稿子　指在厦大创作的《朝花夕拾　　　　到三味书屋》、《父亲的病》。

五四

广平兄：

　　昨天刚寄出一封信，今天就收到你五日的来信了。你这封信，在船上足足躺了七天多，因为有一个北大学生[1]来此做编辑员的，就于五日从广州动身，船因避风，或行或止，直到今天才到，你的信大约就与他同船的。一封信的往返，往往要二十天，真是可叹。

　　我看你的职务太烦剧了，薪水又这么不可靠，衣服又须如此变化，你够用么？我想：一个人也许应该做点事，但也无须乎劳而无功。天天看学生的脸色办事，于人我都无益，这也就是所谓"敝精神于无用之地"[2]，听说在广州寻事做并不难，你又何必一定要等到学期之末呢？忙自然不妨，但倘若连自己休息的时间都没有，那可是不值得的。

　　我的能睡，是出于自然的，此地虽然不乏琐事，但究竟没有北京的忙，即如校对等事，在这里就没有。酒是自己不想喝，我在北京，太高兴和太愤懑时就喝酒，这里虽然仍不免有小刺戟，然而不至于"太"，所以可以无须喝了，况且我本来没有瘾。少吸烟卷，可不知道是怎么一回事，大约因为编讲义，只要调查，无须思索之故罢。但近几天可又多吸了一点，因为我连做了四篇《旧事重提》[3]。这东西还有两篇便完，拟下月再做，从明天起，又要编讲义了。

　　兼士尚未动身，他连替他的人也还未弄妥，但因为急于回北京，听说不往广州了。孙伏园似乎还要去一趟。今天又得李逢吉[4]从大连来信，知道他往广州，但不知道他去作何事。

　　广东多雨，天气和厦门竟这么不同么？这里不下雨，不过天天有风，而风中很少灰尘，所以并不讨厌。我自从买了火酒灯以后，开水不生问题了,但饭菜总不见佳。从后天起,要换厨子了,然而大概总还是差不多的罢。

迅

十月十二夜

　　八日的信,今天收到了;以前的九月廿四,廿九,十月五日的信,也都收到,看你收入和做事的比例,实在相距太远了。你不知能即另作他图否?我以为如此情形,努力也都是白费的。

　　"经过一次解散而去的",自然要算有福,倘我们还在那里,一定比现在要气愤得多。至于我在这里的情形,我信中都已陆续说出,其实也等于卖身。除为了薪水之外,再没有别的什么,但我现在或者还可以暂时敷衍,再看情形。当初我也未尝不想起广州,后来一听情形,暂时不作此想了。你看陈惺农尚且站不住,何况我呢。

　　我在这里不大高兴的原因,首先是在周围多是语言无味的人物,令我觉得无聊。他们倘肯让我独自躲在房里看书,倒也罢了,偏又常常寻上门来,给我小刺戟。但也很有一班人当作宝贝看,和在北京的天天提心吊胆,要防危险的时候一比,平安得多,只要自己的心静一静,也未尝不可以暂时安住。但因为无人可谈,所以将牢骚都在信里对你发了。你不要以为我在这里苦得很,其实也不然的,身体大概比在北京还要好一点。

　　你收入这样少,够用么?我希望你通知我。

　　今天本地报上的消息很好,但自然不知道可确的,一,武昌已攻下;二,九江已取得;三,陈仪[5](孙之师长)等通电主张和平;四,樊钟秀[6]已入开封,吴佩孚逃保定(一云郑州)。总而言之,即使要打折扣,情形很好总是真的。

迅

十月十五日夜

注释:

[1]北大学生　指丁丁山(1901－1952),安徽和县人,北京大学研究所国学门毕业。时任厦大国学研究院编辑。著有《说文阙字考》一书。

[2]"敝精神于无用之地"　语出宋代罗大经《鹤林玉露》卷九:"敝精神于无用矣"。意为浪费精神于无益事情。这里用以比喻许广平的工作处境。

[3]《旧事重提》　即《朝花夕拾》,鲁迅的回忆性散文集,共十篇,最初陆续发表于1926年3月至12月《莽原》半月刊,总题目为《旧事重提》。后结集时,改为《朝花夕拾》。"连做了四篇",指自1926年9月18日至10月12日在厦大所作的《从百草园到三味书屋》、《父亲的病》、《琐记》、《藤野先生》。原拟11月再做两篇,后仅写《范爱农》一篇。

[4]李逢吉　原信作李遇安,河北人,北京师范大学毕业生,《语丝》、《莽原》投稿者。1926年10月,在广州中山大学任职。

[5]陈仪(1883－1950)　字公侠,浙江绍兴人,日本陆军士官学校炮兵科毕业。当时在孙传芳部任浙江陆军第一师师长兼徐州镇守使。1926年12月正式通电主张和平,宣布浙江独立,并任浙江省独立政府民政长。

[6]樊钟秀(1888—1930)　河南宝丰人。原任直系军阀豫南司令,1923年归附孙中山。据《申报》报道:1926年9月,他率部配合北伐军在河南沿京汉线追击吴佩孚,18日攻克信阳,同日,吴佩孚逃往郑州。(人民文学出版社2005年版)

五五

迅师：

　　现时是双十节午后二点二十分，我刚带学生游行回来。今天国民政府一面庆贺革命军在武汉又推倒恶势力，一面提出口号[1]，说这是革命事业的开始而非成功，所以群众的样子，并不趾高气扬，却带着多少战兢在内。而赴大会的民众，尤以各工会为多[2]，南方的工人又大抵识字，深了然于一切，所以情形很好，这是大可慰悦的。所惜者今晨大雨，午后时雨时止，路极泥泞。大会场在东门外[3]，名东校场之处，搭一演说台，而讲演者无传声筒，以致雨声，风声，人声，将演讲的声音压住，只见他口讲指划。更特别的是因为国庆，所以助兴的舞狮子和锣鼓，随处皆是；商家更燃放大爆竹，比较北京的只挂一张国旗，热闹多了（广东早已取消五色旗，用作国旗的是青天白日）。

　　学校因今天是星期，明天补假一日，我免去了教课三点钟。今晚有女师毕业生演剧助款为母校建筑，我或要去招呼学生。昨天已经去了一晚，演的是洪深编的《少奶奶的扇子》[4]。北京女师大恢复纪念时，陆秀珍他们也曾演过此戏，但男女角俱用女人，劳而无功，此处则为一种剧社组织，男女角各以性分任，无矫揉造作之弊，女角又大方，不羞涩而声音大，故较那一回为优。但开场太迟，仍然不守时刻（各机关亦如此），且闭幕后空堂太久，又未插入余兴，致使不耐久坐者往往先去，则其所短也。

　　这回于九日收到十月四日来信，但信内所说的"一日寄出一信并《莽原》两本"，却至今未见，不知何故。又来信云收到我九月廿九信，而未提廿四寄出的一封，恐回复之语，必在失去的一日信内，是否？如亦未收到,则是同时你失我一信,我失你一信二书了。

我的住室并不阔,纵五步横六步(平常步),桌椅是拿各处的破烂的凑合成功的。但最苦的是那邻人三户,总是叫嚣吵闹,倘或早睡(十时),即常被惊醒。我的脾气又是要静一点,这才能够豫备功课或写字的,而此处却大相反。如此看来,恐怕至多也只能敷衍一学期,现时我在想留意别的机会。

香蕉柚子都是不容易消化的食物,在北京,就有人不愿意你多吃,现在不妨事么? 你对我讲的话,我大抵给些打击,不至于因此使你有秘而不宣的情形么?

防止蚂蚁还有一法,就是在放食物的周围,以石灰粉画一圈,即可避免。石灰又去湿,此法对于怕湿之物可采用。

看你四日的信,和廿七日那封信的刻不可耐的心情似乎有些不同了。这是真的,还是为防止我的神经过敏而发的呢?

一点泥人,一些石刻拓片,就可以开展览会么? 好笑。

广东学校放假真多,本星期一补国庆假,星五重九,廿二日学校运动会,又要放假了。四年级师范生已将毕业,而初做几何,手工;豆工[5]折纸俱极草率。此处的学生颇轻视手工,缝纫,图画等,也许是受革命影响,人心浮动之故罢。

现在已是三点三十五分了,写了这几个字,其迟钝可想。但要说的都说了,如再记起,随后再写罢。

　　　　　　　　　　　　　　　　Your H. M.
　　　　　　　　　　　　　　　双十节下午三时

注释:

[1]提出口号　指当时广州国民政府庆祝"双十节"提出的口号。那时大会发出的
　　口号是:1.完成辛亥革命未竟之工作! 2.拥护北伐之胜利! 3.拥护省港罢工
　　之胜利! 4.由省港罢工孤军奋斗进行全国各界联合奋斗! 5.准备全国反帝国
　　主义总斗争! 6.农工商学兵联合起来! ……9.巩固革命基础! 10.发展革命
　　势力! 11.达到中国自由独立解放! 12.北伐革命将士万岁! 13.省港罢工工

友万岁！14.革命同胞万岁！15.国民革命成功万岁！16.中华民族解放万岁！
（广州《工人之路》1926年10月11日第461期）

[2]工会为多　指当天参加广东各界庆祝"双十节"大会的情形。据《工人之路》报
道：各界已于日前组织"广东各界庆祝双十节及拥护自动的停止武装封锁及扩
大反帝运动示威大会"，并发出通告，通知各团体一律参加双十大会，本市农工
商学军政党各团体，立即预备一切纪念事项。……省港罢工委员会以此次纪
念关系于罢工变更政策，故通令罢工各工会一律率队参加游行。（广州《工人
之路》1926年10月11日第461期）

[3]大会场在东门外　即原广州市东校场，这里指在东校场开大会的情形。对此，
当地报刊多有详细报道：▲庆祝双十节与扩大反英示威大会▲农工商兵各界
到者逾卅万人▲东较场一片革命民众呼声▲开纪念双十所未有之热烈。

　　早十时起，各团体纷纷预备队伍出发，鼓声冬冬，十一时，各团体皆整队出
发，惠爱东路越秀路皆拥塞巡行队伍，旌旗蔽空，除各团体口号标语大小旗帜
外，罢工各工会皆将自罢工以来，各团体所赠慰问与胜利旗帜，一律持出参加，
故尤警醒夺目，加倍令人注意，此外各团体多备有化装巡行，有化装吴佩孚兵
败逃亡时狼狈情形者，有描写英帝国主义炮击万县惨状者，种种色色，无奇不
有。

　　工农台：十二时摇铃开会，首由中央党部褚民谊宣布开会理由。罢工委员
会苏兆征宣读罢工委员会停止封锁宣言。谭植棠宣读大会宣传决议案，全场
一致通过。国民党中央联席会议代表周以栗演说。省农民协会阮啸仙演讲，
国民政府高等顾问鲍罗廷演说。

　　军警台：十二时半摇铃开会，中央党部，统一会，中华全国总工会，广州总
商会，学联会，总政治部代表为主席团。由中华全国总工会代表沈润生致开会
词。国民党党中央各省联席会议代表范予遂，广州总商会代表张德瑜，省港罢
工会代表邓伯明，中央兵工试验代表曾养甫，中央军事政治学校政治部主任熊
雄，国民党卫士代表冯公平，海军飞鹰军舰代表李金荣，第四军政治部秘书罗
扬清相继讲话。

　　商学台：到会人数达数万人，为从来各种运动所未见。由农工商学联会代
表陈信明宣布开会。继有总商会代表陈祝三，中央党部代表黎兆葵，省青年部
代表郭寿华，市青年部代表潘考鑑，中央党部妇女部长何香凝，广东各界妇女
联合会代表刘衡静，省商民协会代表黄发节，中国共产主义青年团代表杨白相
继讲话。

　　至二时半始由主席宣读大会宣言及决议案，全场通过，随着列队出场巡
行。学界由广东省学生联合会领队，商界由广东省商民协会领队，农界由广东
省农民协会领队，工界由省港罢工委员会、广州工人代表会议、广东总工会、香

港总工会领队,军界由中央军人部领队,警界由公安局领队,参加巡行的还有其他各界华侨协会。学商农工军警及其他各界巡行群众由大东门一直向惠爱东路而行,沿途高唱革命歌,呼口号,两边群众,人山人海,各团体之有化装或舞狮者,金鼓齐鸣,巡行队伍如潮涌向西前行……凡二小时之久始过尽。巡行路径:东校场,大东惠爱路,财政厅,国民政府,吉祥路,维新路,一德路,靖海路,长堤,西濠口,太平路,西瓜园,散队。(广州《工人之路》1926 年 10 月 11 日第 461 期)

[4]洪深(1894—1955) 字浅哉,江苏武进(今常州)人,戏剧家。《少奶奶的扇子》是他根据英国作家王尔德《温德米尔夫人的扇子》改编的剧本,原载 1924 年《东方杂志》第 21 卷第 2 期。

[5]豆工 旧时小学的手工科目之一。将黄豆泡在水里浸软,用竹签串起来,仿造各种几何形状,器具和建筑物等。

五六

广平兄：

今天(十六日)刚寄一信,下午就收到双十节的来信了。寄我的信,是都收到的。我一日所寄的信,既然未到,那就恐怕已和《莽原》一同遗失。我也记不清那信里说的是什么了,由它去罢。

我的情形,并未因为怕你神经过敏而隐瞒,大约一受刺激,便心烦,事情过后,即平安些。可是本校情形实在太不见佳,朱山根之流已在国学院大占势力,□□(□□)[1]又要到这里来做法律系主任了,从此《现代评论》色彩,将弥漫厦大。在北京是国文系对抗着的,而这里的国学院却弄了一大批胡适之陈源之流,我觉得毫无希望。你想:兼士至于如此模胡,他请了一个朱山根,山根就荐三人,田难干[2],辛家本,田千顷,他收了;田千顷又荐两人,卢梅[3],黄梅[4],他又收了。这样,我们个体,自然被排斥。所以我现在很想至多在本学期之末;离开厦大。他们实在有永久在此之意,情形比北大还坏。

另外又有一班教员,在作两种运动:一,是要求永久聘书,没有年限的;一,是要求十年二十年后,由学校付给养老金终身。他们似乎要想在这里建立他们理想中的天国,用橡皮做成的。谚云"养儿防老",不料厦大也可以"防老"。

我在这里又有一事不自由,学生个个认得我了,记者[5]之类亦有来访,或者希望我提倡白话,和旧社会闹一通;或者希望我编周刊,鼓吹本地新文艺;而玉堂他们又要我在《国学季刊》上做些"之乎者也",还有到学生周会去演说,我真没有这三头六臂。今天在本地报上载着一篇访我的记事,对于我的态度,以为"没有一点架子,也没有一点派头,也没有一点客气，衣服也随便，铺盖也随便，说话也不装腔作势……"觉得很出意料之外。这里的教员是外国博士很多，他们看惯了那俨然的模样的。

今天又得了朱家骅[6]君的电报，是给兼士玉堂和我的，说中山大学已改委员制[7]，叫我们去指示一切。大概是议定学制罢。兼士急于回京，玉堂是不见得去的。我本来大可以借此走一遭，然而上课不到一月，便请假两三星期，又未免难于启口，所以十之九总是不能去了，这实是可惜，倘在年底，就好了。

无论怎么打击，我也不至于"秘而不宣"，而且也被打击而无怨。现在柚子是不吃已有四五天了，因为我觉得不大消化。香蕉却还吃，先前是一吃便要肚痛的，在这里却不，而对于便秘，反似有好处，所以想暂不停止它，而且每天至多也不过四五个。

一点泥人和一点拓片便开展览会，你以为可笑么？还有可笑的呢。田千顷并将他所照的照片陈列起来，几张古壁画的照片，还可以说是与"考古"相关，然而还有什么"牡丹花"，"夜的北京"，"北京的刮风"，"苇子"……。倘使我是主任，就非令撤去不可，但这里却没有一个人觉得可笑，可见在此也惟有田千顷们相宜。又国学院从商科借了一套历代古钱来，我一看，大半是假的，主张不陈列，没有通过。我说，那么，应该写作"古钱标本"。后来也不实行，听说是恐怕商科生气。后来的结果如何呢？结果是看这假古钱的人们最多。

这里的校长是尊孔的，上星期日他们请我到周会演说[8]，我仍说我的"少读中国书"主义，并且说学生应该做"好事之徒"。他忽而大以为然，说陈嘉庚[9]也正是"好事之徒"，所以肯兴学，而不悟和他的尊孔冲突。这里就是如此胡里胡涂。

L. S.
十月十六日之夜

注释：

[1]□□(□□)　原信作周览(鲠生)。周鲠生(1889－1971)，湖南长沙人，国际法

学家。曾任北京大学政治系主任,当时受聘为厦门大学法律系主任,后未到
任。

[2]田难干　原信作陈乃乾,浙江海宁人,当时受聘为厦门大学国学研究院图书部
干事兼国文系讲师,后未到校。

[3]卢梅　原信作"罗某"。指罗常培(1899－1958),字莘田,北京人,语言学家。
曾任西北大学教授兼国学专修科主任。当时任厦门大学国文系讲师。

[4]黄梅　原信作"黄某"。指王肇鼎,江苏吴县人。当时任厦门大学研究院编辑
兼陈列部事务员。

[5]记者　指《厦声日报》记者。

[6]朱家骅(1893—1963)　字骝先,浙江吴兴人。早年留学德国,曾任北京大学教
授。当时任广州中山大学委员会委员,主持校务。后任国民党政府教育部长,
国民党中央组织部长等职。

[7]中山大学已改委员制　1926年10月14日,国民党中央联席会议对中山大学
的领导管理体制的改革作出决定,弃用校长制,建立委员制,由戴季陶任委员
长,顾孟余任副委员长,徐谦、丁惟汾、朱家骅任委员。中山大学改制后,即由
朱家骅出面邀请鲁迅到校任职。

[8]周会演说　据《鲁迅日记》:这次演说是在1926年10月14日。星期日应为星
期四。同年10月23日出版的《厦大周刊》第一百六十期曾记有演讲词大要:
"略谓世人对于好事之徒,每致不满,以为好事二字,一若有遇事生风之意,其
实不然。我以为今之中国,却欲好事之徒之多,盖凡社会一切事物,惟其有好
事之人,而后可以推陈出新,日渐发达。试观科仑布之探新大陆,南生之探北
极、及各种科学家之种种新发明,其成绩何一非由好事而得来。即如本校,本
是一片荒芜之地,建屋以招学生,其实亦即好事。故我以为好事之徒,实不足
病。尝见本校之运动场上常常有人,图书馆之中文阅览室,阅者常座为之满,
当然是好现象。而西文阅览室中之报纸杂志,阅者寥寥,一若不关重要者然,
此即不知好事也。不知西文报纸杂志,虽无重大关系,然于课余偶翻阅,实亦
可增许多常识。故甚望诸位对于一切学科,皆随时留心。学甲科者,对于乙科
书籍,亦可稍稍涉猎,学乙科者,对于甲科书籍,亦可稍加研究;但自然以不时
(疑为'碍'字之讹——引用者)正课为限。必如此,始能略知一切,毕业以后,
可在社会上作事。惟各人之思想境遇不同,我不敢劝人人皆为甚大之好事者,
但小小之好事,则不妨一尝试之。譬如对于凡可遇见之事物,小小匡正,小小
改良便是,但虽此种小事,亦非平时常常留心不为功。万一不能,则吾人对于
好事之徒,当不随俗而加以笑骂,尤其是对于失败之好事之徒云云"。按鲁迅
此次演说中关于"少读中国书"部分,因与尊孔的校长见解相悖,故《厦大周刊》
未载。

[9]陈嘉庚(1874—1961)　福建同安集美（现属厦门）人，爱国华侨领袖。长期侨
　　居新加坡，从事工商业，热心华侨和家乡的文化教育公益事业。1910 年在新加
　　坡参加同盟会，1913－1920 年，先后在集美创办中小学和师范、水产、航海、农
　　林、商校等学校。1921 年创办厦门大学。

五七

My dear teacher：

今日又是星四，又到我有机会写信的时候了。况且明天是重九，呆板的办公也得休息了。做学生时希望放假，做先生时更甚，尤其希望在教课钟点最多那一天。明天我没有课上。放假自然比不放好，但我总觉得不凑巧，倘是星六或星一，我就省去二三小时一天的豫备了，岂不更妙也哉！

南方重九可以登高，比北方热闹，厦门不知怎样，广东是这天旅行山上的人很多的。我因约了一位表姊[1]，明天带我去买布做冬衣，大约不能玩了。说起冬衣，前几天这里雨且冷，不亚于北京的此时（甚言之耳，或不至如此），我的衣服送往家里晒去了，无人送来，自己也无暇去取，就穿上四五层单衣裤，但竟因此伤风，九十两日演剧时，我陪学生去做招待及各项跳舞，回来两晚皆已十二点钟，也着了些冷。幸而有人告诉我一个秘方，就是用枸杞子燉猪肝吃，吃了两次，果然好了，现在更好了。

人多说：广东这时这样的冷，是料不到的。厦门有可以吹倒人的大风而不冷，仍须穿夏衣的么？那就比广东暖热了。

前信（十日写寄）不是说你一日寄来的信和书都没有收到么，但是一日的信，十二收到了，书则在学校的印刷物堆里，一位先生翻出来交还我的，大约到了好几天了，但我不知道在什么时候。总之，书和信都收到了。

这封信特别的"孩子气"十足，幸而我收到。"邪视"有什么要紧，惯常倒不是"邪视"，我想，许是冷不提防的一瞪罢！记得张竞生[2]之流发过一套伟论,说是人都提高程度,则对于一切,皆如鲜花美画一般,欣赏之,愿显示于众,而自然私有之念消,你何妨体验一下?

我虽然愿意努力工作,但对于有些事,总觉得能力不够,即如训育主任,要起草训育会章程,而这正如议宪法一样,参考虽有,合用则难,所以从回来至今,开过三次会议,召集十多人,而我的章程不行,至今还未组成会。现又另举四人为起草委员,只这一点,就可见我能力的薄弱了。此校发展难,自己感觉许多不便,想办好罢,也如你之在厦大一样。

此间报载[3]北伐军于双十节攻下武昌,九江,南昌,则湖北江西全定了,再联合豫樊[4],与北之国民军成一直线,天下事即大有可为,此情想甚确。冯玉祥[5]在库伦亦发通电,正式加入国民政府,遵守总理遗嘱,实行三民主义了。闻闽战亦大顺利,不知确否?陈启修先生有不日往宜昌为政治部宣传主任之说,顾约孙来,不知是否代陈之缺,但陈是做社论的,孙如代他,即须多发政论,不能如向来副刊之以文艺为主也。

广东一小洋换十六枚(有时十五),好的香蕉,也不过一毛买五个,起了许多黑点的,则半个铜元就买到了。我常买香蕉吃,因为这里的新鲜而香,和运到北京者大异。闻福建人多善做肉松,你何妨买些试试呢。

学生感情好,自然增加兴致,处处培植些好的禾苗,以供给大众,接济大众罢,这在自己,也是一种精神上的愉快,不虚负此一行的。在南人中插入一个北人的你,而他们不但并不歧视,反而这样优待,这是多么令人"闻之喜而不寐"[6]呢。话虽如此,却不要因此又拼命工作,能自爱,才能爱人。

《新女性》上的文章,想下笔学做,但在现在,环境和时间都不容许,过几时写出再寄罢。

祝你有"聊"!

　　　　　　　　　　　　　　　　　　　Your H. M.
　　　　　　　　　　　　　　　　　　　十月十四日晚

注释：

[1]表姊　指叶梅青,广东顺德人,北京女子师范大学毕业。时任广州市女子师范学校小学部主任。

[2]张竞生

①张竞生(1888—1970)　广东饶平人,早年留学法国,曾任北京大学教授。著有《美的人生观》、《美的社会组织法》等。1927年在上海开设美的书店,宣传性文化。(人民文学出版社2005年版)

②张竞生　广东饶平人,早年留学法国,曾任北京大学教授。著有《美的人生观》、《美的社会组织法》等。一九二七年在上海开设美的书店,宣扬色情文化。(人民文学出版社1981年版)

[3]此间报载　指当地报刊登载的北伐顺利的消息。

当时,广州报刊多有报道:

攻下武昌:国民革命军总司令秘书处据报云,顷接汉口总司令行营邓主任电称:万分火急,广州国民政府谭主席李总参谋长钧鉴,中央党部中央军事政治学校公鉴:(一)我第四军第八军已于今晨(按双十节)三时三十分钟由中和保安两门攻入武昌。(二)逆贼刘玉春被我第四军三十五团生擒,陈嘉谟尚在搜查中,敌军全体官兵被俘,枪械武器子弹全部收缴。(三)总司令部即早入武昌。(四)陈师长铭枢即日就武汉卫戍司令职,维持武汉秩序。演达叩庚印,云云。

（《工人之路》1926年10月13日第462期）

我军在江西大胜　庚日占领南昌:革命军自一日对赣下总攻击令后,即于三日占领德安,五日克复九江,现南昌湖口武穴,亦先后克复,鄂赣可完全肃清,验略昨报,兹将各地捷报汇志于后——

(一)本日正午南昌城已完全占领(庚)。(二)邓演达虞自武昌来电云:本日十月革命庆祝会,三镇同时举行,到会群众共计百万,我武昌大会妇女与男子相等,……红绿相间,开历来未有之奇观与兴奋,特报,邓演达虞。(三)武汉行营参谋处佳(九日)来电——南昌已于佳日午前五时占领,缴敌枪二万余支,子弹辎重无数,俘获敌官兵一万五千人。

（《工人之路》1926年第489期）

北伐战役大事记:

十月三日　克复德安。

十月四日　克复九江。

十月六日　一六三军克复涂家埠,敌人在赣主力尽被击溃。

十月八日　克复南昌

十月十日　肃清南昌城内残敌。

——《黄埔潮》周刊(第22、23期合刊)

[4]联合豫樊　指北伐军与河南樊钟秀部联合,夹击直系军阀在信阳之部,以与西北军向西发展的东路兵力,连成一线。

[5]冯玉祥(1882—1948)　字焕章,安徽巢县人,原为直系将领,1924 年改所部为国民军。1926 年 3 月出国,同年 9 月回国后,曾在库伦(今称乌兰巴托)表示:"此次回国誓必积极进行革命工作,最要紧是把西北军赶快的与北伐军联系起来"。(据 1926 年 10 月 19 日《向导周刊》第一七六期)。9 月 18 日他又在《回国宣言》中说:"现在我所努力的是遵奉孙中山的遗嘱,进行国民革命,实行三民主义,所有国民党一二两次全国代表大会宣言与决议案,全部接收,并促其现实。今后将国民军建筑在民众的意义上面,完全为民众的武力,与民众深相结合。军队所在的地方,工人组织,农民组织,均当帮助,并联合其他民众的团体,共负革命之责任。同时对于学生、教员、商人、机关职员、新闻记者各阶级之利害,均极力顾全。意义是在解放被压迫之中国民族,以与世界各民族平等,解除军伐之压迫,使工人不受剥削,农民不受穷苦,商人不破产,学生有书读,教员及机关职员都有薪水发,新闻记者不发生性命的危险,以及其他人民的痛苦,均为解除。至于政治主张,我是一个国民党员,又是国民党政府委员之一,一切由国民党决定,由国民政府主持。我惟有与诸同志,用集合的力量,履行就是了。谨此宣言。(《向导周报》第 177 期 1926 年 11 月 4 日)

[6]"闻之喜而不寐"　语出《孟子・告子(下)》:"吾闻之,喜而不寐。"这里是许广平用以表达对鲁迅与厦大学生关系密切的喜悦心情。

五八

广平兄：

　　伏园今天动身了。我于十八日寄你一信，恐怕就在邮局里一直躺到今天，将与伏园同船到粤罢。我前几天几乎也要同行，后来中止了。要同行的理由，小半自然也有些私心，但大部分却是为公，我以为中山大学既然需我们商议，应该帮点忙，而且厦大也太过于闭关自守，此后还应该与他大学往还。玉堂正病着，医生说三四天可好，我便去将此意说明，他亦深以为然，约定我先去，倘尚非他不可，我便打电报叫他，这时他病已好，可以坐船了。不料昨天又有了变化，他不但自己不说去，而且对于我的自去也翻了成议，说最好是向校长请假。教员请假，向来是归主任管理的，现在他这样说，明明是拿难题给我做。我想了一想，就中止了。此外还有一个原因，大概因为和南洋相距太近之故罢，此地实在太斤斤于银钱，"某人多少钱一月"等等的话，谈话中常听见；我们在此，当局者也日日希望我们从速做许多工作，发表许多成绩，像养牛之每日挤牛乳一般。某人每日薪水几元，大约是大家都念念不忘的。我一走，至少需两星期，有些人一定将以为我白白骗去了他们半月薪水，玉堂之不愿我旷课，或者就因为顾虑着这一节。我已收了三个月薪水，而上课才一月，自然不应该又请假，但倘计划远大，就不必拘拘于此，因为将来可以尽力之日正长。然而他们是眼光不远的，我也不作久远之想，所以我便不走，拟于本年中为他们作一篇季刊上的文章，到学术讲演会去讲演一次，又将我所辑的《古小说钩沈》献出，则学校可以觉得钱不白化，而我也可以来去自由了。至于研究教授，那自然不再去辞，因为即使辞掉，他们也仍要想法使你做别的工作，使收成与国文系教授之薪水相当的,还是任它拖着的好。

"现代评论"派的势力,在这里我看要膨涨起来,当局者的性质,也与此辈相合。理科也很忌文科,正与北大一样。闽南与闽北人之感情颇不洽,有几个学生极希望我走,但并非对我有恶意,乃是要学校倒楣。

这几天此地正在欢迎两位名人,一个是太虚和尚[1]到南普陀来讲经,于是佛化青年会[2]提议,拟令童子军捧鲜花,随太虚行踪而散之,以示"步步生莲花"之意。但此议竟未实行,否则和尚化为潘妃[3],倒也有趣。一个是马寅初[4]博士到厦门来演说,所谓"北大同人",正在发昏章第十一[5],排班欢迎。我固然是"北大同人"之一,也非不知银行之可以发财,然而于"铜子换毛钱,毛钱换大洋"学说,实在没有什么趣味,所以都不加入,一切由它去罢。

二十日下午

写了以上的信之后,躺下看书,听得打四点的下课钟了,便到邮政代办所去看,收得了十五日的来信。我那一日的信既已收到,那很好。邪视尚不敢,而况"瞪"乎?至于张先生的伟论,我也很佩服,我若作文,也许这样说的。但事实怕很难,我若有公之于众的东西,那是自己所不要的,否则不愿意。以己之心,度人之心,知道私有之念之消除,大约当在二十五世纪,所以决计从此不瞪了。

这里近三天凉起来了,可穿夹衫,据说到冬天,比现在冷得不多,但草却已有黄了的。学生方面,对我仍然很好;他们想出一种文艺刊物,已为之看稿,大抵尚幼稚,然而初学的人,也只能如此,或者下月要印出来。至于工作,我不至于拼命,我实在比先前懒得多了,时常闲着玩,不做事。

你不会起草章程,并不足为能力薄弱之证据。草章程是别一种本领,一须多看章程之类,二须有法律趣味,三须能顾到各种事件。我就最怕做这东西,或者也非你之所长罢。然而人又何必定须会做章程呢?即使会做,也不过一个"做章程者"而已。

据我想,伏园未必做政论,是办副刊。孟余们的意思,盖以为副刊的效力很大,所以想大大的干一下。上遂还是找不到事做,真是可叹,我不得已,已嘱伏园面托孟余去了。

北伐军得武昌,得南昌,都是确的。浙江确也独立[6]了,上海附近也许又要小战，建人又要逃难，此人也是命运注定，不大能够安逸的，但走几步便是租界，大概不要紧。

重九日这里放一天假，我本无功课，毫无好处；登高之事，则厦门似乎不举行。肉松我不要吃，不去查考了。我现在买来吃的，只是点心和香蕉，偶然也买罐头。

明天要寄你一包书，都是零零碎碎的期刊之类，历来积下，现在一总寄出了。内中的一本《域外小说集》[7]，是北新书局新近寄来的，夏天你要，我托他们去买，回说北京没有，这回大约是碰见了，所以寄来的罢，但不大干净，也许是久不印，没有新书之故。现在你不教国文，已没有用，但他们既然寄来，也就一并寄上，自己不要，可以送人的。

我已将《华盖集续编》编好，昨天寄去付印了。

迅

二十日灯下

注释：

[1]太虚和尚(1889—1947)　俗名吕沛林，法名唯心，字太虚，浙江崇德（今并入桐乡）人。他主张革新佛教制度，被视为佛教新派代表人物、中国近代佛教奠基人。曾任中国佛教总会会长，世界佛学院院长，厦门南普陀主持，闽南佛学院院长等。1926年10月，从美国讲经回国，顺途来厦。

[2]佛化青年会　全称闽南佛化青年会，设在厦门鸿山寺内。

[3]潘妃　名玉儿，南齐东昏侯的妃子。据《南史·齐本纪》：东昏侯极其宠爱潘妃，特为她起了"神仙"、"永寿"、"玉寿"三个殿，各殿都用金璧匝饰，同时用金凿莲花，铺贴地面，叫她步上慢移，说：这是"步步生莲华（花）"。

[4]马寅初(1882—1982)　浙江嵊县人，经济学家。美国哥伦比亚大学经济学博士，当时任北京大学教授。他在《中国货币制问题》（载1924年《晨报六周年纪念增刊》）一文中，曾谈到主币、辅币的换算问题。（人民文学出版社2005年版）

[5]发昏章第十一　语见《水浒传》第二十六回："西门庆被武松从狮子桥楼上扔下街心时，跌得'发昏章第十一'。"

[6]浙江确也独立　据当时报纸电讯：1926年10月15日孙传芳旧部、浙江省长夏

超宣布浙江独立,次日就任国民革命军第十八军军长。随而由杭州调警备队,以约三千人乘沪杭车向沪出动,以千五人开赴嘉善,千六人开赴松江。孙传芳闻讯后,即急派驻沪王雅之第十三团赴沪杭路布防,又调驻南京孟昭月部第八师及宋梅村部第十五旅来沪增防。双方在上海附近对峙,形势紧张。

[7]《域外小说集》 鲁迅等早期翻译的作品集,共二册,主要介绍俄国文学作品。第一册于1909年2月在日本东京印出,第二册同年6月印出。1921年由上海群益书局辑为一册出版。

五九

My dear teacher：

　　从清早在期望中收到你的信（十日写寄），我欢喜的读着，你的心情似乎也能稍安了，但不知是否骗人安心，所以这样说，而实则勉强栖息在不合意的地方。

　　兼士，伏园先生已动身来粤也未？如要翻译，我可以尽义务的。

　　广州国庆日也和北方不同，当日我也寄你一信说及，当早已收到了。

　　中山大学停一学期[1]，再整顿开学，文科主任的郭，做官去了，将来是什么人来此教授，现尚未定。你如有意来粤就事，则你在这里的熟人颇不少，现在正是可以设法的时候，但这自然是现在的事万难再做下去的话了。

　　昨星期日的上午及晚上，今晚，偷空凑了一篇文章[2]寄上，可以过得去就转寄上海，否则尽可作废。

　　我校的舍监自行辞职，跑到政府里做女书记官去了。一时请不着人，就要我兼尽义务，明天她去到任，据说暂时还在这里帮助，等聘着人再去，不知确否？

　　我自己在这里也没好坏可说，各班主任多不一致，对于训育，甚无进展，而且没空闲，机心[3]甚令人厌，倘有机会，不惜舍而之他也。

　　现甚困倦，如再有话，下次续写。

Your H. M.
十月十八晚

注释：

[1]中山大学停一学期　1926 年 10 月国民政府对中山大学下发了先行停课,切实
建设的训令:"中山大学为中央最高学府,亟应实施纯粹之党化教育,养成革命
之先驱,以树建设之基础。从前广东大学因循旧习,毫无成绩,人员既多失职,
学生程度亦复不齐。政府决意振兴,已明令改中山大学为委员制,期集一时之
人望为根本之改造,应责成委员会努力前途,彻底改革。一切规章制度重行厘
定,先行停课,切实建设,以下学期为新规之始业。全体学生一律复试,分别去
取,所有教职亦一律停职另任。"(《中山大学校报》第 1 期,1926 年 11 月)

[2]凑了一篇文章

①指许广平当晚写成的那篇文章,题名《新广东的新女性》,署名景宋,载上海
《新女性》第十二号(1927 年 1 月)。刊出时,编者在按语中写道:"至于景宋女
士的那篇,一看好像对于本地的女界表示十分的不满,其实却充溢了满腔的热
望。尤其难得的,使我们不曾到过广东的人,知道那里女子的实况。倘使各地
的女子,都肯把本乡女界的情形,这样如实的记叙出来,对于研究妇女问题的
人们,一定有极大的帮助,而且可使后进的女子得到正当的指导。"

②这篇是作者有感而发的。许广平后来回忆说,前不久,同学生一起参加庆
祝"双十节"的大会和游行,亲眼看到乱哄哄混作一团的情况,就写了一篇《新
广东的新女性》投出,"说明我在广州看到新女性,还是娇滴滴的小姐式,应付
了事的态度多,认真庆祝的少,与'三一八'时北京的女学生奋斗争取达到游行
目的的情形迥异,和厦门鲁迅所喜欢的景象也不同。"(《鲁迅回忆录·厦门和
广州》)

[3]机心　《庄子·天地》:"有机事者,必有机心"。信中写到:"机心甚令人厌",表
示了对周边人事关系中显现出的巧诈思想习气的厌恶。

六〇

广平兄：

　　我今天上午刚发一信，内中说到厦门佛化青年会欢迎太虚的笑话，不料下午便接到请柬，是南普陀寺和闽南佛学院公宴太虚，并邀我作陪，自然也还有别的人。我决计不去，而本校的职员硬要我去，说否则他们以为本校看不起他们。个人的行动，会涉及全校，真是窘极了，我只得去[1]。罗庸[2]说太虚"如初日芙蓉"，我实在看不出这样，只是平平常常。入席，他们要我与太虚并排上坐，我终于推掉，将一个哲学教员[3]供上完事。太虚倒并不专讲佛事，常论世俗事情，而作陪之教员们，偏好问他佛法，真是其愚不可及，此所以只配作陪也欤。其时又有乡下女人来看，结果是跪下大磕其头，得意之状可掬而去。

　　这样，总算白吃了一餐素斋。这里的酒席，是先上甜菜，中间咸菜，末后又上一碗甜菜，这就完了，并无饭及稀饭。我吃了几回，都是如此，听说这是厦门的特别习惯，福州即不然。

　　散后，一个教员和我谈起，知道有几个这回同来的人物之排斥我，渐渐显著了，因为从他们的语气里，他已经听得出来，而且他们似乎还同他去联络。他于是叹息说："玉堂敌人颇多，但对于国学院不敢下手者，只因为兼士和你两人在此也。兼士去而你在，尚可支持，倘你亦走，敌人即无所顾忌，玉堂的国学院就要开始动摇了。玉堂一失败，他们也站不住了。而他们一面排斥你，一面又个个接家眷，准备作长久之计，真是胡涂"云云。我看这是确的，这学校，就如一部《三国志演义》，你枪我剑，好看煞人。北京的学界在都市中挤轧，这里是在小岛上挤轧，地点虽异，挤轧则同。但国学院中的排挤现象，外敌还未知道（他们误以为那些人们倒是兼士和我的小卒，我们是给他们来打地盘的），将来一知道，就要乐不可支。我于这里毫无留恋，吃苦的还是玉堂，但我和玉堂交情，还不到可以向他说明这些事情的程度，即使说了，他是否相信，也难说的。我所以只好一声不响，自做我的事，他们想攻倒我，一时也很难，我在这里到年底或明年，看我自己的高兴。至于玉堂，大概是爱莫能助的了。

二十一日灯下

十九的信和文稿，都收到了。文是可以用的，据我看来。但其中的句法有不妥处，这是小姐的普通病，其病根在于粗心，写完之后，大约自己也未必再看一遍。过一两天，改正了寄去罢。

兼士拟于廿七日动身向沪，不赴粤；伏园却已走了，打听陈惺农，该可以知道他的住址。但我以为他是用不着翻译的。他似认真非认真，似油滑非油滑，模模胡胡的走来走去，永远不会遇到所谓"为难"。然而行旌所过，却往往会留一点长远的小麻烦来给人打扫。我不是雇了一个工人么？他却给这工人的朋友绍介，去包什么"陈源之徒"的饭，我叫他不要多事，也不听。现在是"陈源之徒"常常对我骂饭菜坏，好像我是厨子头，工人则因为帮他朋友，我的事不大来做了。我总算出了十二块钱给他们雇了一个厨子的帮工，还要听埋怨。今天听说他们要不包了，真是感激之至。

上遂的事，除嘱那该打的伏园面达外，昨天又同兼士合写了一封信给孟余他们，可做的事已做，且听下回分解罢。至于我的别处的位置，可从缓议，因为我在此虽无久留之心，但目前也还没有决去之必要，所以倒非常从容。既无"患得患失"的念头，心情也自然安闲，决非欲"骗人安心，所以这样说"的，切祈明鉴为幸。

理科诸公之攻击国学院，这几天已经开始了，因国学院房屋未造，借用生物学院屋，所以他们的第一着是讨还房子。此事和我辈毫不相关，就含笑而旁观之，看一大堆泥人儿搬在露天之下，风吹雨打，倒也有趣。此校大约颇与南开[4]相像，而有些教授，则惟校长之喜怒是伺，妒别科之出风头，中伤挑眼，无所不至，妾妇之道也。我以北京为污浊，乃至厦门，现在想来，可谓妄想，大沟不干净，小沟就干净么？此胜于彼者,惟不欠薪水而已。然而"校主"一怒,亦立刻可以关门也。

我所住的这么一所大洋楼上,到夜,就只住着三个人,一张颐教授,一伏园,一即我。张因不便,住到他朋友那里去了,伏园又已走,所以现在就只有我一人。但我却可以静观默想,所以精神上倒并不感到寂寞。年假之期又已近来,于是就比先前沉静了。我自己计算,到此刚五十天,而恰如过了半年。但这不只我,兼士们也这样说,则生活之单调可知。

我新近想到了一句话,可以形容这学校的,是"硬将一排洋房,摆在荒岛的海边上"。然而虽然是这样的地方,人物却各式俱有,正如一滴水,用显微镜看,也是一个大世界。其中有一班"姜妇"们,上面已说过了。还有希望得爱,以九元一盒的糖果恭送女教员的老外国教授;有和著名的美人结婚,三月复离的青年教授;有以异性为玩艺儿,每年一定和一个人往来,先引之而终拒之的密斯先生;有打听糖果所在,群往吃之的好事之徒……。世事大概差不多,地的繁华和荒僻,人的多少,都没有多大关系。

浙江独立,是确的了,今天听说陈仪的兵已与卢永祥[5]开仗,那么,陈在徐州也独立了,但究竟确否,却不能知。闽边的消息倒少听见,似乎周荫人[6]是必倒的,而民军则已到漳州。

长虹又在和韦漱园吵闹[7]了,在上海出版的《狂飙》上大骂,又登了一封给我的信,要我说几句话。这真是吃得闲空,然而我却不愿意奉陪了,这几年来,生命耗去不少,也陪得够苦了,所以决计置之不理。况且闹的原因,据说是为了《莽原》不登向培良的剧本,但培良和漱园在北京发生纠葛,而要在上海的长虹破口大骂,还要在厦门的我出来说话,办法真是离奇得很。我那里知道其中的底细曲折呢。

此地天气凉起来了,可穿夹衣。明天是星期,夜间大约要看影戏,是林肯[8]一生的故事。大家集资招来的,需六十元,我出一元,可坐特别席。林肯之类的故事,我是不大要看的,但在这里,能有好的影片看吗?大家所知道而以为好看的,至多也不过是林肯的一生之类罢了。

这信将于明天寄出,开学以后,邮政代办所在星期日也办公半日了。

L. S.

十月二十三日灯下

注释：

[1]**我只得去**　原信手迹在句后写道："只穿一件蓝洋布大衫而不戴帽,乃敝人近日之服饰也。"

[2]**罗庸**（1900—1950）　字膺中,江苏江都人,1922年北京大学研究所国学门毕业,当时任北京大学讲师,并在女师大兼课。1925年曾从太虚游,为太虚和尚整理过一些讲经录。（人民文学出版社2005年版）

[3]**一位哲学教员**　指陈定谟。原信写道："他也是江苏人,去年到此,我是前年在陕西认识的"。

[4]**南开**　指天津南开大学,当时该校校长为张伯苓。

[5]**卢永祥**　原信作"卢香亭"。卢香亭,河北河间人,曾任直系军阀孙传芳部陆军第二师师长,浙江总司令。陈仪于1926年10月下旬从徐州回师浙江,能与他接战的应是卢香亭部。卢部不久即被国民革命军第六军歼灭。卢永祥（1867—1933）,山东济阳人,北洋皖系军阀,曾任浙江军务督办等职。此时他已脱离军政界。（人民文学出版社2005年版）

[6]**周荫人**（1884—?）　河北武强人,当时任孙传芳"五省联军"第四方面军总司令,福建省军务督办。1926年10月,北伐军分三路向福建进攻,本地广大民众四起响应,周荫人部一触即溃,西弃龙岩,南撤诏安。10月12日后,北伐军配合民军向闽南重镇漳州进逼。他于12月率残部逃往浙江。

[7]**长虹又在和韦漱园吵闹**　长虹,即高长虹,1926年10月在上海复刊并主编《狂飙》周刊。韦漱园,即韦素园,鲁迅离京时,委托他代编《莽原》。高长虹在《狂飙》周刊第二期（1926年10月17日）发表致韦素园和鲁迅的《通讯》二则。在《给韦素园先生》中,指责《莽原》半月刊不登向培良的剧本《冬天》。在《给鲁迅先生》中,除表白自己对《莽原》的功绩外,还要鲁迅表态："你如愿意说话时,我也想听一听你的意见。"《狂飙》周刊后于1927年1月30日停刊,共出版17期。

[8]**林肯**（A Lincoln,1809—1855）　美国政治家。主张维护联邦统一,逐步废除奴隶制度。1861年他就任总统后,南方各州相继宣布脱离联邦,爆发内战。1862年他颁布《宅第法》和《解放黑奴宣言》,使战争成为群众性的革命斗争,终于战胜了南方奴隶主势力。战争结束后,即遇刺身亡。这里指林肯生平故事的电影。

六一

My dear teacher：

　　现时是十点半，是我自己的时间了。我总觉得好久没有消息似的，总是盼望着，其实查一查，是十八才收过信，隔现在不过三天。

　　舍监十九辞职了，由我代她兼任，已经三天。白天查寝室清洁，晚上查自习，七时至九时走三角点位置的楼上楼下共八室，走东则西不复自习，走西而南又不复自习。每走一次，稍耽搁即半小时，走三四次，即成了学生自习的时间，就是我在兜圈子的时间。至十时后，她们熄灯全都睡觉了，我才得回房，然而还要豫备些教课。现在虽在寻觅适当的人，但是很不易，因为初师毕业者，学生以其资格相等，不佩服，而专门以上毕业的人，则又因为舍监事烦而薪水少，不肯来了。

　　这回回粤，家里有几个妇孺，帮忙是谊不容辞的，不料有些没有什么关系的女人们，也跑到学校里来，硬要借钱，缠绕不已，真教人若恼极了。我磨命磨到寝食不安，折扣下来，所得有限，而她们硬当我发了大财，每月是二三百的进款。我的欠薪，恐怕要到明年底，才能慢慢地派回一点，但看目前内外交迫的情形，则即使只维持到阳历一月，我的身体也许就要支持不住的。

　　My dear teacher！人是那么苦，总没有比较的满意之处，自然，我也知道乐园是在天上，人间总不免辛苦的，然而我们的境遇，像你到厦，我到粤的经历，实在也太使人觉得寒心。人固应该在荆棘丛中寻坦途，但荆棘的数量也真多，竟生得永没有一些空隙。

　　今晚又是星四，初拟写信，后想等一两天，得了来信再写，后又因为受了一点刺激，就提起笔来向你发牢骚了，过一会就会心平气和的，勿念。

　　十九日收到十二寄的《语丝》九九期。这日我寄出一信，并文稿，想已到。

Your H. M.
十月廿一晚十一时十分

My dear teacher：

　　我昨晚写了一张信，也在盼着来信，觉得今天大概可以得到的，早上到办公处，果然看见桌上有你的信在，我欢喜的读了。现在是晚饭前的五时余，我饭还未开来，就又打开你的信，将要说的话写在这下面——

　　职务实在棘手，我自然在设法的，但聘书上写着一学期，只好勉强做。而且我的训育，颇关紧要，如无结果而去，也未免太不像样，所以只得做，做得不好再说。今日学校约定了一个暂代舍监的人，她的使命是为党工作，对于舍务不大负责，，每星期有三四天不住校，约是短期的，至多一学期，少则一二月。那么，我还是忙，不过较现在可以较好。但她要十一月初才能到校，所以现在仍是我独当其冲，每晚要十点多后，才能豫备功课或做私事。而近来又新添了一件事，就是徐谦提议改良司法男女平等[1]后，广州的各界妇女联合会推举我校校长为代表，并推八个团体为修改法律委员会，我校也即其一。我是管公共事业的，所以明天开会，令我出席，后天星期还开会，大约也是我去，你看连星期日也没得空。但有什么法呢，我是训育主任，因此就要使我变把戏，而且得像孙悟空一样，摇身一变，化为七十二个，才够应付。

　　用度自然量入为出，不够也不至于，我没有开口，你不要用对少爷们的方法对我，因我手头愈宽，应付环境就愈困难，你晓得么？我甚悔不到汕头去教书，却到这里来，否则，恐怕要清净得多。

　　伏园逢吉来，如要我招呼，不妨通知他们一声，但我的忙碌，也请豫先告诉。

　　中山大学（旧广大）全行停学改办，委员长是戴季陶，副顾孟余，此外是徐谦、朱家骅、丁维汾[2]。我不明白内中的情形，所以改办后能否有希望，现时不敢说，但倘有人邀你的话，我想你也不妨试一试，从新建造，未必不佳。我看你在那里实在勉强。

　　我昨晚写的信,也是向你发牢骚的,本想不寄,但也是一时的心情,所以仍给你看一看。然而我现在颇高兴了,今天寻得了舍监。虽然要十一月一日才来,但我盼望那时能够合起来将学校整顿一下,我然后再走,也不枉我这次来校一行。现在要吃饭了。这封信是分两次写的,不久就要去查自习,以及豫备教课(明天我有两小时),下次再说罢。

Your H. M.

十月廿二下午六时

注释:

[1]徐谦提议改良司法男女平等　徐谦(1871—1940),字季龙,安徽歙县人。时任国民党中央执行委员、广州国民政府委员兼司法部长、中山大学委员会委员等职。1926年10月,他在国民党中央及省党部执委会联席会议上作了关于改良司法、男女平等诸项提议报告,引起报刊的热烈讨论和社会各界的积极响应。广东省各界妇女联合会推举廖冰筠为代表,参加国民党政府组织的改造司法委员会,并推举省党部妇女部、市党部妇女部、全省各界妇女联合会、广东妇女解放协会、省立女师等八个单位,组成广东省女界讨论改造司法委员会。因这项工作与省立女师相关,也与许广平担任的行政职务相关,她便要出席这类的会议。

[2]丁维汾　应为丁惟汾(1874—1954),字鼎丞,山东日照人。曾留学日本,当时任国民党中央执行委员兼青年部长、中山大学委员会委员等职。后任国民党中执委常委、中央政治会委员。1926年间,曾多次参予调解学潮纠纷。

六二

广平兄：

廿三日得十九日信及文稿后，廿四日即发一信，想已到。廿二日寄来的信，昨天收到了。闽粤间往来的船，当有许多艘，而邮递信件，似乎被一个公司所包办，惟它的船才带信，所以一星期只有两回，上海也如此，我疑心这公司是太古[1]。

我不得同意，不见得用对付少爷们之法，请放心。但据我想，自己是恐怕决不开口的，真是无法可想。这样食少事烦的生活，怎么持久？但既然决心做一学期，又有人来帮忙，做做也好，不过万不要拼命。人固然应该办"公"，然而总须大家都办，倘人们偷懒，而只有几个人拼命，未免太不"公"了，就该适可而止，可以省下的路少走几趟，可以不管的事少做几件，自己也是国民之一，应该爱惜的，谁也没有要求独独几个人应该做得劳苦而死的权利。

我这几年来，常想给别人出一点力，所以在北京时，拼命地做，忘记吃饭，减少睡眠，吃了药来编辑，校对，作文。谁料结出来的，都是苦果子。有些人就将我做广告来自利，不必说了；便是小小的《莽原》，我一走也就闹架。长虹因为社里压下（压下而已）了投稿，和我理论，而社里则时时来信，说没有稿子，催我作文。我实在有些愤愤了，拟至二十四期止，便将《莽原》停刊，没有了刊物，看大家还争持些什么。

我早已有些想到过，你这次出去做事，会有许多莫名奇妙的人们来访问你的，或者自称革命家，或者自称文学家，不但访问，还要要求帮忙。我想，你是会去帮的，然而帮忙之后，他们还要大不满足，而且怨恨，因为他们以为你收入甚多，这一点即等于不帮，你说竭力的帮了，乃是你咨嗇的谎话。将来或有些失败，便都一哄而散，甚者还要下石，即将访问你时所见的态度，衣饰，住处等等，作为攻击之资，这是对于先前的咨嗇的罚。这种情形，我都曾一一尝过了，现在你大约也正在要开始尝着这况味。这很使人苦恼，不平，但尝尝也好，因为知道世事就可以更加真切了。但这状态是永续不得的，经验若干时之后，便须恍然大悟，斩钉截铁地将他们撇开，否则，即使将自己全部牺牲了，他们也仍不满足，而且仍不能得救。其实呢，就是你现在见得可怜的所谓"妇孺"，恐怕也不在这例外。

　　以上是午饭前写的，现在是四点钟，今天没有事了。兼士昨天已走，早上来别。伏园已有信来，云船上大吐（他上船之前吃了酒，活该！），现寓长堤的广泰来客店，大概我信到时，他也许已走了。浙江独立已失败，那时外面的报上虽然说得热闹，但我看见浙江本地报，却很吞吐其词，好像独立之初，本就灰色似的，并不如外间所传的轰轰烈烈。福建事也难明真相，有一种报上说周荫人已为乡团所杀，我想也未必真。

　　这里可穿夹衣，晚上或者可加棉坎肩，但近几天又无需了，今天下雨，也并不凉。我自从雇了一个工人之后，比较的便当得多。至于工作，其实也并不多，闲工夫尽有，但我总不做什么事，拿本无聊的书玩玩的时候多，倘连编三四点钟讲义，便觉影响于睡眠，不容易睡着，所以我讲义也编得很慢，而且遇有来催我做文章的，大抵置之不理，做事没有上半年那么急进了，这似乎是退步，但从别一面看，倒是进步也难说。

　　楼下的后面有一片花圃，用有刺的铁丝拦着，我因为要看它有怎样的拦阻力，前几天跳了一回试试。跳出了，但那刺果然有效，给了我两个小伤，一股上，一膝旁，不过并不深，至多不过一分。这是下午的事，晚上就全愈了，一点没有什么。恐怕这事将遭到诰诫；但这是因为知道没有什么危险，所以试试的，倘觉可虑，就很谨慎。例如，这里颇多小蛇，常见被打死着，颚部多不膨大，大抵是没有什么毒的，但到天暗，我便不到草地上走，连夜间小解也不下楼去了，就用磁的唾壶装着，看夜半无人时，即从窗口泼下去。这虽然近于无赖，但学校的设备如此不完全，我也只得如此。

　　玉堂病已好了。白果已往北京去接家眷，他大概决计要在这里安身立命。我身体是好的，不喝酒，胃口亦佳，心绪比先前较安帖。

迅
十月二十八日

注释：

[1]太古　指太古兴记轮船公司，英商太古洋行在中国经营的航运垄断组织。

　　1920 年和 1924 年，该公司曾两次与北洋政府邮政当局签立合约，承包寄往厦

　　门、广州、香港直至马尼拉、英国等处的邮件。(人民文学出版社 2005 年版)

六三

My dear teacher：

　　昨廿二晚写寄一信，或者和这信同到，亦未可知。

　　今早到办事处，见你十九寄来的信，一日所寄的信及《莽原》，已随后收到，前信说及了。

　　这里既电邀你，你何妨来看一看呢。广大（中大）现系从新开始，自然比较的有希望，教员大抵新聘，学生也加甄别，开学在下学期，现在是着手筹备[1]。我想，如果再有电邀，你可以来筹备几天，再回厦门教完这半年，待这里开学时再来。广州情形虽云复杂，但思想言论，较为自由，"现代"派这里是立不住的，所以正不妨来一下。否则，下半年到那去呢？上海虽则可去，北京也可去，但又何必独不赴广东？这未免太傻气了。

　　我读了你这封信，我以为最要紧的是上面的那些话，此外也一时想不起要说什么来。总之，你可打听清楚，倘可以抽出一点工夫，即不妨来参观一趟，将来可做则做，要不然，明年不来就是了。我所说我的困难情形，是我那女师所特有的，别的地方却不如此。

　　我写这信，是从新校办公处跑回旧校寝室写的，现在急于去办事，就此搁笔了。

Your H. M.

十月廿三上午九时

我这信，也因希望你来，故说得天花乱坠，一切由你调鉴可矣。

注释：

[1]**着手筹备** 指中山大学正在进行彻底改革的筹备工作。该校于 1926 年 10 月间接到广东国民政府的《训令》后，随即相应筹划改革工作，发出了中山大学委员令第一号《布告》："第一、一切规章重新厘定；第二、先行停课；第三、至于中小学幼稚园等已决定划出另办；第四、以下学期为新规之始业。决定以十六年三月一日（按 1927 年 3 月 1 日）为正式开学之期；第五、全体学生一律复试分别去取；第六、教职员一律停职另任；第七、中小学等划出另办。"同时，成立复试委员会，"拟定黎国昌、饶伯康两先生为该会总务委员正副主席……以本校理预两科办事处为办事地点。考试进行事宜，统由该委员会负责办理"。公布了学生复试时间：11 月 1 日至 7 日为报名时期，9 日 10 日举行本科学生复试，13日举行预科学生复试。（《中山大学校报》第 1 期，1926 年 11 月）

六四

广平兄：

　　前日（廿七）得廿二日的来信后，写一回信，今天上午自己拿到邮局去，刚投入邮箱，局员便将二十三日发的快信交给我了。这两封信是同船来的，论理本该先收到快信，但说起来实在可笑，这里的情形是异乎寻常的。普通信件，一到就放在玻璃箱内，我们倒早看见；至于挂号的呢，则秘而不宣，一个局员躲在房里，一封一封上账，又写通知单，叫人带印章去取。这通知单也并不送来，仍然供在玻璃箱里，等你自己走过看见。快信也同样办理，所以凡挂号信和"快"信，一定比普通信收到得迟。

　　我暂不赴粤的情形，记得又在二十一日的信里说过了。现在伏园已有信来，并未有非我即去不可之概；开学既然在明年三月，则年底去也还不迟。我固然很愿意现在就走一趟，但事实的牵扯也实在太利害，就是：走开三礼拜后，所任的事搁下太多，倘此后一一补做，则工作太重，倘不补，就有占了便宜的嫌疑。假如长在这里，自然可以慢慢地补做，不成问题，但我又并不作长久之计，而况还有玉堂的苦处呢。

　　至于我下半年那里去，那是不成问题的。上海，北京，我都不去，倘无别处可去，就仍在这里混半年。现在去留，专在我自己，外界的鬼祟，一时还攻我不倒。我很想尝尝杨桃，其所以熬着者，为己，只有一个经济问题，为人，就只怕我一走，玉堂立即要被攻击，因此有些彷徨。一个人就能为这样的小问题所牵制，实在可叹。

　　才发信，没有什么事了，再谈罢。

迅

十，二九

六五

My dear teacher：

　　十九，廿二，及廿三的快信，你都收到了罢？

　　今早（廿七）到办事处，收到你廿一寄来的信及十月六日寄的书一束，内有第三，四期的《沉钟》各一，又《荆棘》一本[1]，这些书要隔二十天才到，真也奇怪。

　　廿四星期日，我到陈先生[2]寓里去访李之良，见长胡子的伏园在坐，听说是廿三就到这里，而你廿日的信则廿七才到，但十八的信，却确是"与伏园同船到粤"，廿三收到的。我当日即复一快信，是告诉你不妨来助中大一臂之力。现在我又陆续听说，这回的改组[3]，确是意在革新，旧派已在那里抱怨，当局还决计多聘新教授，关于这一层。我希望你们来，否则，郭沫若做官去了，你们又不来，这是急不暇择，文科真不知道会请些什么人物。对于"现代"派，这里并没有人注意到。只知道攻击国家主义的周刊《醒狮》[4]，而不知变相的《醒狮》，随处皆是。

　　玉堂先生一定也有他的为难之处，自己新办的国学院，内部先弄到这样子，而且从校长这方面，也许会给他听些难受的话，他自然迟疑不决了。至于计较金钱，那恐怕是普遍的现象，即如我在这里，虽然每月实收不过数十元，但人们是替我记着表面上的数目的，办事稍不竭力，难免得到指摘。

　　你要寄我"一包零零碎碎的期刊之类"的书，现在收到的只有三本，想是另外还有一包，此时未到，或者不至于寄失，待收到后，再行告之。

　　昨日（廿六）为援助韩国独立[5]及万县惨案[6]，我校放假一日，到中大去开会[7]，中大操场上搭讲台两座，人数十多万。下午三时巡行，回校后本想写信,因为太疲倦了,没有实行。

　　以中大与厦大比较,中大较易发展,有希望,因为交通便利,民气发扬,而且政府也一气,又为各省所注意的新校。你如下学期不愿意再在厦大,此处又诚意相邀,可否便来一看。但薪水未必多于厦大,而生活及应酬之费,则怕要加多,但若作为旅行,一面教书,一面游玩,却也未始不可的。

　　现在是午后一时,在寝室写此,就要办公去了,下次详述罢。

　　　　　　　　　　　　　　　　　Your H. M.

　　　　　　　　　　　　　　十月廿七午后一时

注释:

[1]《荆棘》 黄鹏基的短篇小说集,共收作品 11 篇,《狂飙丛书》之一,1926 年 8 月开明书店出版。

[2]陈先生 指陈启修。

[3]这回的改组 原信写道:"这回改组,是绝对左倾,右派分子已在那里抱怨了。这回又决意多聘北大教授,关于这一层,我希望你们来,否则这里急不暇择,你们不来,郭沫若做官去了,文科文才是否不得你们去请高一涵、陈源之流,也未可知,岂非大糟其糕。此间对于研究系实在还不大注意到,而研究系又善于作伪,善于挂体面的招牌,他们作事心细,无孔不入,甚至图书馆也攒"。

[4]《醒狮》

　　①即《醒狮周刊》,国家主义派(中国国家主义青年团)的刊物,曾琦、左舜生、陈启天等主办。1924 年 10 月在上海创刊,1927 年 12 月停刊。因其宣传"国家主义",名声不好,遭到当地思想文化界广泛反对。信中说到:"对于'现代'派,这里并没有人注意到,只知道攻击国家主义的周刊《醒狮》"。指的就是这种情况。

　　②国家主义派。学了点西洋国家主义的样子,拥护小地主及华资工商资产阶级的利益,"反共产"、"反苏俄"十分起劲,《醒狮周刊》乃其代表。(《政治周报》第六七期合刊,1926 年 4 月 10 日,广州政治周报社出版)

[5]韩国独立 指 1926 年朝鲜六·一〇独立运动。1910 年日本宣布"日朝合并",吞并朝鲜。1926 年 6 月 10 日,朝鲜共产党利用国王李玜的葬礼,发动爱国群

众在汉城举行示威游行,反对日本帝国的殖民统治,争取民族独立,后发展成全国性的运动。(人民文学出版社 2005 年版)

[6]万县惨案

①1926 年北伐军向武汉进军期间,英帝国主义加紧干涉我国革命,在长江一带多方寻衅,英国轮船经常撞沉我民船;8 月 29 日又在四川云阳撞沉我国木船三艘,死数十人。在交涉中英国军舰又于 9 月 5 日炮击万县,我方死伤军民近千人,民房、商店被毁千余间。这次事件被称作“万县惨案”。(人民文学出版社 2005 年版)

②英帝国主义“今天又挟其横暴之炮舰屠杀政策炮击万县,计是役被焚街市,凡十二条,同胞罹于毒弹毁之灾而毙命者五千余人,合计财物损失为数达四千万以上,英帝国主义此种举动,较之毒蛇猛兽尤为凶残”。(《广东各界反抗英帝国主义屠杀万县同胞示威大会决议案》,《工人之路》1926 年 10 月 28 日第475 期)

[7]到中大去开会 指到中山大学参加广东各界声援大会。1926 年 10 月 26 日,广东各界在中山大学操场举行反抗英帝国主义者屠杀万县同胞及援助韩国独立运动大会,到会者达十万人以上。当天正午 12 时开会,以国民党中央党部、农工商联合会,统一广东各界代表大会,省农民协会,中华全国总工会,广东全省商民协会,省学生联合会,总政治部,各界妇女联合会等九个团体为主席团,一致议决大会提案。旋即出发巡行,以公安局为总领队,省港罢工委员会为副领队,香港总工会广州工人代表为工界分领队,省农民协会为农界领队,省商民协会为商界领队,省学生联合会为学界领队,中央军人部为军界领队,巡行时秩序整然,沿途高呼口号,激昂异常。(《工人之路》1926 年 10 月 28 日第 475期)

六六

广平兄[1]：

　　十月廿七日的信，今天收到了；十九，二十二，二十三的，也都收到。我于廿四，廿九，卅日均发信，想已到。至于刊物，则查载在日记上的，是廿一，廿各一回，什么东西，已经忘却，只记得有一回内中有《域外小说集》。至于十月六日的刊物，则不见于日记上，不知道是失载，还是其实是廿一所发，而我将月日写错了。只要看你是否收到廿一寄的一包，就知道，倘没有，那是我写错的了；但我仿佛又记得六日的是别一包，似乎并不是包，而是三本书对叠，像普通寄期刊那样的。

　　伏园已有信来，据说上遂的事很有希望，学校的别的事情却没有提，他大约不久当可回校，我可以知道一点情形，如果中大定要我去，我到后于学校有益，那我就于开学之前到那边去。此处别的都不成问题，只在对不对得起玉堂。但玉堂也太胡涂——不知道还是老实——至今还迷信着他的"襄理"，这是一定要糟的，无药可救。山根先生仍旧专门荐人，图书馆有一缺，又在计画荐人了，是胡适之的书记[2]，但这回好象不大顺手似的。至于学校方面，则这几天正在大敷衍马寅初。昨天浙江学生欢迎他，硬要拖我一同照相，我竭力拒绝，他们颇以为怪。呜呼，我非不知银行之可以发财也，其如"道不同不相为谋"何。明天是校长赐宴，陪客又有我，他们处心积虑，一定要我去和银行家扳谈，苦哉苦哉！但我在知单上只写了一个"知"字，不去可知矣。

　　据伏园信说，副刊[3]十二月开手，那么，他到校之后，两三礼拜便又须去了，也很好。

十一月一日午后

但我对于此后的方针,实在很有些徘徊不决,那就是:做文章呢,还是教书?因为这两件事,是势不两立的:作文要热情,教书要冷静。兼做两样的,倘不认真,便两面都油滑浅薄,倘都认真,则一时使热血沸腾,一时使心平气和,精神便不胜困惫,结果也还是两面不讨好。看外国,兼做教授的文学家,是从来很少有的。我自己想,我如写点东西,也许于中国不无小好处,不写也可惜;但如果使我研究一种关于中国文学的事,大概也可以说出一点别人没有见到的话来,所以放下也似乎可惜。但我想,或者还不如做些有益的文章,至于研究,则于余暇时做,不过倘使应酬一多,可又不行了。

此地这几天很冷,可穿夹袍,晚上还可以加棉背心。我是好的,胃口照常,但菜还是不能吃,这在这里是无法可想的。讲义已经一共做了五篇,从明天起,想做季刊的文章了。

迅
十一月一日灯下

注释:

[1]原信作“林”兄。许广平曾以平林为笔名,于 1925 年 12 月 12 日在《国民新报副刊·乙刊》第 8 号,发表《同行者》一文,表达了对鲁迅的感情。她在文中热烈赞扬鲁迅,“用热烈的爱,伟大的工作,要给人类以光、力、血,使将来的世界璀璨而辉煌”,表示要毫无畏惧,“一心一意向着爱的方向奔驰”。

[2]书记　指程憬,字仰之,安徽绩溪人,曾任胡适的书记员。当时,托顾颉刚在厦大代谋教职。1926 年 11 月底到厦门,住在南普陀寺候职。

[3]副刊　指当时准备在汉口出版的国民党机关报《中央日报》副刊。这里说的是,孙伏园已应聘即将于 12 月就任。

六七

My dear teacher：

　　这几天忙一点，没有写信。我廿七收到你十月十六的信及六日的一束《沈钟》和《荆棘》，廿九又收到廿一寄来的一包书，内有《域外小说集》等九本。今日下午，又收到你廿四写来的信。

　　昨下午快到晚饭时候，伏园和毛子震[1]先生（即与许先生一同在北京国务院前诊察刘和珍脉的那个）来大石街旧校相访，我忘记了他们是"外江佬"，一气说了一通广东话，待到伏园先生对我声明不懂，这才省悟过来。后来约到玉醪春饭店晚餐，见他们总用酱油，大约是嫌菜淡。伏园先生甚能饮，也吃，但每食必放下箸，好像文绉绉的小姐一样。结帐并不贵，大出我的意外，菜单六元六，付给七元，就很满意了。伏园先生说，不定今天就回厦，将来也许再来，未定，云云。我也没有向他探听中大的事。

　　你们雇佣的听差很好，听伏园先生说，如果离开厦门，他也肯跟着走。那么，何妨带了他来，好长期使用呢。

　　今日（星六，卅）本校学生召集全体大会[2]，手续时间都不合，我即加以限制，并设法引导他们，从此也许引起风潮，好的方面，则由此整理一下，否则我走。走是我早已准备的，人要做事，先立了可去的心，才有决断和勇气。这回的事，成则学校之福，倘不然，我走也没有什么。总之是有文章做，马又到广东"害群"了，只可惜没有帮手。但他们旧派也不弱，你坐在城上看戏，待我陆续开出剧目来罢。

　　关于《莽原》投稿的争吵，不管也好，因为相距太远，真相难明，很容易出力不讨好的。

北伐事,广州也说得很好,说是周荫人已死,西北军[3]进行顺利,都是好消息。这里的天气不凉不热,可穿两件单衣。自我回来至今,校内外不断发生时症,先是寒热交加,后出红点,点退人愈,但我并没有被传染。

各式人等,各处都是,然而这种种不同,却是一件巧妙的事,使我们见闻增多,活得不枯寂,也是好的。

Your H. M.
十月卅晚

注释：

[1]毛子震(1890—1970)　名开洲,字子震,浙江江山人。曾在北京行医,当时在中山大学医科任教。

[2]本校学生召集全体大会　指该校右派学生,以学生会主席名义召集不合法的全体大会。1926 年 10 月 15 日,广州学生联合会例须召集各校开全体大会,每校 30 人选派一名代表出席。省立女子师范学校学生会得到通知后,学生会主席李秀梅就先行布置了有利于己派的一切,公布召集大会,选举代表。这个谋划引起了革新派学生的不满,起而反对,严词质问,并致函广州学联会申明真相,遂发生很大纷扰。学校为避免纠纷起见,禁止双方开会。而李秀梅等肆无忌惮,为达到其目的,竟未获学校批准,未经先行布告,又以学生会名义于 10 月 30 日在上课时间召集学生开会,操纵代表选举。校方随以更为严正的态度和措施,加以制止和引导。

[3]西北军　指当时配合北伐的冯玉祥的国民革命军。

六八

广平兄：

　　昨天刚发一信,现在也没有什么话要说,不过有一些小闲事,可以随便谈谈。我又在玩——我这几天不大用功,玩着的时候多——所以就随便写它下来。

　　今天接到一篇来稿,是上海大学的女生曹轶欧[1]寄来的,其中讲起我在北京穿着洋布大衫在街上走的事,下面注道,"这是我的朋友 P. 京的 H. M. 女校生亲口对我说的"。P. 自然是北京,但那校名却奇怪,我总想不出是那一个学校来。莫非就是女师大,和我们所用是同一意义么?

　　今天又知道一件事,有一个留学生在东京自称我的代表去见盐谷温氏,向他索取他所印的《三国志平话》[2],但因为书尚未装成,没有拿去。他怕将来盐谷氏直接寄我,将事情弄穿,便托 C. T.[3]写信给我,要我追认他为代表,还说,否则,于中国人之名誉有关。你看,"中国人的名誉"是建立在他和我的说谎之上了。

　　今天又知道了一件事。先前朱山根要荐一个人到国学院,但没有成,但现在这人[4]终于来了,住在南普陀寺。为什么住到那里去的呢?因为伏园在那寺里的佛学院有几点钟功课(每月五十元),现在请人代着,他们就想挖取这地方。从昨天起,山根已在大施宣传手段,说伏园假期已满(实则未满)而不来,乃是在那边已经就职,不来的了。今天又另派探子,到我这里来探听伏园消息。我不禁好笑,答得极其神出鬼没,似乎不来,似乎并非不来,而且立刻要来,于是乎终于莫名其妙而去。你看"现代"派下的小卒就这样阴鸷,无孔不入,真是可怕可厌。不过我想这实在难对付,譬如要我去和此辈周旋,就必须将别的事情放下,另用一番心机,本业抛荒,所得的成绩就有限了。"现代"派学者之无不浅薄,就因为分心于此等下流事情之故也。

迅

十一月三日大风之夜

十月卅日的信,今天收到了。马又要发脾气,我也无可奈何。事情也只得这样办,索性解决一下,较之天天对付,劳而无功的当然好得多。教我看戏目,我就看戏目;在这里也只能看戏目;不过总希望勿太做得力尽神疲,一时养不转。

今天有从中大寄给伏园的信到来,可见他已经离开广州,但尚未到,也许到汕头或福州游玩去了。他走后给我两封信,关于我的事,一字不提。今天看见中大的考试委员名单,文科中人多得很,他也在内,郭沫若,郁达夫[5]也在,那么,我的去不去也似乎没有多大关系,可以不必急急赶到了。

关于我所用的听差的事,说起来话长了。初来时确是好的,现在也许还不坏,但自从伏园要他的朋友去给大家包饭之后,他就忙得很,不大见面。后来他的朋友因为有几个人不大肯付钱(这是据听差说的),一怒而去,几个人就算了,而还有几个人却要他接办。此事由伏园开端,我也没法禁止,也无从一一去接洽,劝他们另寻别人。现在这听差是忙,钱不够,我的饭钱和他自己的工钱,都已豫支一月以上。又,伏园临走宣言:自己不在时仍付饭钱。然而只是一句话,现在这一笔帐也在向我索取。我本来不善于管这些琐事,所以常常弄得头昏眼花。这些代付和豫支的款,不消说是不能收回的,所以在十月这一个月中,我就是每日得一盆脸水,吃两顿饭,而共需大洋约五十元。这样贵的听差,用得下去么?"解铃还仗系铃人",所以这回伏园回来,我仍要他将事情弄清楚。否则,我大概只能不再雇人了。

明天是季刊文章[6]交稿的日期,所以我昨夜写信一张后,即开手做文章,别的东西不想动手研究了,便将先前弄过的东西东抄西撮,到半夜,并今天一上午,做好了,有四千字,并不吃力,从此就又玩几天。

这里已可穿棉坎肩,似乎比广州冷。我先前同兼士往市上去,见他买鱼肝油，便趁热闹也买了一瓶。近来散拿吐瑾吃完了，就试服鱼肝油，这几天胃口仿佛渐渐好起来似的，我想再试几天看，将来或者就吃鱼肝油（麦精的，即"帕勒塔"[7]）也说不定。

迅
十一月四日灯下

注释：

[1]曹轶欧(1903—1989)　山东济南人，时在上海大学就读。曾作《阶级与鲁迅》一文寄给鲁迅，后以一尊笔名发表于 1926 年 12 月 4 日《语丝》周刊第一〇八期。

[2]《三国志平话》　即《全相三国志平话》，三卷，元代至治年间建安虞氏刊本，日本内阁文库藏有此书。1926 年盐谷温曾将该书影印发行。盐谷温(1878－1962)，日本汉学家，当时为东京大学教授。

[3]C. T.　指郑振铎(1898－1958)，笔名西谛，福建长乐人，作家，文学史家，文学研究会发起人之一。当时在上海主编《小说月报》。据鲁迅 1926 年 11 月 3 日日记："下午得郑振铎信，附宓汝卓信，即复。"文中所说的"一个留学生"，当指宓汝卓(1903－?)，浙江慈溪人，当时在日本东京留学。（人民文学出版社 2005 年版）

[4]这人　指程憬。

[5]郁达夫(1895—1945)　浙江富阳人，前期创造社主要成员。当时任中山大学英国文学系主任兼教授。

[6]季刊文章　即《〈嵇康集〉考》一文。题目曾见于 1926 年 11 月 21 日出版的《厦大周刊》上刊登的《厦大国学季刊》第一期预告。后季刊因故未出版，文章也就未发表。原稿于 1953 年发现，现编入《古籍序跋集》。

[7]"帕勒塔"　英语"Plata"的音译，商标名。

六九

广平兄：

　　昨上午寄出一信，想已到。下午伏园就回来了，关于学校的事，他不说什么。问了的结果，所知道的是：(1)学校想我去教书，但并无聘书；(2)上遂的事尚无结果，最后的答复是"总有法子想"；(3)他自己除编副刊外，也是教授，已有聘书；(4)学校又另电请几个人，内有"现代"派[1]。这样看来，我的行止，当看以后的情形再定。但总当于阴历年假去走一回，这里阳历只放几天，阴历却有三礼拜。

　　李逢吉前有信来，说访友不遇，要我给他设法介绍，我即寄了一封绍介于陈惺农的信，从此无消息。这回伏园说遇诸途，他早在中大做职员了，也并不去见惺农，这些事真不知是怎么的，我如在做梦。他寄一封信来，并不提起何以不去见陈，但说我如往广州，创造社的人们很喜欢云云，似乎又与他们在一处，真是莫名其妙。

　　伏园带了杨桃回来，昨晚吃过了，我以为味道并不十分好，而汁多可取，最好是那香气，出于各种水果之上。又有"桂花蝉"[2]和"龙虱"[3]，样子实在好看，但没有一个人敢吃。厦门也有这两种东西，但不吃。你吃过么？什么味道？

　　以上是午前写的，写到那地方，须往外面的小饭店去吃饭。因为我的听差不包饭了，说是本校的厨子要打他(这是他的话，确否殊不可知)，我们这里虽吃一点饭也就如此麻烦。在饭店里遇见容肇祖[4](东莞人，本校讲师)和他的满口广东话的太太。对于桂花蝉之类，他们俩的主张就不同，容说好吃的，他的太太说不好吃的。

六日灯下

从昨天起,吃饭又发生了问题,须上小馆子或买面包来,这种问题都得自己时时操心,所以也不大静得下。我本可以于年底将此地决然舍去,但所迟疑的是怕广州比这里还烦劳,认识我的人们也多,不几天就忙得如在北京一样。

中大的薪水比厦大少,这我倒并不在意,所虑的是功课多,听说每周最多可至十二小时,而做文章一定也万不能免,即如伏园所办的副刊,就非投稿不可,倘再加上别的事情,我就又须吃药做文章了。在这几年中,我很遇见了些文学青年,由经验我一定也就是,由经验的结果,觉他们之于我,大抵是可以使役时便竭力使役,可以诘责时便竭力诘责,可以攻击时自然是竭力攻击,因此我于进退去就,颇有戒心,这或也是颓唐之一端,但我觉得这也是环境造成的。

其实我也还有一点野心,也想到广州后,对于"绅士"们仍然加以打击,至多无非不能回北京去,并不在意。第二是与创造社联合起来,造一条战线,更向旧社会进攻,我再勉力写些文字。但不知怎的,看见伏园回来吞吞吐吐之后,便又不作此想了。然而这也不过是近一两天如此,究竟如何,还当看后来的情形的。

今天大风,仍为吃饭而奔忙;又是礼拜,陪了半天客,无聊得头昏眼花了,所以心绪不大好,发了一通牢骚,望勿以为虑,静一静又会好的。

明天想寄给你一包书,没有什么好的,自己如不要,可以分给别人。

迅

十一月七日灯下

昨天在信上发了一通牢骚后,又给《语丝》做了一点《厦门通信》,牢骚已经发完,舒服得多了。今天又已约定一个厨子包饭,每月十元,饭菜还过得去,大概可以敷衍半月一月罢。

昨夜玉堂来打听广东的情形,我们因劝其将此处放弃,明春同赴广州。他想了一会,说,我来时提出条件,学校一一允许,怎能忽而不干呢? 他大约决不离开这里的了。但我看现在的一批人物,国学院是一定没有希望的,至多,只能小小补苴[5],混下去而已。

浙江独立早已灰色,夏超[6]确已死了,是为自己的兵所杀的,浙江的警备队,全不中用。今天看报,知九江已克,周凤岐[7](浙兵师长)降,也已见于路透电,定是确的,则孙传芳仍当声势日蹙耳,我想浙江或当还有点变化。

L.S

十一月八日午后

注释:

[1]"现代"派　原信作"顾颉刚"。

[2]"桂花蝉"　一种水生甲虫,体型大而扁阔。中、后足适于游泳。

[3]"尤虱"　一种水生甲虫,体呈流线型,后足侧扁,适于游泳。当时广东人常将这种虫类作食品。

[4]容肇祖　广东东莞人。当时任厦门大学文科哲学系助教兼国文系讲师。

[5]补苴　语出汉代刘向《新序·刺奢》:"今民衣敝不补,履决不苴。"

[6]夏超(1882—1926)　字定侯,浙江青田人。曾任浙江省警务处长、代理省长等职。1926年10月15日宣布组成浙江省"独立"政府。1926年10月30日《申报》报道:10月23日,孙传芳派兵重占杭州,夏超败走余杭,被乱兵击毙。

[7]周凤岐(1879—1978)　浙江长兴人。早年曾入南京江南水师学堂就读。原为孙传芳部浙江陆军第二师师长,1926年11月初,率部由九江返浙,脱离孙传芳。12月,加入国民革命军,任二十六军军长。

七〇

My dear teacher：

　　我前信不是说，我校发生事情了么，现在还正在展开。我们对于这学校，大家都已弄得力尽筋疲，然而总是办不好，学生们处处故意使人为难。上月间广州学生联合会例须召集各校，开全体大会，每校三十人中选举一人出席，而我校学生会全为旧派把持。说起旧派来，自"树的派"[1]（听说以一枝粗的手杖为武器，攻打敌党，有似意大利的棒喝团，但详细情形我不知道）失败后，原已逐渐消沉了的，而根株仍在，所以得了广州学生联合会通告后，我校学生会的主席就先行布置了有利于己派的一切，然后公布召集大会，选举代表。这谋划引起了别派学生的不满，起而反对，遂大纷扰。学校为避免纠纷起见，禁止两方开会，而旧派不受约束，仍要续开，且高呼校长为"反革命"。于是校中组织特别裁判委员会[2]，议决开除学生二名，于今日发表。现在各班仍照常上课，并无举动，但一面自在暗中活动，明天当或有游行，散传单呼冤，或拥被开除的二人回校等类之举。总之，事情是要推演下去的。

　　今日阅报，知闽南已被革命军肃清[3]，闽周兵逃回厦门。那么，厦门交通恐已有变，不知此信能早到否？

　　李逢吉日前来一信，说见伏园，知我来粤，约时一见。他是老实人，我已回信给他，约有空到校一见了。

　　伏园先生已回厦门否？他既要来粤作事，复回厦门是什么缘故？

　　这几天我也许忙一点，不暇常常写信，但稍闲即写，不须挂念。这回是要说的都说了，暂且"带住"罢。

Your H. M.

十一月四晚十一时半

注释：

[1]"树的派" 广州右派学生组织。

①也称"士的派"，国民党右派"孙文主义学会"操纵的广州学生组织。它的成员大都携带手杖(即"士的"，英语 Stick 的音译)，动辄打人，故称。(人民文学出版社 2005 年版)

②1926 年 4 月 11 日，由前届执行委员会召集各校代表在广州市师范学校开会，同时，复有少数代表在广东大学开会。本部以在市师开会之各校代表为合法，且完全受党团指挥，遂与中央青年部通告各校党籍学生须出席在市师所召集之各校代表会。列席代表过半数，举出陈兴华等 21 人为第四届执行委员。而在广大开会之小部分同时举出黄俊民等 21 人为执行委员，成立其它学联会。自此以后，广州学生俨然分化。而脱离党的运动一派，日形嚣张，捣乱学界，随处殴人，该派复结成所谓"树的党"，捣乱全省党立学校，其首领为沈鸿慈。(《国民党广东省党部青年部一年来工作报告》，《中国国民党广东省第二次省代表大会》)

③"士的党"是在 1926 年春，李悦义、沈家杰等把持了第三届广州学联会时才出现。它的主要分子为李悦义、沈鸿慈、何觉甫、曾兆鹏、沈家杰、沈芷芳(女)、黄润兰(女)、郭顺清(女)、黎钟、邓时通、潘恭孝等，政治上后台为曾任国民党广州市党部青年部长谢瀛洲。谢为国民党右派分子古应芬的亲信。该组织完全为古应芬所支持，是一个右派青年的政治组织。当时，这些右派人物，在广州学生界中是异常凶恶蛮横的，动辄打人，捣乱会场。由于他们好打架，于是每个人都手持士的(手杖)一支，到处招摇活动，随时准备打架。在中大校内最凶恶的是沈家杰、曾兆鹏、邓时通、潘恭孝等。有一天，报上发表了"士的党"主要分子沈鸿慈写给孙文主义学会某负责人的一封公开信，……大意是说："现已用一根士的打入了广州学联会，将来还要由广州打到全国学生会去。"这封信发表后，全市学生为之哗然，大家都明白了他们所持士的作用，以后就叫他们"士的党"。(张汉儒：《大革命时期广州的青年政治团体略述》，1962 年 1 月，收入《广州文史资料·第 5 辑》)

[2]组织特别裁判委员会 鸣銮在《值得一说的女师学潮》一文中作了详细介绍：

1926年10月中旬,女师两派学生因选派出席第四届广州学联会代表发生纷
争。而李秀梅等不受学校约束,仍肆意扩大事端。学校为解决这次学生纠纷
起见,特组织了一个特别裁判委员会。11月2日,又由中央青年秘书曾济宽,
省青年部长黎樾庭,市青年部长陈其瑗到校,协同该校裁判委员会召集两方学
生,由两方的学生举出代表,报告两方意见。裁判委员会便根据两方面意见,
于即日一时开会,省市两青年部长共同参加裁判。裁判的结果:①议决对这次
纠纷,采取了坚决的态度,并采取一种彻底的办法,以为断然的处理。②10月
30日12时半学生会主席召集开会,不合之点有五:一、当上课的时间开会,是
违背国民政府中央教育行政委员会休课条例;二、未得学校允许;三、开会的事
由,未经先行布告,学生多未知开会的内容;四、垄断了小学的选举权;五、违背
了学生会的章程。以上五点,已证明该会为非法的,应将实际情形报告青年
部,由青年部指示办法,再行改选代表。③这次李秀梅违法召集开会,违犯校
规,酿成纠纷,损伤学校名誉,由学校开除学籍以肃校规。④蒋仲箎在会场当
中站立高呼校长反革命,根据校章侮辱校长一条,应行斥退。(《国民周刊》第
五期,1926年11月6日)

[3]闽南已被革命军肃清　有关北伐军在闽的战况,广州报刊多有报道。《工人之
路》1926年11月3日第481期称:1926年11月1日上海电称,攻闽军进逼漳
州:"革命军已抵长泰,又一路抵南靖之山城,进逼南靖城,查南靖与漳州相距
极近。"

七一

广平兄：

　　昨天上午寄出一包书并一封信，下午即得五日的来信。我想如果再等信来而后写，恐怕要隔许多天了，所以索性再写几句，明天付邮，任它和前信相接，或一同寄到罢。

　　对于学校也只能这么办。但不知近来如何？如忙，则不必详叙，因为我也并不怎样放在心里，情形已和对杨荫榆不同也。

　　伏园已回厦门，大约十二月中再去。逢吉只托他带给我一封含含胡胡的信，但我已推测出，他前信说在广州无人认识是假的。《语丝》第百一期上，徐耀辰[1]所做的《送南行的爱而君》的 L 就是他，他给他好几封信，介绍给熟人(＝创造社中人)，所以他和创造社人在一处了，突然遇见伏园，乃是意外之事，因此对我便只好吞吞吐吐。"老实"与否，可研究之。

　　忽而匿名写信来骂，忽而自来取消的乌文光[2]，也和他在一处；另外还有些我所认识的人们。我这几天忽而对于到广州教书的事，很有些踌躇了，恐怕情形会和在北京时相像。厦门当然难以久留，此外也无处可走，实在有些焦躁。我其实还敢站在前线上，但发见当面称为"同道"的暗中将我作傀儡或背后枪击我，却比被敌人所伤更其悲哀。我的生命，碎割在给人改稿子，看稿子，编书，校字，陪坐这些事情上者，已经很不少，而有些人因此竟以主子自居，稍不合意，就责难纷起，我此后颇想不再蹈这覆辙了。

　　忽又发起牢骚来，这回的牢骚似乎发得日子长一点，已经有两三天。但我想，明后天就要平复了，不要紧的。

　　这里还是照先前一样，并没有什么，只听说漳州是民军就要入城了。克复九江，则其事当甚确。昨天又听到一消息，说陈仪入浙后，也独立了，这使我很高兴，但今天无续得之消息，必须再过几天，才能知道真假。

　　中国学生学什么意大利，以趋奉北政府，还说什么"树的党"，可笑极了。别的人就不能用更粗的棍子对打么？伏园回来说广州学生情形，真很出我意外。

迅

十一月九日灯下

注释：

[1]徐耀辰　即徐祖正。他在《送南行的爱而君》一文（发表于 1926 年 10 月《语丝》第一〇一期）中写道："方才你来向我辞行，我交给你几封介绍信"，"我所介绍你去见的人，都只是海外来的同学、同志，大都只呼吸过文艺美术的空气"。按这里写到的"爱而君"，"你"指李遇安。又文中提到的"同学"、"同志"，当为早期创造社的一些成员。

[2]乌文光　原信作黎锦明（1905－1999），湖南湘潭人。当时在广东海陆丰中学教书，路经广州时，和创造社成员有来往。著有短篇小说集《烈火》等。

七二

My dear teacher：

　　这几天因为学校有事，又引起了我有事即写不出字来的老毛病，所以五日接到你廿九、卅日两信后，屡想执笔而仍复搁下了。

　　以上是昨晚写的，但仍写不下去，今早（星期）再写以下的话——

　　五号寄一信，不是说我校在闹风潮了么，现时还未止，但也不十分激烈。我觉得女性好像总较倾于黑暗和守旧，所以学生之中，中立者一部分，革命者一部分，反对者一部分而最占势力。其实中立者虽无举动，但不过因学校禁止一切集会而然，她们仍遍贴传单，要求开会解决，收回二生，谓否则行第二策（罢课），再否则行第三策（十二个 B 队署名，即十二响驳壳枪对待也），同时校长又收到英文信一封，内画一剑一枪，末云请其自择。已以虚声恫吓，则其实力之不足可知，大约风潮是不久便要了结的。但自从学潮起后，因我是训育主任，直接禁罚他们，故已成众矢之的，先前见我十分客气，表示欢笑者，现亦往往不过勉强招呼，或故作不见，甚或怒目而视。总之感情破裂，难以维持，此学期一日不完，我暂且负责一时，但一结束，当即离开，此时如汕头还缺教员，便赴汕头[1]，否则另觅事做就是了。

　　昨领到十月份薪水，计小洋四十五元，另有库券及公债票，但前月库券，日内兑现，可得廿金，共六十五元，也未尝不够。不相干的人物，无帮助之必要。诚如来信所言，惟寡嫂幼侄，情实可怜，见之凄然，令人不能不想努力加以资助，这在现在，是只能看作例外的。

　　战事无甚新闻，惟昨报载九江已经攻下。今日为苏俄十月革命[2]纪念日，农工各会，皆组织纪念会，九日为广州光复[3]纪念，放假一天；

十二为中山先生生日纪念,此地有大庆祝,届时又有一番忙碌了。

你说:"做事没有上半年那么急进",也许是进步,但何以上半年还要急进呢? 是因为有人和你淘气么? 请勿以别人为中心,而以自己为定夺罢。

你暂不来粤,也好,我并不定要煽动你来。不过听了厦门的情形,怕你受不住气,独自闷着,无人从旁劝解耳。对于跳铁丝栏,亦拟不加诰诫,因为我所学的是教育,而抑制好动的天性,是和教育原理根本刺谬[4]的。

你廿九,卅两信,同时收到;又收到了十月廿四寄的《语丝》一束,内共有四期。

我身体很好,饭量亦加,请勿念。现在外面鼓声冬冬,是苏俄革命纪念日的工会游行罢。下午也许偷空访人去。

要说的都写出来了。

Your H. M.

十一月七日早十时半

注释:

[1]赴汕头　许广平拟赴汕头,除了学校政治环境不如意之外,另有别的重要考虑。据她回忆说:"后来又见到一位同志,是李春涛。他本来在北京当教授,和杜老(守素)同住在一起。那时许多人都想丢开教书去干革命,澎湃同志首先南下了,接着李春涛、杜老也计划离去。他们两人同住在北京地安门内南月牙胡同,经过同乡介绍,我到过他们住的'赭庐'。门也油着红色,表示赤色的思想,但没有遇见一个人。后来在1925年4月5日,在东安市场的森隆见面了,当时还有些什么人一起同席,现在已经记不起来了,只记得他给了我很多鼓励,并约我毕业后回到广东去做事,临别时又送了一本书,说那本书他看过了,还不错。翻开里页,看到写着:'广平先生惠存,春涛敬赠',另一页又盖着'李春涛读书章',并有他订正补充的文字,具见革命者的认真不苟的严肃态度。这次在广州见面,是他以代表身分到广州开会来的,是第二回见面了。他很高兴我真的回到了广州,并且邀请我到汕头去,无论教书,做妇女工作,做报纸宣传工作都可以想办法。总之,那面缺人得很。"更重要的是:"当时,想去汕头,

是为了走向革命,学习到更多的东西,同时,也为了离厦门近一些,与鲁迅呼应
较便。"(《鲁迅回忆录·厦门和广州》)

[2]十月革命 指1917年11月7日(俄历10月25日),以列宁为首的俄国布尔什
维克党领导彼得堡工人和士兵起义,攻占冬宫,建立苏维埃政府。广州为纪念
十月革命,农工各界,都组织了纪念会。

[3]广州光复 1911年(辛亥)10月10日武昌起义后,11月9日广东宣布独立。
后定这一天为广州光复纪念日。

[4]刺谬 语出司马迁《报任少卿书》。这里是许广平用来表示对鲁迅在厦大跳铁
丝栏之举的看法。鲁迅于1926年10月28日致许广平的信写道:厦大集美楼
"楼下的后面有一片花圃,用有刺的铁丝拦着,我因为要看它有怎样的拦阻力,
前几天跳了一回试试。跳出了,但那刺果然有效,给了我两个小伤,一股上,一
膝旁,可是并不深,至多不过一分。这是下午的事,晚上就全愈了,一点没有什
么。恐怕这事会招到诰诫,但这是因为知道没有什么危险,所以试试的,倘觉
可虑,就很谨慎。"对此,许广平在原信中写到:"在有刺的铁丝栏跳过,我默默
在脑海中浮现那一幅图画,有一个小孩子跳来跳去,即便怕到跌伤,见着的也
没有不欢喜其活活泼泼地的。如果这也'训斥',则和教育原理根本谬误。儿
童天性好动,引入正轨则可,固意抑裁则不可。我是办教育的人,主张如此。"

七三

广平兄：

十日寄出一信后，次日即得七日来信，略略一懒，便迟到今天才写回信了。

对于侄子的帮助，你的话是对的。我愤激的话多，有时几乎说："宁我负人，毋人负我。"[1]然而自己也往往觉得太过，实行上或者且正与所说的相反。人也不能将别人都作坏人看，能帮也还是帮，不过最好是量力，不要拼命就是了。

"急进"问题，我已经不大记得清楚了，这意思，大概是指"管事"而言，上半年还不能不管事者，并非因为有人和我淘气，乃是身在北京，不得不尔，譬如挤在戏台面前，想不看而退出，也是不很容易的。至于不以别人为中心，也很难说，因为一个人的中心并不一定在自己，有时别人倒是他的中心，所以虽说为人，其实也是为己，所以不能"以自己为定夺"的事，也往往有之。

我先前在北京为文学青年打杂，耗去生命不少，自己是知道的。但到这里，又有几个学生办了一种月刊，叫作《波艇》[2]，我却仍然去打杂。这也还是上文所说，不能因为遇见过几个坏人，便将人们都作坏人看的意思。但先前利用过我的人，现在见我偃旗息鼓，遁迹海滨，无从再来利用，就开始攻击了，长虹在《狂飙》第五期上尽力攻击，自称见过我不下百回，知道得很清楚，并捏造许多会话（如说我骂郭沫若之类）。其意即在推倒《莽原》，一方面则推广《狂飙》销路，其实还是利用，不过方法不同。他们那时的种种利用我，我是明白的，但还料不到他看出活着他不能吸血了，就要打杀了煮吃，有如此恶毒。我现在姑且置之不理，看看他技俩发挥到如何。总之，他戴着见了我"不下百回"的假面具，现在是除下来了，我还要仔细的看看。

校事不知如何？如少暇，简略地告知几句便好。我已收到中大聘书[3]，月薪二百八，无年限的，大约那计画是将以教授治校，所以凡认为非军阀帮闲的，就不立年限。但我的行止，一时也还能决定。此地空气恶劣，当然不愿久居，而到广州也有不合的几点：（一）我对于行政方面，素不留心，治校恐非所长；（二）听说政府将移武昌[4]，则熟人必多离粤，我独以"外江佬"留在校内，大约未必有味；而况（三）我的一个朋友或者将往汕头，则我虽至广州，又与在厦门何异。所以究竟如何，当看情形再定了，好在开学还在明年三月初，很有考量的余地。

我在静夜中，回忆先前的经历，觉得现在的社会，大抵是可利用时则竭力利用，可打击时则竭力打击，只要于他有利。我在北京这么忙，来客不绝，但一受段祺瑞，章士钊们的压迫，有些人就立刻来索还原稿，不要我选定，作序了。其甚者还要乘机下石，连我请他吃过饭也是罪状了，这是我在运动他；请他喝过好茶也是罪状了，这是我奢侈的证据。借自己的升沉，看看人们的嘴脸的变化，虽然很有益，也有趣，但我的涵养工夫太浅了，有时总还不免有些愤激，因此又常迟疑于此后所走的路：（一）死了心，积几文钱，将来什么事都不做，顾自己苦苦过活；（二）再不顾自己，为人们做些事，将来饿肚也不妨，也一任别人唾骂；（三）再做一些事，倘连所谓"同人"也都从背后枪击我了，为生存和报复起见，我便什么事都敢做，但不愿失了我的朋友。第二条我已行过两年了，终于觉得太傻。前一条当先托庇于资本家，恐怕熬不住。末一条则颇险，也无把握（于生活），而且又略有所不忍。所以实在难于下一决心，我也就想写信和我的朋友商议，给我一条光。

昨天今天此地都下雨，天气稍凉。我仍然好的，也不怎么忙。

迅

十一月十五日灯下

注释：

[1]"宁我负人，毋人负我"　曹操语，出自《三国志·魏书·武帝纪》裴松之注引孙盛《杂记》："太祖闻其食器声，以为图己，遂夜杀之。既而悽怆曰：'宁我负人，毋人负我'。"

[2]《波艇》　厦大学生的文艺刊物。

①厦门大学"泱泱社"主办的文艺月刊。由学生谢玉生、崔真吾等发起组织。鲁迅为该刊撰稿和阅稿，并介绍到上海北新书局代为印刷发行。原拟 1926 年 11 月出版创刊号，因故至 1927 年 1 月 15 日才刊登出版广告，同月 16 日出版第 2 期。由于鲁迅和负责撰稿的学生陆续离开厦门，出了两期即告停刊。

②据当年预科学生俞念远回忆："鲁迅先生像一阵温暖的春风，把沉睡着的厦大学生吹醒了。尤其是文科学生，掀起了学习文学的热潮。爱好写作的学生，我和谢玉生、崔真吾、王方仁、朱斐、洪学琛、卓治，在鲁迅先生的帮助下成立了'泱泱社'，并出版了《波艇》月刊。……鲁迅先生说：'我先前在北京为文学青年打杂，耗去生命不少，自己知道的。但到这里又有几个学生办了一种月刊，叫做《波艇》，我却仍然去打杂。'……其实，鲁迅先生非但给我们审稿、改稿，而且他还要设法把刊物出版。当初，他本想把稿子寄给某书店出版，但是某书店来信婉辞谢绝了。关于这件事，他感到很气愤，'市侩！市侩！'骂个不休！……他又费尽心血把稿子寄到北新书局去。十一月间，草绿色封面的、精致可爱的《波艇》月刊创刊号，终于在鲁迅先生的支持下出版了。鲁迅先生的《眉间尺》（即《铸剑》）就是在《波艇》月刊创刊号上发表的。我的短篇小说《樱花下的一夜》，也经鲁迅先生的修改后登载在《波艇》的创刊号上。"（《回忆鲁迅先生在厦门大学》，1936 年 3 月 21 日作于九州帝大，原载汉口《西北风》半月刊（汉口），1936 年 5 月 16 日第 2 期）。

[3]中大聘书

①即鲁迅于 1926 年 11 月 11 日收到中山大学聘书。

②据徐彬如在《回忆鲁迅一九二七年在广州的情况》一文中写道：这时鲁迅正在厦门，我们提出要请鲁迅来中大当文学系主任。我们与戴季陶谈判了两三次，提出许多条件，聘请鲁迅便是其中的一条。"按：徐彬如，原名徐文稚，江苏萧县（今属安徽）人。时为中山大学法科预科学生，中国共产党中山大学总支书记。受中共广东区委指示与鲁迅联系，并赠中共广东区委学生运动委员会刊物《做什么？》三本书给鲁迅。（《回忆鲁迅一九二七年在广州的情况》，《中山大学学报》1976 年第 6 期）

③据韩托夫回忆：当郭沫若先生一九二六年离开中山大学后，两广区委党的组织曾派恽代英、毕磊和徐彬如等同志向学校当局提出要求聘请鲁迅先生来中山大学主持文学系，结果学校当局是答应了。（《一个共产党员眼中的鲁迅

先生》,《文艺报》1956 年第 19 号)

　　④据郭沫若回忆:一九二六年他(按指鲁迅)受段祺瑞的压迫,被逐出北京的
时候,我在做着广东中山大学的文学院长,那时虽商同校长,聘鲁迅做教授。
然而待鲁迅南下广东的时候,我已经参加北伐军出发了。(《坠落了一个巨
星》,《现世界》1936 年 11 月 16 日第 1 卷第 7 期)

[4]政府将移武昌　国民政府于 1926 年 11 月 8 日决定,由广州北移武昌。12 月 7
日正式迁往。国民革命军总司令部仍留广州,由总参谋长李济琛主持。

七四

My dear teacher：

　　你十一月二日的信，十日到，五日的信，十一到，寄的是前后隔四天，而收的只隔一天，这大约是广东方面的缘故。因为这里每有一点事如纪念日等，工人即停工巡行，报纸每星期有六天看，已算幸运，其他即可想而知了。

　　曹轶欧的文稿中说□□女校生[1]，也许是知道有人常用此名，而故意影射，使你触目。我疑心这是男生，较知底细的男生所作，托名于上海大学的女生的。

　　"马又发脾气"，这也是时势使然，不是我故意弄成的。旧派学生日来想尽方法，强行开会，向政府请愿，而政府以学校处理为至当；自中央至省，市三青年部长（专管学界）及省教育厅所组织之学潮委员会，亦并以学校之办法为然。其实我们办事员也只得秉承当局意旨依照办理，个人实无权操纵也。所以现在她们只在夜间暗帖辱骂学校，或恐吓校长之标帖，又嗾使被开除者的家长，来校理论，此外更无别法。但我和别几个教员，与学生感情已因此破裂，虽先前有十分信仰佩服的，此时也如仇雠，恰如杨荫榆事件一出，田平粹[2]辈之于你一样。所以我们主张学潮平后，校长辞职，我们数人也一同走出，才有利于学校之发展。这计画早则日内实现，迟则维持至十一月之末，或本学期终了。我自己此后当另觅事做，倘广州没有，就到旁的地方去，但自然暂不离粤，俟年假完后再走，不知你以为何如？

　　今晚为豫备庆祝中山先生诞日提灯大会，我饭后即约表妹往大马路的妇女俱乐部[3]三层楼上观看，候至七时余，就见提灯的行列，首先为长方形灯,装饰,色彩,大小,各各不同,另有各种鱼灯和果灯,而以扎出党旗的星形者为多。还有舞狮子的,奏军乐的,喊口号的,唱革命歌的,有声有色,较之日间的捏一枝小旗,懒洋洋的走着的好多了。快到九时才走完,看了也不免会令人有"大丈夫不当如是耶"之感。明日为正诞日,学校放假一天,早九时在校中聚集,十时行纪念礼,十一时出发巡礼,我也得陪学生去。

广州天气甚佳,秋高气爽,现时不过穿二单衣,畏寒的早晚加夹衣就足够了。我虽然忙,但也有机会做琐事,日前织成毛绒衣一件,是自己用的,现在织开一件毛绒小半臂,是藏青色,成后打算寄上,现已做了大半了。不见得心细,手工佳,但也是一点意思。稍暖时可以单穿它,或加在绒衣上亦可,取其不似棉的厚笨而适体耳。

　　　　　　　　　　　　　　　　　　　Your H. M.
　　　　　　　　　　　　　　　　　　十一月十一晚十一时

注释:

[1]□□女校生　　指北京女子师范大学的学生。

[2]田平粹　　原信作陈衡粹,曾是鲁迅在北京女师大任教时的学生,女师大学潮后,成为杨荫榆的拥护者。这里用以类比省立女师一部分学生,对许广平和别的几个教员前后态度的变化。

[3]妇女俱乐部

　　①1926 年 2 月由何香凝、邓颖超主持的国民党中央妇女部设立的机构。它的宗旨是"将一般妇女联络聚集,使多与本党(党)员接触,随时输入革命思想"。(人民文学出版社 2005 年版)

　　②1926 年 2 月 7 日,在国民党广东省党部第二十一次会议上,妇女部提出设立妇女部,作以下说明:"盖现在一般女子娱乐地方甚少,平时散处各方,毫无联络,因而是与社会接触无多,本会宣传工作极难收效。若非设法将一般妇女联络聚集,使多与本党(党)员接触,随时输入革命思想,无以唤起其活动兴味。故欲从心理方面入手,投其所好,以资集妇女群众,为宣传工作之功,非设此妇女俱乐部不可。"(《广东省党部党务月刊》第 1 期)

　　③组织妇女俱乐部,"俾党员与群众之接触,灌输革命思想于游乐中,且使妇

女娱乐于正轨。内容有球戏,弹盆戏,各种棋术,中西音乐,幻灯,戏剧,书报,讲演及其它各种游戏。"(国民党广东省第二次全省代表大会《妇女运动报告》)

④1926 年 3 月,在何香凝主持下,设立省妇女俱乐部,目的是宣传和组织妇女参加社会政治运动。地点设在大马路一座三楼里面,现市财政厅前附近,由朱执信的夫人杨道仪当主任,张婉华当秘书。除了有书报,讲演及各种游戏外,还组织了一个民间剧社,进行宣传演出活动。(张婉华访谈录,1976 年 4 月 23 日于广州)

七五

广平兄：

十六日寄出一信，想已到。十二日发的信，今天收到了。校事已见头绪，很好，总算结束了一件事。至于你此后所去的地方，却教我很难代下断语。你初出来办事，到各处看看，历练历练，本来也很好的，但到太不熟悉的地方去，或兼任的事情太多，或在一个小地方拜帅，却并无益处，甚至会变成浅薄的政客之流。我不知道你自己是否仍旧愿在广州，抑非走开不可，倘非决欲离开，则伏园下月中旬当赴粤，我可以托他问一问，看中大女生指导员之类有无缺额，他一定肯绍介的。上遂的事，我也要托他办。

曹轶欧大约不是男生假托的，因为回信的地址是女生宿舍，但这些都不成问题，由它去罢。中山生日的情形，我以为和他本身是无关的，只是给大家看热闹；要是我，实在是"身后名，不如即时一杯酒"[1]，恐怕连盛大的提灯会也激不起来的了。但在这里，却也太没有生气，只见和尚自做水陆道场[2]，男男女女上庙拜佛，真令人看得索然气尽。我近来只做了几篇付印的书的序跋[3]，虽多牢骚，却有不少真话；还想做一篇记事，将五年来我和种种文学团体的关涉，讲一个大略，但究竟做否，现在还未决定。至于真正的用功，却难，这里无须用功，也不是用功的地方。国学院也无非装门面，不要实际。对于教员的成绩，常要查问，上星期我气起来，就对校长说，我原已辑好了古小说十本，只须略加整理，学校既如此着急，月内便去付印就是了。于是他们就从此没有后文。你没有稿子，他们就天天催，一有，却并不真准备附印的。

我虽然早已决定不在此校，但时期是本学期末抑明年夏天，却没有定,现在是至迟至本学期末非走不可了。昨天出了一件可笑可叹的事。下午有校员恳亲会,我是向来不到那种会去的,而一个同事硬拉我去,我不得已,去了。不料会中竟有人演说,先感谢校长给我们吃点心,次说教员吃得多么好,住得多么舒服,薪水又这么多,应该大发良心,拼命做事,而校长如此体帖我们,真如父母一样……我真要立刻跳起来,但已有别一个教员上前驳斥他了,闹得不欢而散[4]。

　　还有希奇的事情,是教员里面,竟有对于驳斥他的教员,不以为然的。他说,在西洋,父子和朋友不大两样,所以倘说谁和谁如父子,也就是谁和谁如朋友的意思。这人是西洋留学生,你看他到西洋一番,竟学得了这样的大识见。

　　昨天的恳亲会是第三次,我却初次到,见是男女分房的,不但分坐。

　　我才知道在金钱下的人们是这样的,我决计要走了,但我不想以这一件事为口实,且仍于学期之类作一结束。至于到那里去,一时也难定,总之无论如何,年假中我必到广州走一遭,即使无噉饭处,厦门也决不住下去的了。又我近来忽然对于做教员发生厌恶,于学生也不愿意亲近起来,接见这里的学生时,自己觉得很不热心,不诚恳。

　　我还要忠告玉堂一回,劝他离开这里,到武昌或广州做事去。但看来大半是无效的,这里是他的故乡,他不肯轻易决绝,同来的鬼祟又遮住了他的眼睛,一定要弄到大失败才罢。我的计画,也不过聊尽同事一场的交情而已。

　　　　　　　　　　　　　　　　　　　　　　　　迅
　　　　　　　　　　　　　　　　　　　　十八,夜

注释：

[1]"身后名,不如即时一杯酒"   见《世说新语·任诞》篇:有个叫张季鹰的,对于礼节仪式一套都满不在乎。当时有人问他:"你这样放纵不拘,是可以舒服一时,难道不为死后的名声着想吗?"他回答说:"使我有身后名,不如即时一杯酒!"

[2]水陆道场   请和尚诵经,超度水陆死者的鬼魂。

[3]序跋   这里指《华盖集续编》的《小引》、《校讫记》、《坟·题记》、《写在〈坟〉后面》、《〈争自由的波浪〉·小引》。

[4]不欢而散

①据《鲁迅日记》1926 年 11 月 17 日记载:"下午校中教职员照相毕,开恳亲会,终至林玉霖妄语,缪子才痛斥。"按:缪子才,名篆,字子才,江苏泰兴人,当时任厦门大学哲学系副教授。

②据陈梦韶介绍:在那天的"恳亲会"上,学生指导林玉霖起而演说,大意说:"恳亲"两字,是恳切亲密的意思。"我们的老校长,好比家长父亲,教员好比年长的大哥,同学好比年幼的弟妹,整个学校,就像一个大家庭,痛痒相关,很亲切亲密的"。缪子才听了很不高兴,大发脾气,用着慷慨激昂的声调,说:"我们都是大学教授,是有学问的人,不是妇女孩子,怎么可以这样比喻? 林玉霖今天所讲的,究竟算是什么话!"这次开恳亲会,因为有一段插曲,所以闹得不欢而散。(陈梦韶:《鲁迅在厦门》)

七六

My dear teacher：

我现在空一点，想回谢君的信，忽然心血来潮，还是想写给你，我就将写着的信中途"带住"，开始换一张纸来写给你了。

我今天很安闲。昨日游行，下午就回校，虽小小疲倦，却还可以坐着织绒背心。今天放假休息，早上无事，仍在寝室里继续编织；十一时出街理发，买些什物，到家里看了一回。而今天使我喜欢的，是我订了一个好玩的印章，要铺子刻"鲁迅"二字[1]，白文，印是玻璃质的，通体金星闪闪，说是星期二刻好（价钱并不贵，不要心里先骂），打算和毛绒小半臂一同寄出。小半臂[2]今天也做起了，一日里成功了两件快意事。依我的脾气，恨不得立刻寄到，但图章怕星二未必刻成，此处的邮政又太不发达，分局不寄包裹，总局甚远，在沙基[3]左近，要当场验过，才能封口，我打算下星四或星五自己寄去，算起来你能在月末或下月初收到，已要算快的了。我原也知道将来可以面呈，但这样我实在不及待。

学校中暂时没有动作，但听说她们还要闹的，要闹到校长身败名裂才罢云。校长也知道这些，然而都置之不理。她们大约因背后有人操纵[4]，所以一时不能罢手，现在正以共产二字诬校长及职教员，恰如北方军阀一样。

Your H. M.

十一月十三晚八时半[5]

注释:

[1]刻"鲁迅"二字 鲁迅对于许广平为他订刻的这枚印章殊为珍重,1926 年 12 月
2 日致函说道:"印章很好,其实这大概是称为'金星石'的,并不是'玻璃'。我
已经写信到上海去买印泥,因为旧有的一盒油太多,印在书上是不合适的。"12
月 6 日又在信中说到:"《桃色的云》再版已出了,拟寄上一册,并用新印"。12
月 12 日,复又在信中说道:"特买印泥,并非'多事',因为不如此,则不舒服
也"。

[2]小半臂 许广平为鲁迅手织的毛背心,藏青色。11 月 11 日开始编织,13 日做
好,17 日由广州寄往厦门。她说过:不见得心细,手工佳,但也是"一点意思"。
后鲁迅取到包裹,即把背心穿在小衫外,说:"很暖,我看这样就可以过冬,无需
棉袍了"。许广平看了鲁迅的信后,致函叮咛说道:"穿上背心冷了还是要加上
棉袄、棉袍……的,这样就可以过冬么? 傻子!"

[3]沙基 在广州市西南部。当时广东邮政总局设在此地左近。许广平寄给鲁迅
的包裹就是从这里寄出的。

[4]背后有人操纵 自 1926 年 4 月后,省立女子师范学校学生会,一直是受广州市
学联"士的党"操纵的。据当年学生张婉华回忆说:女师闹学潮的那部分学生,
"她们参加了中大的'士的党'及'女权同盟',由沈芷芳操纵。沈芷芳是汪精卫
的外甥女,'士的党'头头何觉甫的妻子,广大(中大)法科的学生,曾在女师任
教,她本人也是'士的党'的头目。她引诱一部分学生,拥护她的言论,诋毁共
产党,反对革命。因而,女师时时出现两派尖锐斗争的情况。"(笔者访问录,
1976 年 4 月 21 日于广州)

[5]原信在八时半后又写了一段文字:"不睡,坐着干不下事,独自对着电灯,窗外
虽然不起风,也有一番滋味,想起在北京之夜,取起相片看看,总不如见实体,
打算把所有收到的信看一通,忽然想起几句话。"

七七

My dear teacher：

今天竟日下雨，平时没有这么冷，办公的处所又向北而多风，所以四点钟就回到寝室里，看见你十一月八日寄来的信并一包书，内报纸二分，期刊六本，书籍七本。这些刊物，要我自己去买，自然未必肯，但你既寄给我，我欢喜的收下了，借给人看是可以，而"分给别人"则不可。

早晨见《民国日报》[1]及《国民新闻》[2]，都说你已允来中大作文科教授，我且信且疑，正拟函询，今见来信所云，则似乎未知此事。你如来粤，我想，一定要比厦门忙，比厦门苦，薪金大约不过二三百小洋，说不定还要搭公债和国库券。就此看来，大半是要食少事繁，像我在这里似的。厦门难以久居，来粤也有困难之处，奈何！至于食物，广州自然都有，和厦大之过孤村生活不同，虽然能否合你口味也说不定。

至于我这学校，现在却并无什么事。但既因风潮而引起了一部分学生的反感，此后见面讲书，亦殊无味，自以早日离去为宜。不过现在正值多事之秋，学潮未平，校款支绌，势不能中途撒手。有人主张校长即行辞职，另觅人暂时代理，从新做过，以救目前，而即要我出而担任。但无论如何，我坚决不干，俟觅得新校长，为之维持几天，至多至阳历一月为止。此后你如来粤，我也愿在广州觅事，否则，就到汕头去。

提起逢吉来，我就记得见伏园先生时，曾听说他在中大当职员，将来还要帮伏园办报。后于本月初，得他从东山来信云，"昨见伏园兄，才知道你也到广州，不想我们又能在这里会面，真是愉快极了。如果你有工夫，请通知一个时间，我们谈谈。……"我即函告以公务以外的时间，但至今不见人来，也无回信，也许他又跑到别处去了。

　　杨桃种类甚多，最好是花地[3]产，皮不光洁，个小而丰肥者佳，香滑可口，伏老带去的未必是佳品，现时已无此果了。桂花蝉顾名思义，想是香味如桂花，或因桂花开时乃有，未详。龙虱生水中，外甲壳而内软翅，似金龟虫，也略能飞。食此二物，先去甲翅，次拔去头，则肠脏随出，再去足，食其软部，也有并甲足大嚼，然后吐去渣滓的。嗜者以为佳，否则不敢食，犹蚕蛹也。我是吃的，觉得别有风味，但不能以言传。

　　做教员而又须日日自己安排吃饭，真太讨厌，即此一端，厦门就不易住。在广州最讨厌的是请吃饭，你来我往，每一回辄四五十元，或十余元，实不经济。但你是一向拒绝这事的，或者可以避免。

　　你向我发牢骚，我是愿意听的，我相信所说的都是实情，这样倒还不至于"虑"的程度。你的性情太特别，一有所憎，即刻不可耐，坐立不安。玉堂先生是本地人，过惯了，自然没有你似的难受，反过来你劝他来粤，至少在饮食一方面，他就又过不惯了，况且中大薪水，必少于厦门，倘他挈家来此，也许会像在北京时候似的，即使我设身处地，也未必决然就走的罢。

　　写完以上的话，已在晚上八时余，又看了些书，觉得陶元庆[4]画的封面很别致，似乎自成一派，将来仿效的人恐怕要多起来。

　　校长的意思，好像月底就要走了。她一走，我们自然也跟着放下责任，以后的事，随时再告罢。

                                        Your H. M.
                                    十一月十五晚十一时

注释：

[1]《民国日报》　1923 年国民党在广州创办的报纸。1926 年 11 月 15 日报道："著名文学家鲁迅即周树人，久为国内青年所倾倒，现在厦门大学担任教席。中山大学委员会特电促其来粤，担任该校文科教授。闻鲁氏已应允就聘，不日来粤云。"

[2]《国民新闻》　1925 年国民党人在广州创办的报纸，同日也有这一则报道。

[3]花地　在广州珠江南岸，当年盛产水果。

[4]陶元庆(1893—1929)　字旋卿,浙江绍兴人,美术家,先后在浙江台州第六中
　　学、上海立达学园、杭州艺术专科学校任教。鲁迅著译《彷徨》、《朝花夕拾》、
　　《坟》、《苦闷象征》等书均由他作封面画。(人民文学出版社 1981 年版)

七八

My dear teacher：

今日（十六）午饭后回到办公处，看见桌上有你十日寄来的一信，我一面欢喜，一面又仿佛觉着有了什么事体似的，拆开信一看，才知道是这样子。

校事表面上好像没有什么了，但旧派学生见恐吓无效，正在酝酿着罢课，今天要求开全体大会，我以校长不在，没法批准为辞，推掉了。如果一旦开会，则学校干涉，群众盲从，恐怕就会又闹起来。至于教职员方面，则因薪水不足维持生活，辞去的已有五六人，再过几天，一定更多，那时虽欲维持，但中途那有这许多教员可得？至于解决经费一层，则在北伐期中，谈何容易，校长到底也只能至本月卅日提出辞呈，飘然引去，那时我们也就可以走散了。My dear teacher，你愿否我趁这闲空，到厦门一次[1]，我们师生见见再说，看你这几天的心情，好像是非常孤独似的。还请你决定一下，就通知我。

看了《送南行的爱而君》，情话缠绵，是作者的热情呢，还是笔下的善于道情呢，我虽然不知道，但因此想起你的弊病，是对有些人过于深恶痛绝，简直不愿同在一地呼吸，而对有些人又期望太殷，不惜赴汤蹈火，一旦觉得不副所望，你便悲哀起来了。这原因是由于你太敏感，太热情，其实世界上你所深恶的和期望的，走到十字街头，还不是一样么？而你硬要区别，或爱或憎，结果都是自己吃苦，这不能不说是小说家的取材失策。倘明白凡有小说材料，都是空中楼阁，自然心平气和了。我向来也有这样的傻气，因此很碰了钉子，后来有人劝我不要太"认真"[2]，我想一想，确是太认真了的过处。现在这句话，我总时时记起，当作悬崖勒"马"。

几个人乘你遁迹荒岛而枪击你,你就因此气短么?你就不看全般,甘为几个人所左右么?我好久有一番话,要和你见面商量,我觉得坦途在前,人又何必因了一点小障碍而不走路呢?即如我,回粤以来,信中虽总是向你诉苦,但这两月内,究竟也改革了两件事[3],并不白受了苦辛。你在厦门比我苦,然而你到处受欢迎,也过我万万倍,将来即去而之他,而青年经过你的陶冶,于社会总会有些影响的。至于你自己的将来,唉,那你还是照我上面所说罢,不要太认真。况且你敢说天下就没有一个人是你的永久的同道么?有一个人,你就可以自慰了,可以由一个人而推及二三以至无穷了,那你又何必悲哀[4]呢?如果连一个人也"出乎意表之外"……也许是真的么?总之,现在是还有一个人在劝你,希望你容纳这意思的。

没有什么要写了。你在未得我离校的通知以前,有信不妨仍寄这里,我即搬走,自然托人代收转寄的。

你有闷气,尽管仍向我发,但愿不要闷在心里就好了。

Your H. M.

十一月十六晚十时半

注释:

[1]到厦门一次　许广平拟利用校事变动的空隙,到厦门与鲁迅见面。未久,因鲁迅已决定期末离开厦大到中大应聘,即未成行。

[2]"认真"　原信手迹有这样一段文字:"害马从来皮气也有点这样傻气,在天津时,一个小学同学来到,见常君(按常瑞麟)同我不错,于是痛责我一通,我以为是惭愧对不起人,跑去服毒,都是一类傻气。后来有人劝我不要太'认真',我想一想,的确是太认真的过处。现在那人死了,这句话我总时时记起,所以我到悬崖勒'马'的时候,就常因记起这一句。"

[3]改革了两件事　指许广平1926年9月回广东后做了两件属于改革性质的事情。一是跟控制番禺县立中学的土豪劣绅作斗争:1926年11月,许广平跟番禺县学界的进步人士曾联名控告包办该县中学的土豪劣绅。广东省教育厅令番禺县知事于14日下午召集乡人和学界有资望人士二百余人讨论解决办法。

许广平以乡人资格出席了这次会议。会议进行途中,被控的十余名劣绅跟他们的走狗二三十人捣乱会场。县长胆小怕事,宣布改日开会。许广平据理力争,使会议得以继续进行。会上提议:番禺县废除由土豪劣绅垄断中学领导权的校长制,改行有进步教职员代表参加领导的委员制。又议决登报指斥扰乱会议的封建顽固势力。有些胆怯的人不敢附议,希望取消这一决定。许广平又发言坚持,遂使这项决议得以通过。二是打击了广东女师的国民党右派势力:为了打击校内的右派势力,许广平组织了一个特别裁判委员会,会同国民党政府的中央青年部,省、市青年部裁判,一致同意采取断然措施,开除李秀梅学籍,勒令蒋仲篪退学。(陈漱渝:《许广平的一生·在大革命的风暴中》)

[4]何必悲哀　这是对鲁迅劝慰的话。鲁迅于 11 月 9 日写信给许广平,讲到了遇上令人愤慨和悲哀的事情:"发见当面称为'同道'的暗中将我作傀儡或从背后枪击我,却比被敌人所伤更其悲哀。我的生命,碎割在给人……已经很不少……我此后颇想不再蹈这覆辙了。"为此,许广平即在信中讲了要看"全般",要看在厦门"到处受欢迎"等话语,并且动情地说到:"况且你敢说天下就没有一个人是你的永久的同道么? 有一个人,你就可以自慰了,可以由一个人而推及二三以至无穷了,那你又何必悲哀呢?"鲁迅接到信后,于 1926 年 11 月 20 日致函写道:"还有人和我同道,那自然足以自慰的,并且因此使我自勉,但我有时总还虑他为我而牺牲。而'推及一二以至无穷'我也不能够。有这样多的么? 我倒不要这样多,有一个就好了。"

七九

广平兄：

　　十九日寄出一信；今天收到十三，六，七日来信了，一同到的。看来广州有事做，所以你这么忙，这里是死气沉沉，也不能改革，学生也太沉静，数年前闹过一次，激烈的都走出，在上海另立大夏大学[1]了。我决计至迟于本学期末（阳历正月底）离开这里，到中山大学去。

　　中大的薪水是二百八十元，可以不搭库券。朱骝先还对伏园说，也可以另觅兼差，照我现在的收入之数，但我却并不计较这一层，实收百余元，大概已经够用，只要不在不死不活的空气里就好了。我想我还不至于完在这样的空气里，到中大后，也许不难择一并不空耗精力而较有益于学校或社会的事。至于厦大，其实是不必请我的，因为我虽颓唐，而他们还比我颓唐得利害。

　　玉堂今天辞职了，因为减缩豫算的事，但只辞国学院秘书，未辞文科主任。我已托伏园转达我的意见，劝他不必烂在这里，他无回话。我还要自己对他说一回。但我看他的辞职是不会准的。

　　从昨天起，我又很冷静了，一是因为决定赴粤，二是因为决定对长虹们给一打击。你的话大抵不错的，但我之所以愤慨，却并非因为他们使我失望，而在觉得了他先前的日日吮血，一看见不能再吮了，便想一棒打杀，还将肉作罐头卖以获利。这回长虹笑我对章士钊的失败道，"于是遂戴其纸糊的'思想界的权威者'之假冠，而入于身心交病之状态矣"[2]。但他八月间在《新女性》上登广告，却云"与思想界先驱者鲁迅合办《莽原》"，一面自己加我"假冠"以欺人，一面又因别人所加之"假冠"而骂我，真是轻薄卑劣，不成人样。有青年攻击或讥笑我，我是向来不去还手的,他们还脆弱,还是我比较的禁得起践踏。然而他竟得步进步,骂个不完,好像我即使避到棺材里去,也还要戮尸的样子。所以我昨天就决定,无论什么青年,我也不再留情面,先作一个启事[3],将他利用我的名字,而对于别人用我名字,则加笑骂等情状,揭露出来,比他的唠唠叨叨的长文要刻毒得多,即送登《语丝》,《莽原》,《新女性》,《北新》四种刊物。我已决定不再彷徨,拳来拳对,刀来刀当,所以心里也很舒服了。

我大约也终于不见得为了小障碍而不走路,不过因为神经不好,所以容易说愤话。小障碍能绊倒我,我不至于要离开厦门了。我也很想走坦途,但目前还不能,非不愿,势不可也。至于你的来厦,我以为大可不必,"劳民伤财",都无益处;况且我也并不觉得"孤独",没有什么"悲哀"。

你说我受学生的欢迎,足以自慰么?不,我对于他们不大敢有希望,我觉得特出者很少,或者竟没有。但我做事是还要做的,希望全在未见面的人们;或者如你所说:"不要认真"。我其实毫不懈怠,一面发牢骚,一面编好《华盖集续编》,做完《旧事重提》,编好《争自由的波浪》[4](董秋芳译的小说),看完《卷葹》[5]都分头寄出去了。至于还有人和我同道,那自然足以自慰的,并且因此使我自勉,但我有时总还虑他为我而牺牲。而"推及一二以至无穷",我也不能够。有这样多的么?我倒不要这样多,有一个就好了。

提起《卷葹》,又想到了一件事。这是王品青[6]送来的,淦女士所作,共四篇,皆在《创造》上发表过。这回送来要印入《乌合丛书》[7],据我看来,是因为创造社不征作者同意,将这些印成小丛书,自行发卖,所以这边也出版,借谋抵制的。凡未在那边发表过者,一篇都不在内,我要求再添几篇新的,品青也不肯。创造社量狭而多疑,一定要以为我在和他们捣乱,结果是成仿吾[8]借别的事来骂一通。但我给她编定了,不添就不添罢,要骂就骂去罢。

我过了明天礼拜,便又要编讲义,余闲便玩玩,待明年换了空气,再好好做事。今天来客太多,无工夫可写信,写了这两张,已经是夜十二点半了。

和这信同时,我还想寄一束杂志,其中的《语丝》九七和九八,前回曾经寄去过,但因为那是切光的,所以这回补寄毛边者两本。你大概是不管这些的,不过我的脾气如此,所以仍寄。

迅

十一月廿日

注释：

[1]另立大夏大学

①1924 年,厦门大学校长林文庆,决定由孙贵定代替欧元怀任教育科主任,引起学生的反对,蕴成一次大风潮。结果,欧元怀等带了一百多个学生离校,在上海另立大学。

②1924 年 4 月,厦门大学学生对校长林文庆不满,拟作出要求辞职的决议,因部分学生反对而作罢。林文庆为此开除为首学生,解聘教育科主任等九人,从而引起学潮。6 月 1 日,林又唆使部分建筑工人殴打学生,并下令提前放暑假,限令学生五日离校,扬言届时即停膳、停电、停水。当时厦门市的保守势力也都对林表示支持,学生被迫宣布集体离校,在被解聘教职员帮助下到上海另建大夏大学。(人民文学出版社 1981 年版)

③1924 年 4 月 6 日,林文庆在厦大建校三周年集会上发表演说,竭力推崇孔孟,……这种思想和作法跟五四运动以来"打倒孔家店"与提倡科学民主的时代精神,显然相背,引起一些进步学生的强烈不满。学生会于 4 月 22 日召开全体学生大会,提出林文庆退位,有人反对,最后无果而散。未几天,林文庆悬牌开除一名激烈提议"驱林"的学生。5 月 26 日又致函辞退教育科主任欧元怀等四位素为同学所尊敬的老师。28 日,学生会组织召开全体学生大会,对罢课办法付诸表决,结果以 193 票对 83 票通过。6 月 1 日,发生了校总务处引领建筑工人殴打学生事件,经调解无果。6 月 6 日,学校当局宣布提前放假,限全体学生五天内离校,期满时停水、停电、停膳。部分离校学生,在被解聘的教职员支持下,于 9 月 20 日在上海另立大夏大学。(洪永宏编著:《厦门大学校史·第一卷》,厦门大学出版社 1990 年版)

[2]见《狂飙》周刊第五期(1926 年 11 月 7 日)所载《1925 北京出版界形势指掌图》。

[3]启事　即《所谓"思想界先驱者"鲁迅启事》。1926 年 12 月同时发表于《语丝》、《莽原》、《新女性》、《北新》四种刊物,后收入《华盖集续编》。

[4]《争自由之波浪》　董秋芳译。董秋芳,笔名冬芬,浙江绍兴人,当时北京大学学生。《争自由的波浪》是他从英译本转译的俄国小说和散文集,内收高尔基

的《争自由的波浪》、但兼珂的《大心》、高尔基的《人的生命》、托尔斯泰的《尼古拉之棍》四篇小说及《在教堂里》、《托尔斯泰致瑞典和平会的一封信》和《梭装亚·卑罗夫斯凯亚的生命的断片》三篇散文。原是逐篇译出,陆续刊登在当时的《京报》副刊上。鲁迅认为:"这几篇文章在中国还是很有好处的。"因此,特为编订成书,并写了《小引》,介绍给书店印行。1927 年 1 月,该书由北新书局出版,列为《未名丛书》之一。(参看《集外集拾遗·〈争自由的波浪〉小引》)

[5]《卷葹》　短篇小说集,作者淦女士。卷葹,一种拔心不死的草。淦女士即冯沅君(1900－1974),河南唐河人,作家,中国文学史研究者。该书 1927 年 1 月由北新书局出版,列为《乌合丛书》之一。

[6]王品青　名贵鉁,字品青,河南济源人,北京大学毕业,《语丝》投稿者。他把淦女士的《卷葹》介绍给鲁迅。

[7]《乌合丛书》　1926 年初开始由北新出版的丛书之一,专收创作,它与专收翻译的《未名丛书》,都是由鲁迅主编的。

[8]成仿吾(1897—1984)　湖南新化人,创造社主要成员,文学批评家。1926 年 4 月任广东大学文科兼预科教授。

八〇

迅师：

　　兹寄上图章一个，夹在绒背心内，但外面则写围巾一条，你打开时小心些，图章落地易碎的，今早我曾寄出一信，计算起来近日写去的信颇详细了。现时刚吃完早饭，就要上课，下次再谈罢。

　　蛇足的写这封信，是等你见信好向邮局索包裹，这包长可七寸，阔五寸，高四寸左右。

　　　　　　　　　　　　　　　　　　　　　　　　H. M.

　　　　　　　　　　　　　　　　　　　　　　　十一月十七

八一

广平兄：

　　二十一日寄一信，想已到。十七日所发的又一简信，二十二日收到了；包裹还未来，大约包裹及书籍之类，照例比普通信件迟，我想明天也许要到，或者还有信，我等着。我还想从上海买一合较好的印色来，印在我到厦门后所得的书上。

　　近日因为校长要减少国学院豫算，玉堂颇愤慨，要辞去主任，我因劝其离开此地，他极以为然。今天和校长开谈话会，我即提出强硬之抗议[1]，以去留为孤注，不料校长竟取消前议了，别人自然大满足，玉堂亦软化，反一转而留我，谓至少维持一年，因为教员中途难请云云。又，我将赴中大消息，此地报上亦经揭载，大约是从广州报上抄来的，学生因亦有劝我教满他们一年者。这样看来，我年底大概未必能走了，虽然校长的维持豫算之说，十之九不久会取消，问题正多得很。

　　我自然要从速离开此地，但什么时候，殊不可知。我想 H. M. 不如不管我怎样，而到自己觉得相宜的地方去，否则，也许因此去做很牵就，非意所愿的事务，比现在的事情还无聊。至于我，再在这里熬半年，也还做得到的，以后如何，那自然此时还无从说起。

　　今天本地报上的消息很好，泉州[2]已得，浙陈仪又独立，商震[3]反戈攻张家口，国民一军将至潼关[4]，此地报纸大概是民党色采，消息或倾于宣传，但我想，至少泉州攻下总是确的。本校学生中，民党[5]不过三十左右，其中不少是新加入者，昨夜开会，我觉得他们都没有历练，不深沉，连设法取得学生会以供我用的事情都不知道，真是奈何奈何。开一回会，空嚷一通，徒令当局者因此注意，那夜反民党的职员就在门外窃听。

二十五日之夜，大风时

写了一张之（刚写了这五个字，就来了一个客，一直坐到十二点）后，另写了一张应酬信，还不想睡，再写一点罢。伏园下月准走，十二月十五左右，一定可到广州了。上遂的事，则至今尚无消息，不知何故，我同兼士曾合写一信，又托伏园面说，又写一信，都无回音，其实上遂的办事能力，比我高得多。

我想 H. M. 正要为社会做事，为了我的牢骚而不安，实在不好，想到这里，忽然静下来了，没有什么牢骚了。其实我在这里的不方便，仔细想起来，大半是由于言语不通，例如前天厨房不包饭了，我竟无法查问是厨房自己不愿做了呢，还是听差和他冲突，叫我不要他做了。不包则不包亦可。乃同伏园去到一个福州馆[6]，要他包饭，而馆中只有面，问以饭，曰无有，废然而返。今天我托一个福州学生去打听，才知道无饭者，乃适值那时无饭，并非永远无饭也，为之大笑。大约明天起，当在这一个福州馆包饭了。

仍是二十五日之夜，十二点半

此刻是上午十一时，到邮务代办处去看了一回，没有信。而我这信要寄出了，因为明天大约有从厦门赴粤之船，倘不寄，便须待下星期三这一艘了。但我疑心此信一寄，明天便要收到来信，那时再写罢。

记得约十天以前，见报载新宁轮由沪赴粤，在汕头被盗劫[7]，纵火。不知道我的信可有被烧在内。我的信是十日之后，有十六，十九，二十一等三封。

此外没有什么事了，下回再谈罢。

迅
十一月二十六日

午后一时经过邮局门口，见有别人的东莞来信，而我无有，那么，今天是没有信的了，就将此发出。

注释：

[1]抗议

①指校长要减少国学院预算而提出抗议。

②当时学生卓治在《鲁迅是这样走的》一文中写道："不久又遇到了国学院预算案的减少问题……国学院之于院长之流，似乎有些看不惯，如他们想用白话文的格式，或者是比较简易的格式，而院长之流，却以为还是'等因''准此'……的好。所以一眼望到，便想法子，来在少无可少的原有预算上找寻，鲁迅觉得太不平了。便这样的提出一些反对的话头，大意是：预算并不为多，加增之不增，反要减少，现在成立将近半载，国内外各处，送来许多东西，我们却连一种刊物也还没有出得，现在要减少预算，研究的成绩记录，既不愿印行，连刊物也要视为'莫须有'的，有中化无的消灭，那么我们来到这里半年，人们将谓我们是来白吃饭的。同时这种似乎骗人的行为，的确有些放心不下。"（《北新》第 23 期，1927 年 1 月 29 日。按：卓治即魏兆祺）

[2]泉州　福建南部重镇，与厦门相距一百公里。1926 年 11 月 7 日，北伐军配合民军，再度进攻漳州，周荫人手下的张毅败走江东桥，退到同安、泉州。北伐军于 11 月 22 日进入泉州。

[3]商震(1887—1978)　号启宇，浙江绍兴人。原任阎锡山部第一师师长，绥远都统。反正后，任国民革命军第三集团军第一军团总指挥。

[4]国民一军将至潼关　当时冯玉祥的国民联军入陕进攻围困西安达七个月之久的刘镇华部。据 1926 年 11 月 24 日《民国日报》：18 日，冯玉祥部刘郁芬率国民军六师攻克三原、富平，进逼潼关。（人民文学出版社 2005 年版）

[5]民党　这里指厦大学生中的国民党员。当时，厦大的学生运动主要是由共产党人罗扬才领导，他任学生自治会主席，又以个人身分担任厦大国民党区分部书记。后来，罗扬才注意到所在民党的弱点，利用学生自治会来"挽留鲁迅"，发动了一场改革校政的学潮。

[6]福州馆　原在厦门港澳仔街附近。

[7]被盗劫　指新宁轮被海盗所劫的消息。据 1926 年 11 月 18 日《申报》载路透社 17 日香港电：来往于沪、港间的太古轮船公司新宁号，15 日在距香港八十英里处为四十名海盗所劫。海盗与船员搏斗，并"纵火焚其头等舱"，舵楼被烧毁，后在港方派去之军舰救护下，由拖轮将其拖回香港。

八二

My dear teacher：

　　现时在是星期日的下午二时，我从家里回到学校。至十一月十六日止连收你发牢骚的信，此后就未见有信来，是没有牢骚呢，还是忍着不发？我这两天是在等信，至迟明天也许会到罢，我这信先写在这里，打算明天收到你的来信后再寄。

　　我十七日寄上你信及印章背心，此时或者将到了。但这天我校又发生了事故，记得前信已经提及，校长原是想要维持到本月三十的，而不料于十七日晨已决然离校，留下一封信，嘱教务，总务，训育三人代拆代行，一面具呈教育厅辞职，这事迫得我们三人没有办法。如何负责呢？学校又正值多事之秋，我们便往教厅[1]面辞这些责任，教厅允寻校长，并加经费，十九日来了一封公函，是慰留校长，并答应经费照豫算支给的。但校长以为这不过口惠，仍不回校。现在校中无款，总务无法办；无教员，教务无法办；学潮未平，训育无法办。所以我们昨天又去一函，要教厅速觅校长，或派人暂代，以免重负，然而一时是恐怕不会有结果的。

　　现时我最觉得无聊的，是校长未去，还可向校长辞职，此刻则办事不能，摆脱又不可，真是无聊得很。

　　报章说你已允到中大来，确否？许多人劝我离开女师，仍在广州做事，不要远去。如广州有我可做的事，我自然也可以仍在这里的。

　　昨接逢吉信，说未有工夫来，并问我旧校地址，说俟后再来访，我觉得他其实并无事情，打算不回复了。

十一月廿一日下午二时

My dear teacher：

现在是星一（廿二）晚十时，我刚从会议后回校。自前星三校长辞职后，我几乎没有一点闲工夫了，但没有在北京时的气愤，也没有在北京时的紧张，因为事情和环境与那时完全两样。

今日晨往教厅欲见厅长，说明学校现状，不遇；午后一时往教育行政委员会[2]，又不遇，约四时在厅相见。届时前往，见了。商量的结果，是欠薪一层，由教厅于星四（廿五）提出省务会议解决，校长仍挽留，在未回校前，则由三部负责维持。这么一来，我们就又须维持至十二月初，看发款时教厅能否照案办理，或至本星期四，看省务会议能否通过欠薪案，再作计较了。

你到广州认为不合的几点，依我的意见：一，你担任文科，并非政治，只要教得学生好就是了，治校恐不怎样着重；二，政府迁移，尚未实现，"外江佬"之入籍，当然不成问题；三，他行止原未一定，熟人也以在广州者为多，较易设法，所以十之九是还在这里的。

来信之末说到三种路，在寻"一条光"[3]，我自己还是世人，离不掉环境，教我何从说起。但倘到必要时，我算是一个陌生人，假使从旁发一通批评，那我就要说，你的苦痛，是在为旧社会而牺牲了自己。旧社会留给你苦痛的遗产，你一面反对这遗产，一面又不敢舍弃这遗产，恐怕一旦摆脱，在旧社会里就难以存身，于是只好甘心做一世农奴，死守这遗产。有时也想另谋生活，苦苦做工，但又怕这生活还要遭人打击，所以更无办法，"积几文钱，将来什么事都不做，苦苦过活"，就是你防御打击的手段，然而这第一法，就是目下在厦门也已经耐不住了。第二法是在北京试行了好几年的傻事，现在当然可以不提。只有第三法还是疑问，"为生存和报复起见，便什么事都敢做，但不愿……"这一层你也知道危险，于生活无把握，而且又是老脾气，生怕对不起人。总之，第二法是不顾生活，专戕自身，不必说了，第一第三俱想生活，一是先谋后享，三是且谋且享。一知其苦，三觉其危。但我们也是人，谁也没有逼我们独来吃苦的权利，我们也没有必须受苦的义务的，得一日尽人事，求生活，即努力做去就是了。

我的话是那么直率，不知道说得太过分了没有？因为你问起来，我只好照我所想到的说出去，还愿你从长计议才好。

Your H. M.

十一月廿二晚十一时半

注释:

[1]教厅　即广东省教育厅,当时许崇清任厅长。

[2]教育行政委员会　广东国民政府于 1926 年 3 月 1 日,在广东设立教育行政委员会,作为中央教育行政机关,下设秘书处、参事处、督学处等机构。

[3]"一条光"　鲁迅于 1926 年 11 月 15 日来信说到:有时不免有些愤激,常迟疑于此后所走的路……就想写信和我的朋友商议,"给我一条光"。为此许广平在原信中,写了很长的一段文字,提出看法:

你信末有三条路,叫我给"一条光",我自己还是瞎马乱碰,何从有光,而且我又未脱开环境,做局外旁观。我还是世人,难免于顾虑自己,难于措辞,但也没有办法了。到这时候,如果我替你想,或者我是和你疏远的人,发一套批评,我将要说:"你的苦了一生,就是一方为旧社会牺牲。换句话,即为一个人牺牲了你自己。而这牺牲虽似自愿,实不啻旧社会留给你的遗产。听说有志气的人是不要遗产的,所以粤谚有云——好子不受爷田地——而你这分遗产在法(宗法)又有监视你必要之势,而你自身是反对遗产制的,不过觉得这分遗产如果抛弃了,就没人打理,所以甘心做一世农奴,死守遗产。然而一旦赤化起来,农奴觉悟了,要争回自己的权利,但遗产也没法抛弃,所以吃苦。更有一层,你将遗产抛弃了,也须设法妥善安置,而失产后另谋生路,也须苦苦做工,又怕这项生活遭人排击,所以更无办法,而在我想,——或者我是和你极生疏的——你第一法就是现在厦大已经觉得行不通了。'积几文钱,将来什么都不做,苦苦过活'这苦苦句,即预防遭人挑击。第二法,是在北京以前做的傻事,现在当然不题。第三法,就是将来可否行的疑问。'为生存起见,便不问什么事都敢做,但不愿……'这一层你也知道危险,于生活无把握。总之,第二是不问生活,专意戕害自身,不必说了。第一三俱想生活,但一是先谋后享,第三是一面谋,一面享。第一知其苦,第三知其险。我们是人,天没有叫我们专吃苦的权力,我们没有必受苦的义务,得一日尽人事求生活,即努力做去。我们是人,天没有硬派我们履险的权力,我们有坦途有正道为什么不走,我们何苦因了旧社会而为一人牺牲几个,或牵连至多数人,我们打破两面委曲忍苦的态度,如果对于那一个人的生活能维持,对于自己的生活比较站得稳不受别人借口攻击,对于另一方，新的局面，两方都不因此牵及生活，累及永久立足点，则等于面面都不因此难题而失了生活，对于遗产抛弃，在旧人或批评不对，但在新的，合理一方或不能加任何无理批评，即批评也比较易立足。则生活不受困，人人可以出来谋生，不须'将来什么都不做'，简直可以现时大家做，大家享受，省得先积钱，后苦苦过活，且无抱握。但这样对遗产自不免抛荒，而事实上，遗产有相当待遇即无问题。因一点遗产而牵动到管理人行动不得自由，这是在新的状况所不许，这是就正当解决讲，如果觉得这批评也过火，自然是照平素在京谈话做去，在新的生活上，没有不能吃苦的。

至于做新的生活的那一个人，照新的办法行了，在党一方不生问题——即不受党责——在生活一方即能继续，不必因此'将来什么都不做'，而且那么办立时什么都可以做，不必候至民国十七年。但这办法对于家庭——母亲——将有什么影响？应不应该硬做，或有什么更妙方法做去，这都待斟酌。

总之，一切云云，俱是经济所迫，不惜曲为经济而设法，其实就真的人生，又何必多些枝节，这真叫人慨叹的。还有，上面所说，也是为预防攻击而先找地步解说，如果不因攻击防及生活，即可不顾一切，没有问题了。

我的话是那么直率，说了有什么煽动的嫌疑？因你问我，只好照此说去，还愿你从长讨论才好(前信说，有些话要面商的，即如上云云，因其感应到似乎有此一番话待你问答)。(王得后:《〈两地书〉研究》，天津人民出版社 1982 年版)

鲁迅看到这封信后，于 12 月 28 日致函说道:"我觉得现在 H. M. 比我有决断多"。

八三

广平兄：

　　二十六日寄出一信,想当已到。次日即得二十三日来信,包裹的通知书,也一并送到了,即向邮政代办处取得收据,星期六下午已来不及。星期日不办事,下星期一(廿九日)可以取来,这里的邮政,就是如此费事。星期六这一天,我同玉堂往集美学校讲演[1],以小汽船来往,还耗去了一整天;夜间会客,又耗去许多工夫,客去正想写信,间壁的礼堂[2]里走了电,校役吵嚷,校警吹哨,闹得"石破天惊"[3],究竟还是物理学教授有本领,走进去关住了总电门,才得无事,只烧焦了几块木头。我虽住在并排的楼上,但因为墙是石造的,知道不会延烧,所以并不搬动,也没有损失,不过因了电灯俱熄,洋烛的光摇摇而昏暗,于是也不能写信了。

　　我一生的失计,即在向来不为自己生活打算,一切听人安排,因为那时豫料是活不久的。后来豫料并不确中,仍能生活下去,遂至弊病百出,十分无聊。再后来,思想改变了,但还是多所顾忌,这些顾忌,大部分自然是为生活,几分也为地位,所谓地位者,就是指我历来的一点小小工作而言,怕因我的行为的剧变而失去力量。这些瞻前顾后,其实也是很可笑的,这样下去,更将不能动弹。第三法最为直截了当,而细心一点,也可以比较的安全,所以一时也决不定。总之,我先前的办法已是不妥,在厦大就行不通,我也决计不再敷衍了,第一步我一定于年底离开这里,就中大教授职。但我极希望 H. M. 也在同地,至少可以时常谈谈,鼓励我再做些有益于人的工作。

　　昨天我向玉堂提出以本学期为止,即须他去的正式要求,并劝他同走。对于我走这一层,略有商量的话,终于他无话可说了。他自己呢,我看未必走,再碰几个钉子,则明年夏天可以离开。

此地无甚可为。近来组织了一种期刊,而作者不过寥寥数人,或则受创造社影响,过于颓唐,或则像狂飙社嘴脸,大言无实;又在日报上添了一种文艺周刊[4],恐怕也不见得有什么好结果。大学生都很沉静,本地人文章,则"之乎者也"居多,他们一面请马寅初写字,一面要我作序,真是一视同仁,不加分别。有几个学生因为我和兼士在此而来的,我们一走,大约也要转学到中大去。

离开此地之后,我必须改变我的农奴生活;为社会方面,则我想除教书外,仍然继续作文艺运动,或其他更好的工作,俟那时再定。我觉得现在 H. M. 比我有决断得多,我自到此地以后,仿佛全感空虚,不再有什么意见,而且有时确也有莫名其妙的悲哀,曾经作了一篇我的杂文集的跋[5],就写着那时的心情,十二月末的《语丝》上可以发表,你一看就知道。自己也明知道这是应该改变的,但现在无法,明年从新来过罢。

逢吉既知道通信地方,何以又须详询住址,举动颇为离奇。我想,他是在研究 H. M. 是否真在广州办事,也说不定。因他们一群中流言甚多,或者会有 H. M. 亦在厦门之说也。

女师校长给三主任的信,我在报上早见过了。现在未知如何?无迷之炊,是人力所做不到的。能别有较好之地,自以从速走开为宜。但在这个时候,不知道可有这样凑巧的处所?

迅

十一月廿八日十二时

注释：

[1]**往集美学校讲演**

①集美学校，由陈嘉庚创办，校址在当时福建同安集美，隔海与厦门岛相望，距厦门大学十五公里。内设中学部，商业部，水产部，男、女师范部，全校共二千余人。鲁迅应邀于 1926 年 11 月 27 日到该校讲演，听讲的达一千多人，讲演 30 分钟。鲁迅在《海上通信》中说到有关讲演的情况："先前，那校长叶渊定要请国学院里的人们去演说，于是分六组，每星期一组，凡两人。第一次是我和语堂。那招待法很隆重，前一夜就有秘书来迎接。此公和我谈起，校长的意思是以为学生应该专门埋头读书的。我就说，那么我却以为也应该留心世事，和校长的尊意正相反，不如不去的好罢。他却道不妨，也可以说说。于是第二天去了……午后讲演，我说的是照例的聪明人不能做事，因为他想来想去，终于什么也做不成等类的话。那时校长坐在我背后，我看不见。直到前几天，才听说这位叶渊校长也说集美学校的闹风潮，都是我不好，对青年人说话，那里可以说人是不必想来想去的呢。当我说到这里的时候，他还在后面摇摇头。"据《鲁迅日记》记载：十二月二日虽把讲演稿寄集美学校，但由于和校长叶渊见解不同，终于没有登出。

②据当年听讲演的戴锡樟追忆说，这次讲演的题目是：《生活的意义与价值》。鲁迅在讲演中先说道："五四运动是正义的，爱国的"。"可是……近来有些反'五四运动'精神的事件出现了。……胡适之之流搞什么整理国故，开出什么国学必读书目，蒙骗青年学生，埋头读书，不问国事。陈源、唐有壬'现代评论'派一伙，联结'研究系'政客活动，阻碍革新，抨击革命，认为这批学生革新运动不合时宜。""胡适、陈源一帮聪明人认为这批青年学生是无知的傻子，不识时务，自讨苦吃。"鲁迅接着说："青年学生总是知道，为着爱国和正义，为着真理就不含糊，自有坚定不移的斗争'傻劲'。为着正义和真理，为着民主和科学而奋起的傻子，却大有人在。傻子和傻子结合起来，一起发傻地向前冲，社会才能进步。世界上的事业是傻子干出来的。那些聪明人为着名利而钻营，干了不光彩的事情，把世界推入黑暗深渊，结果他们也跟着沉沦了。而世界仍然在我们傻子手里，推向前进；世界是傻子的世界啊！"鲁迅最后说："我们青年要以科学态度，狠狠地反击暴力，扑灭黑暗，中国一定走向光明世界。这样，我们的生活才有意义，才有价值。"（《鲁迅在集美学校讲演内容概要》，《鲁迅研究资料》第 2 辑）

[2]**礼堂**　即厦门大学群贤楼，在鲁迅住处集美楼的间壁。1922 年建成，三层楼，楼内置有礼堂。鲁迅在厦大期间，先后到该楼十一次，包括讲演，参加会议及看电影。

[3]**"石破天惊"**　语出唐朝李贺《李凭箜篌引》："女娲炼石补天处，石破天惊逗秋

雨。"

[4]文艺周刊　指《鼓浪》周刊。在鲁迅的支持下,由厦门大学学生组织的鼓浪社
　　创办,附在厦门《民钟报》出版发行。1926 年 12 月 1 日创刊,1927 年 1 月 12 日
　　终刊,共出版七期。

[5]跋　指《写在〈坟〉后面》,1926 年 11 月 11 日作。

八四

My dear teacher：

　　廿五日午收十九来信，晚间又收廿一的来信；此外十，十六两信，也都收到，我已经写了回信了。

　　你十九的信里说，兼任太多，或在僻地做事，怕易流于浅薄，这是极确的。况且我什么都是一知半解，没有深的成就和心得，学的虽是文科，而向来未尝下过死工夫，可以说连字也不认识。我胆子又小，研究不充足就不敢教人，现在教这几点钟，已经时常怕会疏失，倘专做国文教员，则选材，查典，改文……更加难办。职员又困于事务，毫无余闲，有时且须与政界接洽，五光十色，以我率直之傻气，当然不适于环境。我终日想离开此校，而至今未有去处者，虽然因为此时不便引退，但一面也并无相宜的地方，不过事到其间，必有办法，那时自然会有人给我谋事，请你不必挂心。至于"中大女生指导员"之事，做起来也怕有几层难处：一，这职务等于舍监，盖极烦忙，闻中大复试后，学生中仍然党派纷歧[6]，将来也许如女师之纠纷，难于处理；二，现时已有人指女师中表同情于革新之一部分教职员为共产党（也如北方军阀一样手段，可笑），倘我到中大，恐怕会连累你，则似以我不在你的学校为宜。但如果你以为无妨，就不妨向伏园先生说说，我是没有什么异议的。

　　你廿一的信，说收到我十五，六，七日三信了，但我十七又寄一包裹并一信——说明所寄的物件，并叫你小心开拆，勿打碎图章。图章并不是贵重品，不过颇别致耳，即使打碎，也勿介介。现必收到了罢？收到就通知我一声。

　　你在北京，拼命帮人，傻气可掬，连我们也看得吃力，而不敢言。其实这也没有什么,我的父母一生都是这样傻,以致身后萧条,子女窘迫,然而也有暂致其敬爱,仗义相助的,所以我在外读书,也能到了毕业,天壤间也须有傻子交互发傻,社会才立得住。这是一种;否则,萍聚云散,聚而相善,散便无关,倒也罢了。但长虹的行径,却真是出人意外,你的待他,是尽在人们眼中的,现在仅因小愤,而且并非和你直接发生的小愤,就这么嘲笑骂詈,好像有深仇重怨,这真可说是奇妙不可测的世态人心了。你对付就是,但勿介意为要。

你想寄的一束杂志还未到,本拟俟到后再复,但怕你在等信,就提前寄出了。如再有话,下次再谈。

Your H. M.

十一月廿七

注释:

[1]党派纷歧

①1926 年夏秋,整个广东的形势很好,国民党的中央党部也大都是共产党人掌握工作,左派势力很大。这时"中大"委员长是戴季陶,副委员长是朱家骅,可是戴季陶在上海,一直没有进校。因当时"中大"我党势力大,戴季陶不同我们接头,不得我们允许,是进不了"中大"的。陈独秀在上海和戴季陶见面后,即通知广东说:戴到广东后可以和他谈判,提条件,让他进"中大"当委员长。接到通知后,陈延年部署了学委会和戴季陶谈判,由恽代英、邓中夏、毕磊出面。陈独秀推荐施存统当"中大"的秘书长。后来决定"中大"要成立政治训育部,训育员要共产党员,有恽代英、施存统、于树德等人。让李济琛当主任。政治训育部编写小册子作为学生训练的课本,组织训练由共产党员担任。这时鲁迅正在厦门,我们提出要鲁迅来"中大"当文学系主任,与戴季陶谈判了二三次。最后一次是恽代英、邓中夏、毕磊和徐文雅四个人去的。恽代英、邓中夏、毕磊是代表广东区委,徐文雅是"中大"党总支书记。戴季陶假装很诚恳,说:你们有什么要求我都可以答应,我听共产党的话。(徐文雅:《回忆鲁迅一九二七年在广州的情况》,《鲁迅生平史料汇编·第四辑》,天津人民出版社1983 年版)

②1926 年 3 月之后,"士的党"即以广州学联名义,以中山大学作为大本

营,大肆活动。10 间,他们面对"广州革命学生联合会"的抵制与抗争,但因有国民党右派谢瀛洲、古应芬直接作政治后台,还有广州市警察局局长邓彦华和第一军第二师师长刘峙等武装力量支持,在中大和全市的活动,乃很凶恶嚣张。中大又有一个组织叫"中社":戴季陶、朱家骅上台后,也和其前任邹鲁一样,想抓住一些学生作为他们的鹰犬,巩固自己的地位。于是就示意他们最信任的教授兼训育主任何思源暗中物色一批所谓"忠实可靠"的学生,在校内组织一个小团体。他们找到了陈绍贤、蒲良柱、余俊贤、李翼中、凌树藩等一些所谓中立派学生,组织中社。所谓中社,顾名思义是他们自命不左不右的中间派,实际上是以戴季陶思想为思想的。因当时中山大学学生派系复杂,斗争最尖锐的是左派和右派。究竟这两派还是少数,大部分学生还处于中间状态。戴、朱等为掩盖自己的真正面目,蒙蔽学生群众,用中社名义,表示他们不左不右,企图吸收那些所谓没有政治色彩的学生作为私人的工具。(张汉儒:《大革命时期广州的青年政治团体略述》,《广州文史资料·第五辑》)

八五

广平兄：

上月廿九日寄一信，想已收到了。廿七日发来的信，今天已到。同时伏园也得陈惺农信，知道政府将移武昌，他和孟余都将出发，报也移去[1]，改名《中央日报》，叫伏园直接往那边去，因为十二月下旬须出版。所以伏园大约不再赴广州，广州情状，恐怕比较地要不及先前热闹了。

至于我呢，仍然决计于本学期末离开这里而往广州中大，教半年书看看再说。一则换换空气，二则看看风景，三则……。教不下去时，明年夏天又走，如果住得便，多教几时也可以。不过"指导员"一节，无人先为打听了。

其实，你的事情，我想还是教几点钟书好。要豫备足，则钟点不宜多。办事与教书，在目下都是淘气之事，但我们舍此亦无可为。我觉得教书与办别事实在不能并行，即使没有风潮，也往往顾此失彼，不知你此后可有教书之处（国文之类），有则可以教几点钟，不必多，每日匀出三四点钟来看书，也算豫备，也算是自己的享乐，就好了；暂时也算是一种职业。你大约世故没有我这么深，所以思想虽较简单，却也较为明快，研究一种东西，不会困难的，不过那粗心要纠正。还有一个吃亏之处是不能看别国书，我想较为便利的是来学日本文，从明年起我当勒令学习，反抗就打手心。

至于中央政府迁移而我到广州，于我倒并没有什么。我并不在追踪政府，许多人和政府一同移去。我或者反而可以闲暇些，不至于又大欠文章债，所以无论如何，我还是到中大去的。

包裹已经取来了，背心已穿在小衫外，很暖，我看这样就可以过冬，无需棉袍了。印章很好,其实这大概就是称为"金星石"[2]的,并不是"玻璃"。我已经写信到上海去买印泥,因为旧有的一盒油太多,印在书上是不合适的。

　　计算起来,我在此至多也只有两个月了。其间编编讲义,烧烧开水,也容易混过去。厨子的菜又变为不能吃了,现在是单买饭,伏园自己做一点汤,且吃罐头。他十五左右当去。我是什么菜也不会做的,那时只好仍包菜,但好在其时离放学已只四十多天了。

　　阅报,知北京女师大失火[3],焚烧不多,原因是学生自己做菜,烧伤了两个人:杨立侃,廖敏。姓名很生,大约是新生,你知道么? 她们后来都死了。

　　以上是午后四点钟写的,因琐事放下,接着是吃饭,陪客,现在已是夜九点钟了。在金钱下呼吸,实在太苦,苦还罢了,受气却难耐。大约中国在最近几十年内,怕未必能够做若干事,即得若干相当的报酬,干干净净(写到这里,又放下了,因为有客来。我这里是毫无躲避处,有人要进来就直冲进来的。你看如此住处,岂能用功)。往往须费额外的力,受无谓的气,无论做什么事,都是如此。我想此后只要能以工作赚得生活费,不受意外的气,又有一点自己玩玩的余暇,就可以算是万分幸福了。

　　我现在对于做文章的青年,实在有些失望;我看有希望的青年,恐怕大抵打仗去了,至于弄弄笔墨的,却还未遇着真有几分为社会的,他们多是挂新招牌的利己主义者。而他们竟自以为比我新一二十年,我真觉得他们无自知之明,这也就是他们之所以"小"的地方。

　　上午寄出一束刊物,是《语丝》,《北新》各两本,《莽原》一本。《语丝》上有我的一篇文章[4],不是我前信所说发牢骚的那一篇;那一篇还未登出,大概当在一〇八期。

迅
十二月二日之夜半

注释：

[1]报也移去 指《广州民国日报》。原拟移去武汉，后于 1926 年 12 月调离部分人员，到武汉重新创办《中央日报》。

[2]"金星石" 石英矿的一种。信中所说应是纯石英的水晶石，多属无色，体质明滑，可供制印及其它用途，广东、福建等处均有出产。

[3]女师大失火 1926 年 11 月 22 日，北京女师大学生在宿舍用酒精灯烧饭，不慎失火，烧伤学生杨立侃、廖敏二人，因救治迟误，相继死去。按这里说的女师大，当时已改名女子学院师范部。

[4]一篇文章 指《坟·题记》，载《语丝》周刊 106 期(1926 年 11 月 20 日)。下文说的"那一篇"，指《写在〈坟〉后面》，载 1926 年 12 月 4 日《语丝》周刊第 108 期。

八六

广平兄：

今天刚发一信，也许这信要一同寄到罢，你初看或者会以为又有甚么要事了，其实并不，不过是闲谈。前回的信，我半夜投在邮筒中；这里邮筒有两个，一个在所内，五点后就进不去了。夜间便只能投入所外的一个。而近日邮政代办所里的伙计是新换的。满脸呆气，我觉得他连所外的一个邮筒也未必记得开，我的信不知送往总局否，所以再写几句，俟明天上午投到所内的一个邮筒里去。

我昨夜的信里说：伏园也得惺农信，说国民政府要搬了，叫他直接上武昌去，所以他不再往广州。至于我则无论如何，仍于学期末离开厦门而往中大，因为我倒不一定要跟随政府，熟人较少，或者反而可以清闲些。但你如离开师范，不知在本地可有做事之处，我想还不如教一点国文，钟点以少为妙，可以多豫备。大略不过如此。

政府一搬，广东的"外江佬"要减少了，广东被"外江佬"刮了许多天，此后也许要向"遗佬"报仇，连累我未曾搜刮的"外江佬"吃苦，但有"害马"保镖，所以不妨胆大。《幻洲》[1]上有一篇文章，很称赞广东人，所以我愿意去看看，至少也住到夏季。大约说话是一点不懂，和在此盖相同，但总不至于连买饭的处所也没有。我还想吃一回蛇，尝一点龙虱。

到我这里来空谈的人太多，即此一端也就不宜久居于此。我到中大后，拟静一静，暂时少与别人往来，或用点功，或玩玩。我现在身体是好的，能吃能睡，但今天我发见我的手指有点抖，这是吸烟太多了之故，近来我吸到每天三十支了，从此必须减少。我回忆在北京的时候，曾因节制吸烟而给人大碰钉子,想起来心里很不安,自觉脾气实在坏得可以。但不知怎的,我于这一事自制力竟会如此薄弱,总是戒不掉。但愿明年能够渐渐矫正,并且也不至于再闹脾气的了。

　　我明年的事,自然是教一点书;但我觉得教书和创作,是不能并立的,近来郭沫若郁达夫之不大有文章发表,其故盖亦由于此。所以我此后的路还当选择:研究而教书呢,还是仍作游民而创作?倘须兼顾,即两皆没有好成绩。或者研究一两年,将文学史编好,此后教书无须豫备,则有余暇,再从事于创作之类也可以。但这也并非紧要问题.不过随便说说。

　　《阿Q正传》的英译本[2]已经出版了,译得似乎并不坏,但也有几个小错误。你要否?如要,当寄上,因为商务馆有送给我的。

　　写到这里,还不到五点钟,也没有什么别的事了,就此封入信封,赶今天寄出罢。

迅

十二月三日下午

注释:

[1]《幻洲》　文艺性半月刊,叶灵凤、潘汉年编辑,1926年10月在上海创刊,1928年1月出至第二卷第八期停刊。该刊第1卷第2期(1926年10月)骆驼所作《把广州比上海》中说:"广州的人好似一块石头,硬性的,然而是干脆的;是一凿一块的,即是不作兴拖泥带水的,……他们从没有临时装成的笑脸,……不会有无理的敲诈,难堪的讥嘲,可耻的欺骗,虽然你是不懂广州话的外江阿木林。"(人民文学出版社2005年版。按:阿木林,上海话,傻子)

[2]《阿Q正传》的英译本

　　①梁社乾译,1926年上海商务印书馆出版。关于译文中的小错误,作者在《〈阿Q正传〉的成因》中曾经说及。

　　②据戈宝权考证:"《阿Q正传》的英译者梁社乾,早在一九二五年四月二十九日以前就写信给鲁迅,鲁迅在五月二日收到。接着梁社乾又在六月上旬把《阿Q正传》的英译稿寄请鲁迅审阅,鲁迅六月二十日校正寄还,这个译本于一九二六年在上海出版。从时间上看,梁社乾着手翻译《阿Q正传》应该是当年四

月以前几个月的事。……根据这些情况,我们可以肯定地说,梁社乾用英文翻译的《阿 Q 正传》,无论从翻译还是从出版时间上,都比敬隐渔的法译本和王希礼的俄译本为早,因此应该说,最先译成欧洲文字的《阿 Q 正传》是英译本,这就是梁社乾的译本。"(《南开大学学报》1977 年第 4 期)

八七

My dear teacher：

　　我现时是在豫备教材，明天用的，但我没有专心看书，我总想着廿六，七该得你的来信了，不料至今(卅)未有。而这两天报上则说漳州攻下，泉州永春[1]也为北伐军所得。以前听说厦门大学危险，正在战事范围中，不知真相如何？ 适值近几天不见来信，莫非连船也不能来往了么？

　　看广大聘请教授条例(不知中大是否仍如此)：初聘必为一年，续聘为四年，或无期，教至六年，则可停职一年，照支原薪。教授不能兼职，但经校务(？)会议通过，则可变通。授课时间每周八时，多或十余至二十时左右。教授又须指导学生作业云。

　　我校校长仍然未返，在看十二月初发给经费时，是照新豫算，抑旧豫算。倘照新豫算而不搭发积欠(省政府已通过)，则办事仍有困难，还是不回校。我自己在校长回校，或决不回校时，均可引退，惟当青黄不接之间，则我决不去。现在已有些人，要我无论如何，再维持下去，但我是赞成凡与风潮有关的人，全都离校的，这样一来，可以除去一部分学生想闹的目标，于学校为有利。况且训育是以德相感，以情相系的，现在已经破脸，冷眼相看，又有什么意味呢？ 你看，这该如何处置才好？

　　汕头我没有答应去[2]，决意下学期仍在广州，即使有经济压迫，我想抵抗它试试看，看是它胜过我，还是我打倒它。

Your H. M.

十一月卅晚八时三刻

My dear teacher：

　　十二月一晚收到你廿六的信，而以前说寄的《新女性》等，至今未来；你十六，十九，廿一等信，俱先后收到，都答复过了，并不因新宁轮而有阻碍。

　　今日往陈惺农先生寓，见他正在整理行装，打算到武汉去，云于五日前后动身。他说并已电约伏园，径赴湖北。那么，伏园于十五左右先赴广州之说，恐怕又有变动了。学校今日由财政厅领得支票，不但不搭还欠薪，连数目也仍照旧豫算，公债库券也仍有，不过将先前搭发二成之三十个月满期的公债，改为一成。事情几乎毫无解决，校长拟往香港去了，我们三主任定于明日向全校教职员布告经过，并声明卸去维持校长职务的责任。但事情是绝不回如此简单的，或仍是不死不活的拖下去，学生两方亦仍争持不下，这真好像朽索之御六马，懔乎其危[3]了。

　　你因为怕有“不安”而“静下来”，这教我也没有什么可说。至于我，“为社会做事”[4]么？社会上有什么事好做？回粤以后，参与了一两样看去像是革新的事情，而同人中禁不起敌人之诬蔑中伤，多有放手不问之态，近来我校的情形，又复这个样子。你愿意我终生颠倒于其中而不自拔么？而且你还要因此忍受旧地方的困苦，以玉成我“为社会做事”么？过去的有限的日子，已经如此无聊，再“熬半年”，能保不发生别的意外么？单为“玉成”他人而自放于孤岛，这是应当的么？我着实为难，广大当然也不是理想的学校，所以你要仍在厦大，我也难于多说。但不写几句，又怕你在等我的回信，说起来，则措辞多不达意，恐你又因此发生新的奇异感想。我觉得书信往来实在讨厌，既费时光，而又不能达意于万一的。这封信也还是如此。

　　　　　　　　　　　　　　　　　　　Your H. M.
　　　　　　　　　　　　　　　　　　　十二月二日

注释：

[1]永春　县名，在福建南部。1926 年 11 月 5 日，民军徐飞龙部在永春宣布归附北伐军。

[2]汕头我没有答应去　许广平于 11 月上旬拟应聘到汕头任职，后经过考虑认为，广州熟人多，工作较易设法；还有许多人劝她离开女师，仍留在广州做事，不要远去。更主要的是鲁迅这时决定年底离开厦大，就中大教授职，极希望许广平也在同地。因此，决意仍在广州。

[3]朽索之御六马，懔乎其危　语出《尚书·五子之歌》："懔乎若朽索之御六马"。孔颖达疏："腐朽驭六马，索绝马惊，马惊则逸，言危惧甚也。"这里用以比喻女师校事出现了的危机。

[4]"为社会做事"　指对许广平愿意做的工作问题的讨论。鲁迅于 11 月 25 日就许广平的工作问题致函道："我想 H. M. 不如不管我怎样，而到自己觉得相宜的地方去，否则，也许因此去做很牵就，非意所愿的事务，比现在的事情还无聊。至于我，再这里熬半年，也还做得到的，以后如何，那自然此时还无从说起。"对于鲁迅提出这样的想法，许广平甚感不安，即在信中提出自己的想法。原信写道："'为社会做事'么？社会有什么事好做。前次说的番禺中学，起首是以有组织之党与非党人结合打倒土豪劣绅之旧校长，那次开会后，他们不甘退让，又自知不敌，于是卖给又一派人。现时是有两派人和我们对敌，而我们这一批，有非党的人，禁不起敌人污蔑图利之语，有放手不问之态，现时是改选董事又延期，而我学校事又如此，所谓'社会事业'者，不过说破不值一文钱。你愿我终生被播弄于其中而不自拔？而且你还想因此仍忍受旧地方的困苦无生趣之境地，以玉成我做'社会事业'吗？我着实为难。如果我说不肯做'社会事业'下去，或者会影响到别人行动，我说还是做下去，也不见得有好处，横竖都是为难。我自己没有'方针'，'相宜的地方'是找不到，或者有，但现时又不能实现。……五分之三（按一个学期计算）已如此非人生活，再勉强下去，能保没有发生别的意外吗？单独以'玉成'他人而自放于孤岛是应当的吗？"经过交流，鲁迅于 12 月 6 日又在信中进一步说明自己的想法："实未有愿你'终生颠倒于其中而不自拔'之意，当时仅以为在社会上阅历几时，可以得较多之经验而已，并非我将永远静着，以至于冷眼旁观，将 H. M. 卖掉，而自以为在孤岛中度寂寞生活，咀嚼着寂寞，即足以自慰自赎也。"

八八

广平兄：

　　三日寄出一信，并刊物一束，系《语丝》等五本，想已到。今天得二日来信，可谓快矣。对于廿六日函中的一段话，对于廿六日函中的一段话，我于廿九日即发一函，想当我接到此信时，那边必亦已到，现在我也无须再说了。其实我这半年来并不发生什么"奇异感想"，不过"我不太将人当作牺牲么？"这一种思想——这是我向来常常想到的思想——却还有时起来，一起来，便沉闷下去，就是所谓"静下去"，而间或形于词色。但也就悟出并不尽然，故往往立即恢复，二日得中央政府迁移消息后，便连夜发一信（次日又发一信），说明我的意思与廿九日信中所说者并无变更，实未有愿你"终生颠倒于其中而不自拔"之意，当时仅以为在社会上阅历几时，可以得较多之经验而已，并非我将永远静着，以至于冷眼旁观，将 H. M. 卖掉，而自以为在孤岛中度寂寞生活，咀嚼着寂寞，即足以自慰自赎也。

　　但廿六日信中的事，已成往事，也不必多说了。中大的钟点虽然较多，我想总可以设法教一点担子稍轻的功课，以求有休息的余暇，况且抄录材料等等，又可有帮我的人，所以钟点倒不成问题。每周二十时左右者，大抵是纸面文章，也未必实做的。

　　你们的学校，真是好像"湿手捏了干面粉"，粘缠极了，虽然"天下兴亡，匹夫有责"[1]，但在位者不讲信用，专责"匹夫"，使几个人挑着重担，未免太任意将人来做无谓的牺牲。我想，事到如此，该以自己为主了，觉得耐不住，便即离开，倘因生计或别的关系，非暂时敷衍不可，便再敷衍它几日。"以德感"，"以情系"这些老话头，只好置之度外。只有几个人是做不好的。还傻什么呢？"匹夫匹妇之为谅也，自经于沟渎而莫之知也！"[2]

伏园须直往武昌了，不再转广州，前信似已说过。昨有人（据云系民党）从汕头来，说陈启修因为泄露机密，已被党部捕治了。我和伏园正惊疑，拟电询，今日得你信，知二日曾经看见他，以日期算来，则此人是造谣言的。但何以要造如此谣言，殊不可解。

前一束刊物不知到否？记得先前也有一次，久不到，而终在学校的邮件中寻来。三日又寄一束，到否也是问题。此后寄书，殆非挂号不可。《桃色的云》[3]再版已出了，拟寄上一册，但想写几个字，并用新印，而印泥才向上海去带，大约须十日后才来，那时再寄罢。

迅

十二月六日之夜

注释：

[1]"天下兴亡，匹夫有责"　语出清代顾炎武《日知录·正始》："有亡国，有亡天下。亡国与亡天下奚辨？曰：易姓改号，谓之亡国；仁义充塞，而至于率兽食人，人将相食，谓之亡天下。""保国者，其君其臣，肉食者谋之；保天下者，匹夫之贱，与有责焉耳矣。"世人将这些话简括为"天下兴亡，匹夫有责"，成为警世箴言。（人民文学出版社 2005 年版）

[2]"匹夫匹妇之为谅也，自经于沟渎而莫之知也！"　语出《论语·宪问》篇。匹夫匹妇，指老百性。谅，固执成见。自经，上吊自杀。渎，小沟渠。

[3]《桃色的云》　童话剧，爱罗先珂作，鲁迅译。1923 年北京新潮社初版，1926 年北新书局再版。

八九

广平兄：

　　本月六日接到三日来信后，次日（七日）即发一信，想已到。我猜想昨今两日当有信来，但没有；明天是星期，没有信件到校的了。我想或者是你因校事太忙，没有发，或者是轮船误了期。

　　计算从今天到一月底，只有了五十天，我到这里，已经三个月又一星期了。现在倒没有什么事。我每天能睡八九小时，然而仍然懒。有人说我胖一点了，不知确否？恐怕也未必。对于学生，我已经说明了学期末要离开，有几个[1]因我在此而来的，大约也要走。至于有一部分，那简直无药可医，他们整天的读《古文观止》[2]。

　　伏园就要动身，仍然十五左右；但也许仍从广州，取陆路往武昌去。

　　我想一两日内，当有信来，我的廿九日信的回信也应该就到了。那时再写罢。

迅

十二月十一日夜

注释:

[1]有几个　指谢玉生,王方仁,廖立峩、谷中龙等人。他们出于对鲁迅的敬仰,获悉鲁迅到厦门大学任教,特从外地转学而来。这时,听说鲁迅要离开,大约也要走了。

[2]《古文观止》　清朝康熙年间吴楚材、吴调侯编辑的一部古文选本。上起东周,下迄明末。以散文为主,共选文章220篇。

九〇

My dear teacher：

　　六日晨得十一月廿九日信，又廿一寄的书一束，一束书而耽搁至十六天，中国的邮政真太可以了。这信到在我发了廿三的信之后，总是觉得我太过火了，这样的说话。但你前一信说拟在厦门半年，后一信又说拟即离开，这样改变，全以外象为主，看来真好像十分"空虚"似的。现既打算离去，则关于学校的一切，可勿过于扰心，不如好好的静下来，养养身体。食物如何解决，已在福州馆子包饭么？伏园一走，你独自一人早晚为食物奔波，不太困苦么？

　　学校火警是很可怕的，我在天津，曾经遇到，在半夜里逃出。日前李之良得北京来信，说女师大失火，烧了几间寝室，一个由女子大学转学过来的杨立侃因伤身死，另一个是重伤。女师大真不幸，连转学过来的都遭劫。你也曾在报上看见或别方面听到过没有？

　　你为什么"时有莫名其妙的悲哀"[1]？是因为感着寂寞么？是因为想到要走的路么？是因了为别人而焦虑么？"跋"中或有未便罄尽之处，其详可得闻软？

　　我校自三主任声明不负代行校长职务后，当由教职员推举代表五人，向省政府，教育厅，财政厅交涉，但仍不得要领，继由革新之学生前去请愿，财政厅始允照新豫算发给。今日庶务处已领得支单，惟积欠仍无着落，众意须俟积欠有着，始敢相信，开手办事；故全校仍未上课，旧派学生忽对于总务主任及我开始攻击，但这是无聊之极思，没有用的。倘有事，以后再谈罢。

Your H. M.
十二月六日晚八时

注释：

[1]"时有莫名其妙的悲哀"　这是鲁迅在一篇文字里写的话。1926 年 10 月 30
日，鲁迅在厦大集美楼编成了《坟》的杂文集，并于 11 月 11 日写了《写在〈坟〉后
面》一文，作为文集的跋。其中写道："今夜周围是这么寂静，屋后面的山脚下
腾起野烧的微光；南普陀寺还在做牵线傀儡戏，时时传来锣鼓声，每一间隔中，
就更加显得寂静。电灯自然是辉煌着，但不知怎地忽有淡淡的哀愁来袭击我
的心，我似乎有些后悔印行我的杂文了。我很奇怪我的后悔；这在我是不大遇
到的，到如今，我还没有深知道所谓悔者究竟是怎么一回事。"许广平看了这篇
文字以后，随去信请鲁迅告知其中的详情。鲁迅于 12 月 12 日回复说："其中倒
没有什么未尽之处。当时动笔的原因，一是恨自己为生活起见，不能不暂戴假
面，二是感到了有些青年之于我，见可利用则尽情利用，倘觉不能利用了，便想
一棒打杀，所以很有些悲愤之言。不过这种心情，现在早已过去了。"

九一

My dear teacher：

今日是学校因经费问题而停课的第二天。薪水是发过了，数目为八成五，一半公债库券，一半现金，我得了七十八元。但那八十多个学生，昨却列队到省政府及教育厅，财政厅，去说是学校的问题并不在经费而在校长，只要宋庆龄[1]长校，一切即皆解决，云云。今日教育厅又约三主任及附小主任于下午四时前去谈话，现尚未到时，但我们必须待经费彻底解决以后，这才做下去。

今晨曾寄一信，是复你十一月廿九日信的，现在又接到十二月三日的信了。印章的质地是"金星石"，但我先前随便叫它曰玻璃；这不知是否日本东西，刻字曾经刻坏了一个，不过由刻者负责，和我无干。有这样脆。我想一落地必碎，能够寄到而无损，算是好的了。穿上背心，冷了还是要加棉袄，棉袍……的。"这样就可以过冬"么？傻子！一个新印章，何必特地向上海买印泥去呢，真是多事[2]。

这几天经费问题未解决，总坚持不上课；一解决，则将有一番革新，革新后自己再走，也是痛快事。昨日反对派学生推代表三人来，限总务主任于二十四小时内召集财政会议，布告经费状况，又限我于两日内解散革新学生会同盟会。我们都置之不理，不久，大约当有攻击我们的宣言发表的。

现在已没有什么要说了，下次再谈。

Your H. M.

十二月七日午三时

注释:

[1]宋庆龄(1893—1981)　广东文昌(今属海南)人,政治家。孙中山夫人。曾留
学美国,当时任国民党中央委员。(人民文学出版社 2005 年版)

[2]真是多事　原信在句下另起一段写道:"'默念'增加,想是日子近了的原故。
小孩子快近过年,总是天天吵几次似乎如此。"

九二

My dear teacher：

　　现在是七日晚七时半，我又开始写信了。今日我发了一信，不是说下午四时要到教育厅去么？从那里回校时，看见门房里竖着几封信，我心内一动，转想午间已得来信，此时一定没有了，乃走不数步，听差赶上来交给我信，是你三日发的第二封。我高兴极了[1]，接连两日得信三封，从这三封信中，可见你心神已略安定，有些活气了。至于廿六发的那一封，却似乎有点变态，不安而故示安定，所以我二日的回信，也未免激一些，现得最近的三信，没有问题了，不必挂念或神经过敏。

　　现在我要下命令[2]了：以后不准自己将信"半夜放在邮筒中"。因为瞎马会夜半临深池的，十分危险，令人捏一把汗，很不好。况且"所外"的信今日上午到，"所内"的信下午到，这正和你所发出的次序相同，殊不必以傻气的傻子，而疑"代办所里的伙计"为"呆气"的呆子，其实半斤八两相等也。即如我，发信也不如是急急，六晚写好的信，是今早叫给我做事的女工拿去的，但许久之后，我出校门，却见别一女工手拿一碗，似将出街买物，又拿着我的信，可见她又转托了人，便中送去。而且恐怕我每次发信，大抵如此，以后应该改换方法了。说起用人来，则因为广州有工会，故说话极难，一不小心，便以工会相压。例如我用的那个，虽十分村气，而买物必赚一半，洗物往往不见，我未买热水壶时，日嫌茶冷，买来以后，却连螺旋盖也不会开，用铁锤之类新新的就将热水壶敲坏了。你将来到广州时，倘用的是男的，或者好一点，但也得先知道，以免冒起火来。

　　至于用语，则这里的买物或雇车，普通话就可以，也许贵一点，不过有人代办，不成问题。我在北京，买物是不大讲价的，这是却往往开出大价，甚至二倍以上，须斟酌还价，还得太多是吃亏，太少或被骂，真是麻烦透了。吃食店随处都有,小饭馆也不化多少钱,你来不愁无吃处,而愁吃不惯口味,但广东素以善食称,想来你总可以对付的。至于蛇,你到是在年底,不知道可还有? 龙虱也已过时,只可买干的了。又这里也有北方馆子,有专卖北京布鞋底的铺子,也有稻香村[3]一类的店,所以糖炒栗子也有了,这大约是受了"外江佬"的影响。

你高兴时,信上也看见"身体是好的,能食能睡"一类的话,但在上月二十至廿六左右,则不特不然,而且什么也懒得做了,其实那一个人也并非一定专为别人牺牲,而且是行其心之所安的,你何必自己如此呢。现在手指还抖么? 要看医生不? 我想心境一好,无聊自然减少,不会多吸烟了。有什么方法可以减却呢? 我情愿多写几个字。

你到这里后,住学校就省事,住外面就方便,但费用大。陈先生住的几间屋,是二楼,每月房租就四十余元,还有雇人,食,用……等,至少总在百元以上。究竟如何,是待到后再说,还是未雨绸缪?

我想,没有被人打倒,或自己倒下之前,教书[4]是好的,倒下以后,则创作似乎闭户可做。但在那时,是否还有创作的可能,也很难说。在旧社会里,对于一般人,需用一般法,孤行己见,便受攻击,真是讨厌。不过人一受逼,自然会寻活路,著作路绝,恐怕也还是饿不死的。以上也只是些空话,因为今晚高兴多写,以致一发而不可收拾了。

英译《阿 Q》不必寄,现时我不暇看也不大会看,待真的阿 Q 到了广州,再拿出译本,一边讲解,一边对照罢。那时却勿得规避,切切!

今晚大风,窗外呼呼有声,空气骤冷。我已经穿上了夹裤,呢裙,毛背心及绒衫。但没有蚊子了。

                                        Your H. M.
                                        十二月七晚九时

注释:

[1]高兴极了　鲁迅于 12 月 3 日在信中写到,已决定在学期末离开厦门而往中大,很想去看看广东人,还想去吃一回蛇,尝一点龙虱。到中大后,拟静一静,用点功,教点书,或者研究一两年,将文学史编好。许广平从中看到鲁迅的"心神"与"活气",高兴极了。

[2]命令　这是许广平对鲁迅关心话语的一种强调。鲁迅于 12 月 3 日来信说到，前回的信，是半夜到邮政代办所去投邮筒的。即引起许广平的担心，感到"十分危险，令人捏一把汗"。因此下了以后不准的"命令"。鲁迅接到信后，于 12 月 12 日在信中写道：此刻已经夜一时了，本来还可以投到所外的箱子里去，但既有"命令"，就待明晨罢，真是可惧，"我着实为难"。

[3]稻香村　当时著名的糖食店，原开设在苏州，后迁往上海。国内各地商人，为吸引顾客，也纷纷挂起这类招牌。

[4]教书　鲁迅曾于 12 月 3 日在信中道：我明年的事，自然是教一点书；但我觉得教书和创作，是不能并立的，近来郭沫若郁达夫之不大有文章发表，其故盖亦由于此。所以我此后的路还当选择：研究而教书呢，还是仍作游民而创作？倘须兼顾，即两皆没有好成绩。或研究一两年，将文学史编好，以后教书无须豫备，则有余暇，再从事于创作之类也可以。对于这个问题，许广平也在信中提出看法，认为：没有被人打倒，或自己倒下之前，教书是好的，倒下以后，则创作似乎闭户可做。但在那时，是否还有创作的可能，也很难说。鲁迅于 12 月 12 日又进一步议论到：即使与创作，不再有什么相干。遇到这样的时候，为省事计，则改业也行，走外国也行；为赌气计，则无所不为也行，倒行逆施也行。"但我还没有细想过，因为这还不是急切的问题，此刻不过发表空议论。"

九三

广平兄：

　　今天早上寄了一封信。现在是虽在星期日，邮政代办所也开半天了。我今天起得早，因为平民学校[1]的成立大会要我演说，我去说了五分钟，又恭听校长辈之胡说至十一时。有一曾经留学西洋之教授[2]曰：这学校之有益于平民也，例如底下人认识了字，送信不再会送错，主人就喜欢他，要用他，有饭吃，……。我感佩之极，溜出会场，再到代办所去一看，果然已有三封信在，两封是七日发的，一封是八日发的。

　　金星石虽然中国也有，但看印匣的样子，还是日本做的，不过这也没有什么关系。"随便叫它曰玻璃"，则可谓胡涂，玻璃何至于这样脆，又岂可"随便"到这样？若夫"落地必碎"，则一切印石，大抵如斯，岂独玻璃为然？特买印泥，亦非"多事"，因为不如此，则不舒服也。

　　近来对于厦大，什么都不过问了，但他们还要常来找我演说，一演说，则与当局者的意见一定相反，真是无聊。玉堂现在亦深知其不可为，有相当机会，什九是可以走的。我手已不抖，前信竟未说明。至于寄给《语丝》的那篇文章[3]，因由未名社[4]转寄，被社中截留了，登在《莽原》第廿三期上。其中倒没有什么未尽之处。当时动笔的原因，一是恨自己为生活起见，不能不暂戴假面，二是感到了有些青年之于我，见可利用则尽情利用，倘觉不能利用了，便想一棒打杀，所以很有些悲愤之言。不过这种心情，现在早已过去了。我时时觉得自己很渺小；但看他们的著作，竟没有一个如我，敢自说是戴着假面和承认"党同伐异"[5]的，他们说到底总必以"公平"或"中立"自居。因此，我又觉得我或者并不渺小。现在拼命要蔑视我和骂倒我的人们的眼前，终于黑的恶鬼似的站着"鲁迅"这两个字者,恐怕就为此。

我离厦门后,有几个学生要随我转学,还有一个助教也想同我走,他说我对于金石的知识[6]于他有帮助。我在这里,常有客来谈空天,弄得自己的事无暇做,这样下去,是不行的。我将来拟在校中取得一间屋,算是住室,作为豫备功课及会客之用,另在外面觅一相当的地方,作为创作及休息之用,庶几不至于起居无节,饮食不时,再蹈在北京时之覆辙。但这可俟到粤后再说,无须未雨绸缪。总之,我的主意,是在想少陪无聊之客而已。倘在学校,谁都可以直冲而入,并无可谈,而东拉西扯,坐着不走,殊讨厌也。

现在我们的饭是可笑极了,外面仍无好的包饭处,所以还是从本校厨房买饭,每人每月三元半,伏园做菜,辅以罐头。而厨房屡次宣言:不买菜,他要连饭也不卖了。那么,我们为买饭计,必须月出十元,一并买他毫不能吃之菜。现在还敷衍着。伏园走后,我想索性一并买菜,以省麻烦,好在日子也已经有限了。工人则欠我二十元,其中二元,是他兄弟急病时借去的,我以为他穷,说这二元不要他还了,算是欠我十八元,他即于次日又借去二元,仍凑足二十元之数。厦门之对于"外江佬",好像也颇要愚弄似的。

以中国人一般的脾气而论,失败之后的著作,是没有人看的,他们见可役使则尽量地役使,见可笑骂则尽量地笑骂,虽一向怎样常常往来,也即刻翻脸不识,看和我往来最久的少爷们的举动,便可推知。但只要作品好,大概十年或数十年后,就又有人看了,不过这只是书坊老板得益,至于作者,则也许早被逼死,不再有什么相干。遇到这样的时候,为省事计,则改业也行,走国外也行;为赌气计,则无所不为也行,倒行逆施也行。但我还没有细想过,因为这还不是急切的问题,此刻不过发发空议论。

"能食能睡",是的确的,现在还如此,每天可睡至八九小时。然而人还是懒,这大约是气候之故。我想厦门的气候,水土,似乎于居民都不宜,我所见的本地人,胖子很少,十之九都黄瘦,女性也很少有丰满活泼的;加以街道污秽,空地上就都是坟,所以人寿保险的价格,居厦门者比别处贵。我想国学院倒大可以缓办,不如作卫生运动,一面将水,土壤,都分析分析,讲一个改善之方。

此刻已经夜一时了,本来还可以投到所外的箱子里去,但既有"命令",就待至明晨罢,真实可惧,"我着实为难"[7]。

迅

十二月十二日

注释:

[1]平民学校

　　①当时,厦门大学学生自治会为本校工友及其子女和附近贫苦失学的儿童创办的一所学校。1926 年 12 月 12 日成立,鲁迅应邀到会演说。

　　②据一九二六年十一月二十七日《厦大周刊》第一六五期《学生会消息》:"本大学学生总委员会为提倡平民教育起见,现特组织平民学校。凡校内校役及工人皆可入校。其授课时间,定每日下午六时半到七时半。"该校创办之初,有四十余名学生,共分两组,开设有国文、常识、尺牍、珠算等课程。(《鲁迅年谱》第 2 卷)

[2]留学西洋之教授　指林玉霖,美国哥伦比亚大学毕业。

[3]那篇文章　指《写在〈坟〉后面》。

[4]未名社　文学团体,1925 年秋成立于北京,成员有鲁迅、韦素园、曹靖华、李霁野、台静农、韦丛芜。该社注重介绍外国文学,特别是俄国和东欧文学,曾先后出版《莽原》半月刊、《未名》半月刊和《未名丛刊》、《未名新集》等。1931 年秋结束。(人民文学出版社 2005 年版)

[5]"党同伐异"　语出《后汉书·党锢传序》。

[6]金石的知识　指摹拓,考证,校释金石铭文的知识。金,指钟鼎彝器;石指碑碣石刻。两者都是古代刻字载文,记事传世的器物。

[7]"我着实为难"　这是引用许广平 12 月 2 日给鲁迅信中说的话。

九四

My dear teacher：

　　今早九时由家里回校，见你十二月七日的信在桌上，大约是昨天到的，而我外出未见。我料想日内当有信来，今果然，慰甚。三日寄的刊物则至今未到，但慢惯了，倒也不怎样着急。二日的信，乃晚间七时自己投在街上邮筒中的（便中经过），若六日到，则前后仅四天，也差强人意，而平常竟有耽搁至八天的，真是奇怪。

　　你"向来常常想到的思想"，实在谬误，"将人当作牺牲"[1]一语，万分不通。牺牲者，谓我们以牛羊作祭品，在牛羊本身，是并非自愿的，故由它们一面看来，实为不合。而"人"则不如此，天下断没有人而肯任人宰割者。倘非宰割，则一面出之维护，一面出之自主，即有所失，亦无牺牲之可言。其实在人间本无所谓牺牲，譬如吾人为社会做事，是大家认为至当的了。于是有因公义而贬抑私情者，从私情上说，固亦可谓之牺牲，而人们并不介意，仍趋公义者，即由认公义为比较的应为，急为而已。这所谓应，所谓急，虽亦随时代环境而异，但经我决择，认为满意而舍此无他道，即亦可为，天下事不能具备于一身，于是有取舍，既有所取，也就不能偏重所舍的一部分，说是牺牲了。此三尺童子皆知之，而四尺的傻子反误解，是应该记打手心十下于日记本上的。

　　校事又变化起来了，反对派的学生们以学生会之名，向官厅请愿，又在校内召集师生联席会议，教员出席者七人，共同发表了一封信，责三主任为什么故意停课，限令立即开课云云。其实我们的卸责，学校的停课，是经过全校教职员会议种种步骤的，今乃独责主任，大有问罪之意；曾经与议的教员们，或则先去，或则诿为不知，甚或有出席师生联席会议,反颜诘责者。幸而学校已经领了一点款,可以借此转圜,校长应允回校,先仍由三主任负责,于是从明天(十三)起上课了,但另一消息,则说校长决不回来,不过姑允回校,使学生照常上课,免得扰攘,以便易于引退,实"以退为进"也云。这使我很恐惧,倘她不回校,教育厅又不即派继任人物,则三主任负责无期,而且我还有被荐[2],或被派为新校长的危险,因为先前即有此说,经我竭力拒绝了的。我现在已知道此校病根极深,甚难挽救,一作校长,非随波逐流,即自己吃苦。我只愿意做点小事情,所谓"长"者,实在一听到就令人不寒而栗,我现在只好设法力劝校长早日回校,以免自己遭殃,否则便即走开,你说是不是呢?

你常往上海带书,可否替我买一本《文章作法》,开明书店出版,价七角,能再买一本《与谢野晶子论文集》[3]则更佳。现已十二月中旬,再过三十多天便可见面,书籍寄得太慢,或在人到之后,不如留待自己带来,且可免遗失或损坏。香港已经通船了,你来也不必定转汕头,且带着许多书籍,车上恐怕也不如船上方便。

从明天起上课,事情又多起来了。省妇女部立的妇女运动人员训练所[4],要我担任讲"妇女与经济政治之关系",为时三周,每周二小时,在晚上,地点是中山大学。我推却而不能,已答应了,但材料还未搜得多少,现正在准备中。我自思甚好笑,自己实无所长,而时机迫得我硬干,真是苦恼。倘不及早设法倒下来,怕就要像厂甸[5]的轻气球一样,气散而自己掉下来了,一点也没有法子想。

你的手有点抖,好了没有?

Your H. M.

十二月十二日午一时

注释:

[1]"牺牲"　鲁迅于12月11日在信中就"牺牲"问题写了这段话:"我不太将人当作牺牲么"这一种思想……一起来,便沉闷下去,就是所谓"静下去",而间或形于词色。许广平就此发表了意见,认为:"将人当作牺牲"一语,万分不通。牺牲者,谓我们以牛羊作祭品,在牛羊本身,是并非自愿的,故由它们一面看来,

实为不合。而"人"则不如此,天下断没有人而肯任人宰割者。倘非宰割,则一面出之维护,一面出之自主,即有所失,亦无牺牲之可言。……经我决择,认为满意而舍此无他道,即亦可为,天下事不能具备于一身,于是有取舍,既有所取,也就不能偏重所舍的一部分,说是牺牲了。此三尺童子皆知之,而四尺的傻子反误解,是应该记打手心十下于日记本上的。"鲁迅就许广平提出的想法,又讲了自己的意见,于 12 月 16 日在信中写道:牺牲论究竟是谁的"不通"而该打手心,还是一个疑问。人们有自志取舍,和牛羊不同,仆虽不敏,是知道的。然而这"自志"又岂出于本来,还不是很受一时代的学说和别人的言动的影响的么? 那么,那学说的是否真实,那人是否确当,就是一个问题……常常劝别人要一并顾及自己,也就是为此。

[2]被荐　省立女师校长廖冰筠被迫于 1926 年 11 月 17 日离校,她在离校的辞呈中,推荐许广平等继任校长。

[3]《文章作法》　夏丏尊、刘薰宇著。《与谢野晶子论文集》,日本女作家与谢野晶子著,张娴译。两书都于 1926 年由开明书店出版。(人民文学出版社 2005 年版)

[4]妇女运动人员训练所

①国民党广东省党部妇女部和中山大学特别党部联办的培训妇女运动人才的机构,设于中山大学,1926 年 10 月间开办,每期三个月。信中讲到应邀到该所授课的事情。

②由国民党广东省党部与中山大学特别党部联合举办,所址在中山大学西讲堂,每期学习三个月,第一期于 1926 年 10 月 11 日开学。(人民文学出版社 2005 年版)

③本部(广东省党部妇女部)以中央妇女部所设之妇女运动讲习所,系训练全国妇女运动人才,而广东年来妇女运动之发展及本部与各妇女部又深感指导人才之缺乏,则中央所举办者实不足应广东目前之急需,故与中大特别党部共办一妇女运动人员训练所。一方面通告各县妇女部选送同志来学,一方面在广州招生,录取学生 57 名,已于 10 月 11 日开学。

❶组织　由本部与中大特别党部各派二人组织一委员会,办理所务和教务一切事项。

❷学科　孙文主义、中国国民党史、各国革命史、国际问题、帝国主义侵略史、不平等条约之研究、妇女运动、劳工组合运动、农民运动、青年运动、社会问题、社会心理、宣传方法、党的组织、讲演学、政治报告、临时问题讨论等。

❸教授　汤澄波、罗绮园、黎樾庭、郑伯奇、熊锐、陈其瑗、谭夏声、黄枯桐、刘侃元、邓颖超等。

❹授课时间　每天下午六时半至九时半。

❺毕业期限三个月。

❻费用　　免收学费及杂费,惟缴纳注册费一元。

❼所址　　中山大学西讲堂。

❽经费　　学期预算二百九十七元。该所开学已阅两月,学生均能受中央负责同志之领导,对于各教授所授亦能诚意接受与研究,并成立学生会,广州市各种示威纪念活动均热烈参加,每次有宣传队出发各处讲演。

❾结论　　总上所述,党的妇女运动虽日较发展,然因困于人才及经费之乏少,尚未能充分尽领导之责,而树巩固增及妇女部组织之扩大,尤当急促其实现,庶广东党之妇女运动得以充分发展,进而推动全省妇女运动,俾有广大妇女群众之力量,表现于国民革命运动中,以促其早日成功。

　　　　　　(国民党广东省党部妇女部:《关于妇女运动的工作报告》,1926 年)

[5]厂甸　　北京地名,位于和平门外琉璃厂。旧俗夏历正月初一至十五传统的庙会期间,设有各种商摊,出售玩具,食品及杂货等。

九五

广平兄：

昨（十三日）寄一信，今天则寄出期刊一束，怕失少，所以挂号，非因特别宝贵也。束中有《新女性》一本，大作在内；又《语丝》两期，即登着我之发牢骚文，盖先为未名社截留，到底又被小峰[1]夺过去了，所以仍在《语丝》上。

慨自寄了二十三日之信，几乎大不得了，伟大之钉子，迎面碰来，幸而上帝保佑，早有廿九日之信发出，声明前此一函，实属大逆不道，应即取消，于是始蒙褒为"傻子"，赐以"命令"，作善者降之百祥[2]，幸何如之。

现在对于校事，已悉不问，专编讲义，作一结束，授课只余五星期，此后便是考试了。但离校恐当在二月初，因为一月份薪水，是要等着拿走的。

中大又有信来，催我速去，且云教员薪水，当设法增加。但我还是只能于二月初出发。至于伏园，却在二十左右要走了，大约先至粤，再从陆路入武汉。今晚语堂饯行，亦颇有活动之意，而其太太则不大谓然，以为带着两个孩子，常常搬家，如何是好。其实站在她的地位上来观察，的确也困苦的，旅行式的家庭，教管理家政的女性如何措手。然而语堂殊激昂。后事如何，只得"且听下回分解"了。

狂飙中人一面骂我，一面又要用我了。培良[3]要我在厦门或广州寻地方，尚钺[4]要将小说编入《乌合丛书》去，并谓前系误骂，后当停止，附寄未发表的骂我之文稿，请看毕烧掉云。我想，我先前的种种不客气，大抵施之于同年辈或地位相同者，而对于青年，则必退让，或默然甘受损失。不料他们竟以为可欺,或纠缠,或奴役,或责骂,或诬蔑,得步进步,闹个不完。我常叹中国无"好事之徒",所以什么也没有人管,现在看来,做"好事之徒"实在也不大容易,我略管闲事,就弄得这么麻烦。现在是方针要改变了,地方也不寻,丛书也不编,文稿也不看,也不烧,回信也不写,关门大吉,自己看书,吸烟,睡觉

《妇女之友》第五期上,有沄沁[5]给你的一封公开信,见了没有?内中也没有什么,不过是对于女师大再被毁坏的牢骚。我看《世界日报》[6],似乎程干云仍在校;罗静轩[7]却只得滚出了,报上有一封她的公开信,说卖文也可以过活。我想,怕很难罢。

今天白天有雾,器具都有点潮湿;蚊子很多,过于夏天,真是奇怪。叮得可以,要躲进帐子里去了。下次再写。

十四日灯下

天气今天仍热,但大风,蚊子却忽而很少了,不知道是怎么一回事。于是编了一篇讲义。印泥已从上海寄来,此刻就在《桃色的云》上写了几个字,将那"玻璃"印和印泥都第一次用在这上面;预备等《莽原》第二十三期到来时,一同寄出。因为天气热,印泥软,所以印得不大好,但那也不要紧。必须如此办理,才觉舒服,虽被斥为"多事",亦不再辩,横竖受攻击习惯了的,听点申斥又算得什么。

本校并无新事发生。惟山根先生仍是日日夜夜布置安插私人;白果从北京到了,一个太太,四个小孩,两个用人,四十件行李,大有"山河永固"之意。不知怎的我忽而记起了"燕巢危幕"[8]的故事,看到这一大堆人物,不禁为之凄然。

十五夜

十二日的来信,今天(十六)上午就收到了,也算快的。我想广州厦门间的邮信船大约每周有二次,假如星期二,五开的罢,那么,星期一,四发的信更快,三,六发的就慢了,但我终于研究不出那船期是星期几。

贵校的情形,实在不大高妙,也如别处的学校一样,恐怕不过是不死不活,不上不下。一沾手,一定为难。倘使直截痛快,或改革,或被打倒,爽快,或苦痛,那倒好了,然而大抵不如此。就是办也办不好,放也放不下,不爽快,也并不大苦痛,只是终日浑身不舒服,那种感觉,我们那里有一句俗语,叫作"穿湿布衫",就是恰如将没有晒干的小衫,穿在

身体上。我所经历的事情，几乎无不如此，近来的作文印书，即是其一。我想接手之后，随俗敷衍，你一定不能；改革呢，能办到固然好，即使自己因此失败也不妨，但看你来信所说，是恐怕没有改革之望的。那就最好是不接手，倘难却，就仿"前校长"的老法子：躲起来。待有结束后，再出来另觅事情做。

政治经济，我晓得你是没有研究的，幸而只有三星期。我也有这类苦恼，常不免被逼去做"非所长"，"非所好"的事。然而往往只得做，如在戏台下一般，被挤在中间，退不开去了，不但于己有损，事情也做不好。而别人见你推辞，却以为谦虚或偷懒，仍然坚执要你去做。这样地玩"杂耍"一两年，就只剩下些油滑学问，失了专长，而也逐渐被社会所弃，变了"药渣"了，虽然也曾煎熬了请人喝过汁。一变药渣，便什么人都来践踏，连先前喝过汁的人也来践踏；不但践踏，还要冷笑。

牺牲论究竟是谁的"不通"而该打手心，还是一个疑问。人们有自志取舍，和牛羊不同，仆虽不敏，是知道的。然而这"自志"又岂出于本来，还不是很受一时代的学说和别人的言动的影响的么？那么，那学说是否真实，那人是否确当，就是一个问题，我先前何尝不出于自愿，在生活的路上，将血一滴一滴地滴过去，以饲别人，虽自觉渐渐瘦弱，也以为快活。而现在呢，人们笑我瘦了，连饮过我的血的人，也来嘲笑我的瘦弱了。我听得甚至有人说："他一世过着这样无聊的生活，本早可以死了的，但还要活着，可见他没出息。"于是也乘我困苦的时候，竭力给我一下闷棍，然而，这是他们在替社会除去无用的废物呵！这实在使我愤怒，怨恨了，有时简直想报复。我并没有略存求得称誉，报答之心，不过以为喝过血的人们，看见没有血喝了就该走散，不要记着我是血的债主，临走时还要打杀我，并且为消灭债券计，放火烧掉我的一间可怜的灰棚。我其实并不以债主自居，也没有债券。他们的这种办法，是太过的。我近来的渐渐倾向个人主义，就是为此；常常想到像我先前那样以为"自所甘愿，即非牺牲"的人，也就是为此；常常劝别人要一并顾及自己，也就是为此。但这是我的思想，至于行为，和这矛盾的还很多，所以终于是言行不一致，恐怕不足以服足下之心，好在不久便有面谈的机会，那时再辩论罢。

我离厦门的日子，还有四十多天，说"三十多"，少算了十天了，然则心粗而傻，似乎也和"傻气的傻子"差不多，"半斤八两相等也"。伏园大约一两日内启行,此信或者也和他同船出发。从今天起,我们兼包饭菜了;先前单包饭的时候,每人只得一碗半(中小碗),饭量大的人,兼吃两人的也不够,今天是多一点了,你看厨子多么利害。这里的工役,似乎都与当权者有些关系,换不掉的,所以无论如何,只好教员吃苦,即如这个厨子,是国学院听差中之最懒而最狡猾的,兼士费了许多力,才将他弄走,而他的地位却更好了。他那时的主张,是:他是国学院的听差,所以别人不能使他做事。你想,国学院是一所房子,会开口叫他做事的么?

我向上海买书很便当,那两本当即去带,并遵来命,年底面呈。

迅

十六日下午

注释:

[1]小峰   即李小峰(1897-1971),江苏江阴人。北京大学哲学系毕业,曾参加新潮社和语丝社,时为上海北新书局主持人。

[2]作善者降之百祥   语出《尚书·伊训》:"惟上帝不常,作善降之百祥,作不善降之百殃。"

[3]培良   向培良(1905-1959),湖南黔阳人,狂飙社主要成员之一。

[4]尚钺(1902—1982)   号宗武,一作钟吾,河南罗山人,历史学家。早期参加莽原社,后为狂飙社成员。这里所说的"小说"指《斧背》,后列为《狂飙丛书》之一,1928年5月上海泰东图书局出版。(人民文学出版社2005年版)

[5]沄沁   即吕云章(1891-1974),字倬人,别名沄沁,山东蓬莱人,女师大国文系毕业。她在《妇女之友》第五期(1926年11月)上发表的《寄景宋的公开信》,谈及许广平离开女师大后,林素园率领军警武装接收女师大等情形。《妇女之友》,半月刊,1926年创刊于北京。(人民文学出版社2005年版)

[6]《世界日报》   1925年2月创刊于北京,成舍我主办。1926年9月21日该报刊登"女师大领得俄款"的消息中说:"女师大应得款项六千余元,由前总务长程干云代领",所以鲁迅说程干云"似乎仍在校"。(人民文学出版社2005年版)

[7]罗静轩   湖北红安人,1896-1979年。北京女子高等师范学校毕业,当时任北京女子学院舍务主任。因学校失火,烧死学生事引咎辞职。1926年12月6

日,她在《世界日报》上发表致北京女子学院教职员及全体同学公开信,其中有"静轩虽不才,鬻文为生,尚足养母"等语。

[8]燕巢危幕　语出《左传》襄公二十九年:"夫子之在此也,犹燕之巢于幕上。"

九六

广平兄：

十六日得十二日信后，即复一函，想已到。我猜想一两日内当有信来，但此刻还没有，就先写几句，豫备明天发出。

伏园前天晚上走了，昨晨开船。现在你也许已经看见过。中大有无可做的事，我已托他探问，但不知结果如何。上遂南归，杳无消息，真是奇怪，所以他的事也无从计划。

我这里是什么事也没有发生，不过前几天很阔了一通，将伏园的火腿用江瑶柱[1]煮了一大锅，吃了。我又从杭州带来茶叶两斤，每斤二元，喝着。伏园走后，庶务科便派人来和我商量，要我搬到他所住过的半间小房子里去。我即和气的回答他：一定可以，不过可否再缓一个多月的样子，那时我一定搬。他们满意而去了。

其实教员的薪水，少一点倒不妨的，只是必须顾到他的居住饮食，并给以相当的尊敬。可怜他们全不知道，看人如一把椅子或一个箱子，搬来搬去，弄不完，幸而我就要搬出，否则，恐怕要成为旅行式的教授的。

朱山根已经知道我必走，较先前安静得多了，但听说他的"学问"好像也已讲完，渐渐讲不出来，在讲堂上愈加装口吃。田千顷是只能在会场上唱昆腔，真是到了所谓"俳优畜之"[2]的境遇。但此辈也正和此地相宜。

我很好，手指早已不抖，前信已经声明。厨房的饭又克减了，每餐复归于一碗半，幸而我还够吃，又幸而只有四十天了。北京上海的信虽有来的，而印刷物多日不到，不知其故何也。再谈。

迅

十二月二十日午后

现已夜十一时,终不得信,此信明天寄出罢。

二十日夜

注释:

[1]江瑶柱　俗名干贝。

[2]"俳优蓄之"　语出《汉书·严助传》:"(东方)朔、(枚)皋不根持论,上颇俳优蓄之。"

九七

My dear teacher：

　　十六日寄上一信，告诉你此后通信的地址。这日我就告病（伪的）回家去住了。但又不放心，总想到学校去看看，昨晚往校，果见你十三寄的信，这信的第一句就是"今天早上寄了一封信"，而早上的一封我却没有收到，不知是否因为我有几天不在校内的缘故。

　　学校的事，昨晚回校，始知校长确不再来，教务总务也都另得新职，决去此校，所不知这消息的，只有我一个。我幸而请着病假，但已迟了几天，多做几天傻子，因即致函校长，辞去职务。惟又闻校长辞呈中，曾举一李女士[1]和我，请教育厅选一人继任云云。不过我是决计不干的，我现在想休息休息了，一面慢慢地找事做[2]。

　　厦大几时放寒假？我现在闲着了，来的日期可先行通知，最好托客栈招呼，或由我豫先布置，总以豫知为便，好在我是闲着的。

　　我在家里，是做做缝纫的事（缝工价贵），改造旧衣，或编织绒物（人托做的），或看书，并不闷气，可无须挂念。

　　这信是在校内写的，不久又要回家去了。再谈罢。

Your H. M.

十二月十九日下午五时

注释：

[1]李女士　指李雪英,广东人,日本留学生,当时任广东女子师范学校教员。

[2]一面慢慢地找事做　原信在句后另有一段文字写道:"我的东西还放校内,专
　　等你知道我改了住址之前的信寄到校内时,可以有人代收,俟收你的信完毕
　　了,知道寄家内去时,再观察情形,即可以搬物走……如此情况,刊物可不寄。
　　留待带来,省得遗失。"

九八

广平兄：

　　十九日信今天到，十六的信没有收到，怕是遗失了，所以终于不知寄信的地方。此信也不知能收到否？我于十二上午寄一信，此外尚有十六，廿一两信，均寄学校。

　　前日得郁达夫和逢吉信，十四日发的，似于中大颇不满，都走了。次日又得中大委员会十五来信，言所定"正教授"只我一人，催我速往。那么，恐怕是主任了。不过我仍只能结束了学期再走，拟即复信说明，但伏园大概已经替我说过。至于主任，我想不做，只要教教书就够了。

　　这里一月十五考起，阅卷完毕，当在廿五左右，等薪水，所以至早恐怕要在一月廿八[1]才可以动身罢。我想先住客栈，此后如何，看情形再定，现在可以不必豫先酌定。

　　电灯坏了，洋烛所余无几，只得睡了。倘此信能收到，可告我更详细的地址，以便写信面。

迅
十二月廿三夜

怕此信失落，另写一信寄学校。

注释：

[1]一月廿八　鲁迅离开厦门去广州的实际日期是 1927 年 1 月 16 日。

九九

广平兄：

　　今日得十九来信,十六日信终于未到,所以我不知你住址,但照信面所写的发了一信,不知能到否? 因此另写一信,挂号寄学校,冀两信中有一信可到。

　　前日得郁达夫及逢吉信,说当于十五离粤,似于中大颇不满。又得中大委员会信,十五发,催我速往,言正教授只我一人。然则当是主任。拟即作复,说一月底才可以离厦,但也许伏园已经替我说明了。

　　我想不做主任,只教书。

　　厦校一月十五考试,阅卷及等薪水等,恐至早须廿八九才能动身。我想先住客栈,此后则看情形再定。

　　我除十二,十三,各寄一信外,十六,二十一,又俱发信,不知收到否?

　　电灯坏了,洋烛已短,又无处买添,只得睡觉,这学校真是不便极了?

　　此地现颇冷,我白天穿夹袍,夜穿皮袍,其实棉被已够,而我懒于取出。

　　　　　　　　　　　　　　　　　　　　　　　　　迅
　　　　　　　　　　　　　　　　　　　　　　　十二月廿三夜

　　告我通信地址。

一〇〇

My dear teacher：

　　以前七晨、午，十二各寄一信，想必都到在此信之先了。这封信是向你发牢骚的，因为只有向你可以尽量发，但既能发，即非怒气冲天可知了，所以也还是等于送戏目给你看。

　　昨日我校的总务主任辞职了。今晨我到校办公，阅报及听庶务员说，才知道教务主任也要往中大当秘书去，无意于此了。那个庶务员就取笑我，说：已并校长及三主任，四职萃于一身了！我才恍然大悟，做了傻子，人们找好事情，溜之大吉，而我还打算等有的交代再走，将来岂不要人都跑光，校长又不回来，只剩下我一个独受学生的闷气，教职员的催逼么？我急跑去找校长面辞，并陈述校中情状，正说之间，那个教务主任也到了，他不承认有辞职之事，说是只因为忙，所以未到，明天是可以到校的云云[1]，我也不知道的确与否。

　　至于学生间的纠纷，则今日(十五)中央，省，市，青年部来宣布两派学生会同时停止[2]，另由学生会改选新会员，结果是和以前一样。总而言之，坏的学生狠猾而猖獗，好一点的学生则老实而胆怯，只会腹诽，惮于开口，真没奈何。教职员即非一心，三主任又去其二，校长并不回来，也不决绝，明日有筹备学生选举会事，我也打算不做傻子了，即使决意要共患难，也没有可共之人，我何必来傻冲锋呢？现已写好两信，一致校长，辞赴筹备会，一致教务主任，告诉他我请病假(装假)，而无日数，拟即留信回家，什么都不闻不问了。在家里静静的过几天之后，再到学校去收拾行李。你以后寄信，暂寄"广州高第街中约"[3]便妥，倘有改动，当再通知。

我身体是好的。校事早了，也早得安心。勿念。

Your H. M.

十二月十五晚

注释：

[1]原信在句后写到："而广州学界情势，广州市的青年部长是张静江亲信，他们右的，那个我校开除的女生就时时来往张处。"

[2]宣布两派学生会同时停止　1926 年 12 月 15 日，国民党中央，省、市青年部长来校宣布：两派学生会同时停止，另由学生会改选新会员。原信写道："反动派带领她的男校同志来出席，称代表全国、省、市云，主任是那个市青年部长，是右祖的。结果全右倾了。闭会后反动生口出不逊，在我后面说○○○（共党人）走狗，我回头，她们不说了，再前走，她们说，哈哈！还回头看阿。你看这多么可恶。"

[3]"广州高第街中约"　许广平后又在 12 月 30 日信中更详细地说到："我住的是街中间，叫作'高第街中约'，倘加上'旧门牌一七九号'，就更为妥当"。这里指许家原址。高第街许家原址，在广州永权南路高第街中约一七九号（今北京南路群众街 152 号），为许广平祖上建造的，成于 1810 年，名曰"宜和堂"，占地八千平方米。许家是一个繁族而居的大家庭，子孙繁衍至二三百人，共十房。许广平家属七房，住"宜和堂"大厅内进三厅左侧的两层楼房，即今许地三三号。（《鲁迅生平史料汇编·第四辑》，天津人民出版社 1983 年版）许广平返回广州工作未久，于 9 月 8 日返许家原址，为母亲纪念日祀祭；9 月 23 日中秋节下午又回家里一趟，看看嫂妹和孩子们；12 月 15 日之后，为坚决辞去校职，即搬离学校住在许家。

———○———

广平兄：

　　昨日(廿三)得十九日信,而十六日信待至今晨还没有到,以为一定遗失的了,因写两信,一寄高第街,一挂号寄学校,内容是一样的,上午发出,想该有一封可以收到。但到下午,十六日发的一封信竟收到了,一共走了九天,真是奇特的邮政。

　　学校现状,可见学生之无望,和教职员之聪明,独做傻子,实在不值得,还不如暂逃回家,不闻不问。这种事我遇到过好几次,所以世故日深,而有量力为之,不拼死命之说。因为别人太巧,看得生气也。伏园想早到粤,已见过否? 他曾说要为你向中大一问。

　　郁达夫已走了,有信来。又听说成仿吾也要走。创造社中人,似乎和中大有什么不对似的,但这不过是我的推测。达夫逢吉则信上确有怨言。我则不管,旧历年底仍往粤。算起来只有一个多月了。

　　现在在这里还没有什么不舒服,因为横竖不远要走,什么都心平气和了。今晚去看了一回电影。川岛[1]夫妇已到,他们还只看见山水花木的新奇。我这里常有学生来,也不大能看书;有几个还要转学广州,他们总是迷信我,真是无法可想。

　　玉堂恐怕总弄不下去,但国学院是一时不会倒的,不过不死不活,"学者"和白果,已在联络校长了,他们就会弄下去。然而我们走后,不久他们也要滚出的。为什么呢,这里所要的人物,是:学者皮而奴才骨。他们却连皮也太奴才了,这又使校长看不起,非走不可。

　　再谈。

迅

十二月二十四日灯下。（电灯修好了。）

注释：

[1]川岛 即章廷谦(1901－1981)，字矛尘，笔名川岛，浙江绍兴人。北京大学哲
学系毕业，《语丝》撰稿人。曾在北京大学任教，当时来厦门大学任国学院出版
部干事兼图书馆编辑。其妻孙斐君(1897－1900)，黑龙江安达人，北京女子高
等师范学校毕业，1924 年与章廷谦结婚。

一〇二

广平兄：

　　廿五日寄一函，想已到。今天以为当得来信，而竟没有，别的粤信，都到了。伏园已寄来一函，今附上[1]，可借知中大情形。上遂与你的地方，大概都极易设法。我已写信通知上遂，他本在杭州，目下不知怎样。

　　看来中大似乎等我很急，所以我想就与玉堂商量，能早走则早走。况且我在厦大，他们并不以为必要，为之结束学期与否，不成什么问题也。但你信只管发，即我已走，也有人代收寄回。

　　厦大我只得抛开了，中大如有可为，我还想为之尽一点力，但自然以不损自己之身心为限。我来厦门，虽是为了暂避军阀官僚"正人君子"们的迫害。然而小半也在休息几时，及有些准备，不料有些人遽以为我被夺掉了笔墨了，不再有开口的可能，便即翻脸攻击，想踏着死尸站上来，以显他的英雄，并报他自己心造的仇恨。北京似乎也有流言，和在上海所闻者相似，且云长虹之拼命攻击我，乃为此。这真出我意外，但无论如何，用这样的手段，想来征服我，是不行的。我先前对于青年的唯唯听命，乃是退让，何尝是无力战斗。现既逼迫不完，我就偏又出来做些事，而且偏在广州，住得更近点，看他们躲在黑暗里的诸公其奈我何。然而这也许是适逢其会的借口，其实是即使并无他们的闲话，我也还是要到广州的。

　　再谈。

迅
十二月廿九日灯下

注释：

[1] 附上　孙伏园12月22日从广州寄给鲁迅的信,其中涉及许广平到中大工作的事情,鲁迅即随函附上。孙伏园来信的内容是:"留先极力希望您能快来,他说他因为接到我的信,知道我要去武汉了,所以已单独写信给您,但没有提起薪水数目,其实您的薪水已决定五百毫洋,且定名为正教授,现在全校只有您一人。学生知道先生要来,希望得极恳切。而真吾诸兄(厦大学生,要转学的)要来的事,我也与他谈及,他也非常欢迎,而且这事已经在广报上披露,将来编级必无问题的,尽请他们大胆同来好了……现在聘人,十分慎重,故除极熟者外,均暂从缓,据云季黻聘书之所以迟发者,也不外此,'只要待鲁迅一到,再有一度商量,必无问题者也。'许广平君处我先去,彼已辞职出校,故未遇见,三主任同时辞去矣。我至朱处,乃为之述说前事,彼云必可设法,但须去了兼差,如辞职竟成事实,则可以成功。"按:括号中的文字为鲁迅批注;留先,即朱家骅字骝先。

一〇三

My dear teacher：

　　今日(廿三)下午往学校去一看，得你十六日的来信，大约是到了好几天的，因为我今天才到校，所以耽搁了一些时候了。

　　你来信说寄给我刊物的有好些次，但除十一月廿一寄的一束之外，什么也没有收到。那个号房不是好人。画报(图书馆定的)寄到，他常常扣留住，但又不能明责他，因为他进过工会，一不小心，就可以来包围。所以此后一切期刊及书籍，还是自己带来，较为妥当，倘是写字盖章的[1]，寄失就更可惜。至于家里，则数百人合用的一个门房，更可想而知了。

　　也是今日回校时候，同信一起在寝室桌上见有伏园名片，写着廿二日来校，现住广泰来栈，我打算明日上午去看他，但不想问他中大的事[2]。日前有一个旧同学问我省立中学缺少职员，愿去否？我答愿意。职员我是做厌了，不过如无别处可去，我想也只得姑且混混。不知你以为何如？

　　也还是今日在学校里，见沄沁寄来的《妇女之友》共五期，这才看见了你所说的那篇给我的公开信，既是给我，又要公开，先前全是公开，现在见了这一份，总算终于给我了，一笑。

　　妇女讲习所里[3]，昨晚已去讲了二小时，下星期三再去一次就完事。学生老幼不齐，散学时在街上大喊，高谈，秩序颇纷乱，我是只讲几小时的，所以没有去说她们。

　　有谁能够不受"一时代的学说和别人的言动的影响"呢？文学就离不开这一层。

　　你那些在厦门购置的器具,如不沉重,带来用用也好。此地的东西,实在太贵,而且我也愿意看看那些用具,由此来推见你在厦门的生活。

　　二月初大约是旧历十二月末,到粤即度岁了。也只好耐着。

　　　　　　　　　　　　　　　　　　Your H. M.
　　　　　　　　　　　　　　　　　　十二月廿三晚

注释:

[1]写字盖章的　指鲁迅译的 1926 年再版的《桃色的云》。鲁迅于 12 月 6 日在信中写道:"《桃色的云》再版已出了,拟寄上一册,但想写几个字,并用新印,而印泥才向上海带,大约须十日后才来,那时再寄罢"。接到新印泥后,鲁迅即在寄赠许广平一册上题字:"一九二六年十二月十五日寄赠广平兄译者从厦门",又将那"'玻璃'印和印泥都第一次用在这上面"。许广平对此很珍惜,认为倘是寄失,就更可惜。

[2]中大的事　原信在句后写道:"日前有天津同学邓颖超,她说中大附中有机会做训育员,问我愿意不? 我姑且先答应她愿意。但能否实现也不可知,训育的味道我尝过了,不愿再尝,但目前也只可用骑马找马之法。"

[3]原信在句前有一段说到校长人选的文字:"我校大约我可以脱身了。间接的听说,我的'厅长'哥哥告诉'前校长',说我继任不太好,因为是他妹妹,又新回来,情形不太熟悉,学生又反对,不如那个姓李的。(李励庄,中大旧时的高师毕业,也是此处女师毕业,现时是陈公博夫人)。于是'前校长'就介绍他们相见,但李的推却云"。

一〇四

广平兄：

　　自从十二月廿三,四日得十九,六日信后,久不得信,真是好等,今天(一月二日)上午,总算接到十二月廿四的来信了。伏园想或已见过,他到粤后所问的事情,我已于三十日函中将他的信附上,收到了罢。至于刊物,则十一月廿一之后,我又寄过两次,一是十二月三日,恐已遗失,一是十四日,挂号的,也许还会到,门房连公物都据为己有,真可叹,所以工人地位升高的时候,总还须有教育才行。

　　前天,十二月卅一日,我已将正式的辞职书提出,截至当日止,辞去一切职务。这事很给学校当局一点苦闷:为虚名计,想留我,为干净,省事计,愿放走我,所以颇为难。但我和厦大根本冲突,无可调和,故无论如何,总是收得后者的结果的。今日学生会也举代表来留[1]。自然是具文而已。接着大概是送别会,有恭维和愤慨的演说。学生对于学校并不满足,但风潮是不会有的,因为四年前曾经失败过一次[2]。

　　上月的薪水,听说后天可发;我现在是在看试卷,两三天即完。此后我便收拾行李,至迟于十四五以前,离开厦门。但其时恐怕已有转学的学生同走了,须为之交涉安顿。所以此信到后,不必再寄信来,其已经寄出的,也不妨,因为有人代收。至于器具,我除几种铝制的东西和火酒炉而外,没有什么,当带着,恭呈钧览。

　　想来二十日以前,总可以到广州了。你的工作的地方,那时当能设法,我想即同在一校也无妨,偏要同在一校,管他妈的。

　　今天照了一个相[3],是在草莽丛中,坐在一个洋灰的坟的祭桌上的,但照得好否,要后天才知道。

迅

一月二日下午

二〇一

注释：

[1]学生会也举代表来留　鲁迅于 1926 年 12 月 31 日正式向学校提交辞职书之后，厦大学生自治会于 1927 年 1 月 2 日派出代表来挽留鲁迅。

[2]四年前曾经失败过一次　指 1924 年厦门大学学生反对校长林文庆的风潮。

[3]照了一个相

①指 1927 年 1 月 2 日，鲁迅应泱泱社几位青年之邀，在南普陀西面的小山岗上，背向群坟，端坐在野生龙舌兰中拍摄的照片。这次照相，共照二张，鲁迅分别题有："我坐在厦门坟中间"之一、之二的字样。

②据俞荻回忆：当时，"鲁迅先生看到那种坟墓感到很有兴趣，因为他在不久前，编了一本杂文集，叫做《坟》，所以他要单独在坟边照个相。我们全体拍了照之后，我就扶着他，走到那高低不平的龙舌兰丛中的坟的祭桌上，他就在那儿照了一个相。他对我们说，这张照片将寄到上海去，赶印到那本《坟》上去。因为《坟》里的文章，有几篇是用古文写的。这张照片就算表示那集子里几篇杂文，是被埋葬的坟。"（《回忆鲁迅先生在厦门大学》）

一〇五

广平兄：

　　伏园想已见过了。他于十二月廿九日给我一封信，今裁出一部分附上，未知以为何如？我想，助教是不难做的，并不必讲授功课，而给我做助教尤其容易，我可以少摆教授架子。

　　这几天，"名人"做得太苦了，赴了几处送别会[1]，都要演说，照相。我原以为这里是死海，不料经这一搅，居然也有了些波动，许多学生因此而愤慨，有些人颇恼怒，有些人则借此来攻击学校或人们，而被攻击者是竭力要将我之为人说得坏些，以减轻自己的伤害。所以近来谣言颇多，我但袖手旁观，煞是有趣。然而这些事故，于学校是仍无益处的，这学校除全盘改造之外，没有第二法。

　　学生至少有二十个也要走。我确也非走不可了，因为我在这里，竟有从河南中州大学转学而来的，而学校的实际又是这模样，我若再帮同来招徕，岂不是误人子弟？所以我一面又做了一篇《通信》[2]，去登《语丝》，表明我已离开厦门。我好像也已经成了偶像了，记得先前有几个学生拿了《狂飙》来，力劝我回骂长虹，说道：你不是你自己的了，许多青年等着听你的话！我曾为之吃惊，心里想，我成了大家的公物，那是不得了的：我不愿意。还不如倒下去，舒服得多。

　　现在看来，还得再硬做"名人"若干时，这才能够罢手。但也并无大志，只要中大的文科办得还像样，我的目的就达了，此外都不管。我近来改变了一点态度，诸事都随手应付，不计利害，然而也不很认真，倒觉得办事很容易，也不疲劳。

　　此信以后，我在厦门大约不再发信了。

迅

一月五日午后

注释：

[1]赴了几处送别会　鲁迅离厦前，于 1927 年 1 月 1 日晚上赴卓治等四人（泱泱社成员）饯行。1 月 2 日，与"泱泱社"社员留影。1 月 4 日晚上，赴文科送别会。1 月 6 日晚，赴国学院同事饯，参加者 20 余人。

1 月 4 日下午，厦大学生自治会组织全体同学为鲁迅举行盛大的送别会，鲁迅赴会并作演讲，会后照相。同时还分别与共产党员罗扬才等部分学生留影纪念，题有"鲁迅先生厦岛留别"；还与厦大浙江同乡会留影纪念。学生在送别会上致语如下："猗嗟先生，明哲大成。创作稗官，久著徽声。四海共饮，如玉如冰。惠然来斯，天动地惊。不倦不厌，化我顽冥。普陀生色，校运乍亨。方期附骥，自兹可能。奈何半载，飘然南征。攀辕弥切，去志弥坚。岂伊南海，合止仙灵。蕞尔鹭门，未足重轻。先生乃言，是未必然。吾身虽远，吾心岂捐。知存海内，天涯若邻。再来有期，第视天缘。镇国可赎，圆冈足登。华林虽好，素馨虽妍，越鸟巢南，胡马北倾。循循嘉训，敢不恭承。时节不居，何日欢迎。厦大全体学生鞠躬。

厦大女生同学会全体同学也在会上赠诗鲁迅，悲叹"相留无计"，"第愿"永不相忘"。整个送别会充满着惜别而又愤慨之情，同学们禁不住把怨怒集中到刘树杞身上，以"驱刘"为中心的学潮便勃然而发。（《厦门大学校史》第 1 卷）

[2]一篇通信　指发表于 1927 年 1 月 15 日《语丝》周刊第 114 期的《厦门通信（三）》，后收入《华盖集续编》。

一〇六

My dear teacher：

　　昨廿六日我到学校去，将什物都搬回高第街了。原想等你的来信能寄到高第街后，再去搬取什物的，但前天报上载有校长辞职呈文，荐一位姓李的和我自代，我所以赶紧搬开，以示决绝。并向门房说明，信件托他存起，当自去取，或由叶姓表姊转交，言次即赠以孙总理遗像一幅（中央银行[1]钞票），此君唯唯，想必不至于作殷洪乔了。

　　现在我住在嫂嫂家里，她甚明达，待我亦好，惟孩子吵嚷，不是用功之所。但有一点好处，就是我从十六回家至廿六日，不过住了十天，而昨天到校，看见的人都说我胖了，精神也好得多了。胖瘦之于我，虽然无甚关系，但为外观计，也许还是胖些的好罢。睡也很多，往往自晚九点至次早十点，有十多个钟头了。你看这样懒法。如何处置呢？

　　廿四日晨我往广泰来栈访孙伏园老，九点多到，而他刚起身，说是昨日中酒，睡了一天，到粤则在冬至之夜云。客栈工人因为要求加薪，正在罢工，不但连领路也不肯，且要伏园立刻搬出，我劝他趁早设法，因为他们是不留情面的。略坐后我们即到海珠公园[2]一游，其次是一同入城，在一家西菜馆吃简便的午餐，听他所说的意思，好像是拟在广州多住些时，俟有旅伴，再由陆路往武汉似的。但我想，也许他虽初到，却已觉到此地党派之纷歧，又一时摸不着头脑[3]，因此就徘徊起来，要多住些时，看个清楚，然后来定去就，也未可料。

　　实在，这里的派别之纷繁和纠葛，是决非久在北京的简单的人们所能豫想的。即如我在女师，见有一部分人，觉学校之黑暗，须改革，同此意见，于是大家来干一下而已。弄到后来，同事跑散了，校长辞职了，只剩我不经世故，以为须有交代才应放手的傻子，白看了几天学校，白挨了几天骂。这还是小事情，后来竟听说有一个同事，先前最为激烈，发动之初，是他坚持对旧派学生不可宽容，总替革新派的学生运筹帷幄的人，却在说我是共产党了。他说我误以他们为同志，引为同调，今则已知其非，他们也已知我为共党，所以不合作了，云云。你看，这多么可怕，我于学校，并无一二年以上久栖之心，其所以竭力做事，无非仍以为不如此对不起学校，对不起叫我回去做事的人，我几个月以来，日夜做工，没有一刻休息，做的事都是不如教务总务之有形式可见，而精神上之烦琐，可说是透顶了，风潮初起，乃有人以校长位置诱我同情旧派学生，我仍秉直不顾，有些学生恨而诬我共党，其论理推断是：廖仲恺[4]先生是共党，所以何香凝[5]是共党，廖先生之妹冰筠校长也是共党，我和他们一气，故我亦是共党云。这种推论，固不值识者一笑，而不料共同一气办事的人，竟也会和他所反对的旧派一同诬说！我之非共，你所深知，即对于国民党，亦因在北京时共同抵抗过黑暗势力，感其志在革新，愿尽一臂之力[6]罢了，还不到做到这么诡秘程度。他们这样说，固然也许是因为失败之后，嫁祸于人，或者因为自己变计，须有借口之故，然而这么阴险，却真给了我一个深刻的教训，使我做事也没有勇气了。现在离开了那个学校，没有事体，心中泰然了。一鼓之气已消，我只希望教几点钟书，每月得几十元钱，自己再有几小时做些愿做的事，就算十分幸福了。

我前信不是说你十二的信没有收到么，昨天到学校去，在办公桌的抽斗里发见了，一定是我在请假时，不知谁藏在那里面的。你说在盼信，但现必已陆续收到，不成问题。

此刻是午十二时半，我要到街上去，下次再谈罢。

Your H. M.

十二月廿七日

注释：

[1]中央银行 孙中山为准备北伐而亲自创办的银行。该行于1924年8月开设于

广州。1927年国民党另在上海筹设中央银行。1928年7月,广行因与沪行同
名,改称广东中央银行,换发新币。1932年2月又改名广东省银行。这里讲的
是中央银行前期印行的钞票。

[2]海珠公园　当时广州珠江中的一座小岛式的公园。原为珠江中一个小岛,名
叫海珠岛,岛上有一个小小公园。过去广州市由西壕口至东堤的珠江水道比
现在宽阔,1931年扩建新堤(即今长堤或称沿江路),才把海珠岛与北岸相连。
现在的靖海路口,省总工会及工人医院前面的花坛一带,就是海珠公园的旧
址。(《鲁迅生平史料·第4辑》)

[3]摸不着头脑　指孙伏园对广州党派纷岐的感受。原信写道:"听他说朱是右
的,不赞成共的,朱连陈们走,民国日报移北也不知,他们是不相合的。"按他,
指孙伏园;朱,指朱家骅;陈,指陈启修。

[4]廖仲恺(1877—1925)　原名恩煦,广东归善(今惠阳)人。早年参加同盟会,曾
任广东财政厅长,协助孙中山确定联俄联共扶助农工的三大政策。1924年国
民党改组后,任中央执行委员会常务委员、黄埔军官学校党代表,以及广东省
长、财政部长等职。1925年8月在广州被国民党右派暗杀。

[5]何香凝　广东南海人,廖仲恺夫人,1879—1972年。早年参加同盟会,随同孙
中山从事辛亥革命。民国成立后支持孙中山的革命纲领和改组国民党。当时
任国民党中央执行委员、妇女部部长等职。

[6]尽一臂之力　许广平曾在北京参加国民党左派,由北京南下广东时也随身带
上了国民党关系的证件。同是出于对其"志在革新"的感兴。

一〇七

My dear teacher：

　　昨廿九日由表姊从学校带到你廿一的信，或者耽搁了些时，但未遗失，已足满意了。

　　昨接伏园信，说："关于你辞去女师职务以后的事，我临走时鲁迅先生曾叫我问一声骦先，我现在已经说过了，就请你作为鲁迅先生之助教。鲁迅先生一到之后，即送聘书[1]。鲁迅先生处我已写信去通知了。现在特通知您一声。"作为你的助教，不知是否他作弄我？跟着你研究自然是好的，不过听说教授要多编讲义而助教则多任钟点，我能讲得比你强么？这是我所顾虑的地方。又，他说聘书待你到后再发，临时不至于中变[2]么？现在外间对于中大，有左倾之谣，而我自女师风潮以后，反对者或指为左派，或斥为共党。我虽无所属，而辞职之后，立刻进了"左"的学校去了，这就能使他们证我之左，或直目为共，你引我为同事，也许会受些牵连的。先前听说有一个中学缺少职员，这回我想去打听一下，倘能设法，或者不如到那边去的好罢。

　　饭菜不好，我希望你多吃些别的好东西。冬天没有蚁了，何妨买些点心吃。

　　我住在这里，地方狭窄（这是说没有可以使我静心读书的地方），所以不能多看书，我的脾气是怕嘈杂的，这里又正和我相反。早上起来，看看报，帮些家常琐事，就过了一上午；下午这个时候（二时）算是静一会，侄辈一放学，就又热闹起来了。现在我在打算搬到外面去，必须搬走，这才能够有规则的用功。

　　昨晚我到中大去上讲习所的课，上完，就完事了。去看伏园，房门锁着,没有见到。

　　"又幸而只有"三"十天了"[3]。书籍还未收到,以后切勿寄来,免得遗失。

　　　　　　　　　　　　　　　　　　　Your H. M.
　　　　　　　　　　　　　　　　　　　十二月卅午后

注释:

[1]聘书　指中山大学请许广平为鲁迅助教的聘书。孙伏园致函许广平介绍了送聘书的情况,言及于 12 月 22 日给鲁迅的信中也写到此事。

[2]不致于中变　原信写道:"听伏园说,朱甚骂共派人争地位利害,大有右袒之意。我不是那派人,但女师大风潮以后,难保没有人不诬陷,令人闻之色变,所以我的找事,左的地方去了,就是证明我的左,或者直目为共,右的地方,又受怀疑。你引我同事,恐牵连到你自己。至前信说的附中的训育员事,现在我没去打听,不知成否。不过朱对伏老则说:'附中被他们(共)抢去了,真利害!'那么是中大和他的附中态度不同了。"

[3]三"十天了"　这是许广平与鲁迅之间戏说的语言。12 月 12 日许广平给鲁迅信写到:"现已十二月中旬,再过三十多天便可见面"。鲁迅于 12 月 16 日写信给许广平戏说道:我离厦门的日子,还有四十多天,说"三十多",少算了十天了,然则心粗而傻,似乎也和"傻气的傻子"差不多,"半斤八两相等也"。许广平于此在"十天了"用上引号加以强调,正是对鲁迅戏说的一种回应。

一〇八

My dear teacher：

十六日信是告诉你寄信的地址的，十九日信面上就没有详写。但你廿四的信封上光写高第街，却居然也寄到了。我住的是街中间，叫作"高第街中约"，倘加上"旧门牌一七九号"，就更为妥当。

你十六，廿一的信，都收到了，惟寄校之另一封未见，我想是就会到的，因我已托人代收，或不致失少。

现在是下午六时，快要晚餐；八时还要外出，稍缓再详谈罢。

祝你新年。

Your H. M.

十二月三十下午六时

一〇九

广平兄：

五日寄一信，想当先到了。今天得十二月卅日信，所以再来写几句。

中大拟请你作助教，并非伏园故意谋来，和你开玩笑的，看我前次附上的两信便知，因为这原是李逢吉的遗缺，现在正空着。北大和厦大的助教，平时并不授课，厦大的规定是教授请假半年或几月时，间或由助教代课，但这样的事是很少见的，我想中大当不至于特别罢。况且教授编而助教讲，也太不近情理，足下所闻，殆谣言也。即非谣言，亦有法想，似乎无须神经过敏。未发聘书，想也不至于中变，其于上遂亦然。我想中学职员可不必去做，即有中变，我当托人另行设法。

至于引为同事，恐因谣言而牵连自己，——我真奇怪，这是你因为碰了钉子，变成神经过敏，还是广州情形，确是如此的呢？倘是后者，那么，在广州做人，要比北京还难了。不过我是不管这些的，我被各色人物用各色名号相加，由来久矣，所以被怎么说都可以。这回去厦，这里也有各种谣言，我都不管，专用徐大总统[1]哲学：听其自然。

我十日以前走不成了，因为上月的薪水，至今还没有付给我，说是还得等几天。但无论怎样，我十五日以前总要动身的。我看这是他们的一点小玩艺，无非使我不能早走，在白白的等几天。不过这种小巧，恐怕反而失策了：校内大约有风潮，现正在酝酿，两三日内怕要爆发。这已由挽留运动转为改革学校运动[2]，本已与我不相干，不过我早走，则学士少一刺戟，或者不再举动，但拖下去可不行了。那时一定又有人归罪于我，指为"放火者"，然而也只得"听其自然"，放火者就放火者罢。

　　这几天全是赴会和饯行,说话和喝酒,大概这样的还有两三天。这种无聊的应酬,真是和生命有仇,即如这封信,就是夜里三点钟写的,因为赴席后回来是十点钟,睡了一觉起来,已是三点了。

　　那些请吃饭的人,蓄意也种种不同,所以席上的情形,倒也煞是好看。我在这里是许多人觉得讨厌的,但要走了却又都恭维为大人物。中国老例,无论谁,只要死了,挽联上不都说活着的时候多么好,没有了又多么可惜么? 于是连白果。也称我为"吾师"了,并且对人说道,"我是他的学生呀,感情当然很好的。"他今天还要办酒给我饯行,你想这酒是多么难喝下去。

　　这里的惰气,是积四五年之久而弥漫的,现在有些学生们想借我的四个月的魔力来打破它,我看不过是一个幻想。

　　　　　　　　　　　　　　　　　　　　　迅

　　　　　　　　　　　　　　　　一月六日灯下

注释:

[1]徐大总统　指徐世昌(1855－1939),字卜五,号菊人,天津人。清宣统时曾任内阁协理大臣,1918 年 10 月至 1922 年 6 月任北洋政府总统。"听其自然"是他常说的一句话,也是他常对人夸耀的处世方法。

[2]由挽留运动转为改革学校运动

　　①鲁迅向厦门大学辞职后,学生自治会先是发起一个"挽留鲁迅先生运动"。当知道鲁迅去志已定而无法挽留时,随即组织罢课风潮委员会,召开全校学生大会,张贴标语,反对刘树杞,掀起改革学校运动。

　　②厦门大学学生自治会得知鲁迅辞职的消息后,于 1927 年 1 月 2 日派代表前往挽留。当他们知道鲁迅去志已定时,就组织罢课风潮委员会,于 1 月 7 日召开全校学生大会,发动停课罢考,张贴打倒校长亲信刘树杞的标语和传单。据《福建青年》第四期(1927 年 2 月 15 日)《集美停办与厦大风潮之再起》一文说:"这次风潮的目的就是:一、求整个的——学生、教员、学校——的生机。二、拯救闽南衰落的文化。三、培植福建的革命气息。"(人民文学出版社 2005 年版)

　　③同月,厦门大学成立罢课风潮委员会,要求改革学校。领导人是共产党人罗扬才。共青团福建省委刊物《福建青年》曾发表文章予以支持。(《鲁迅年谱》第 2 卷。按:同月即 1927 年 1 月)

一一〇

My dear teacher：

　　现在过了新年又五天了，日子又少了五天。你十二月廿五的信，于四日收到；廿四日寄学校的挂号信，亦于二日由叶表姊交来，我似乎即复一函，但在我简单的日记上没有登载，不知确曾寄去与否，但你寄来的那一封挂号信，则确已收到了。

　　我住在家里，总不能专心的看书，做事。有时想做一件事，但看见嫂嫂忙着做饭，就少不得放下去帮帮忙。在嘈杂中，连慢慢的写一张信的机会也很少，现在是九点多，孩子们都上学去了，我就趁这时光来写几句。

　　新年于我没有什么，我并且没有发一张贺年片，除了前校长寄一张红片来，报以我的名片，写上几个字外。一日晚上我又去看提灯会，与前次差不多，后来又到一个学校看演戏；白天则到住在河南[1]的一家旧乡亲那里，看看田家风景，玩了好半天。昨四日也玩了一天，是和陈姓的亲戚游东山。晚上去看伏园，并带着四条土鲮鱼[2]去请他吃，不凑巧他不在校，等了一点多钟，也不见回来，我想这也何必呢，就带着回家，今天要自己受用了。

　　不知道是学校门房作怪，还是邮政作怪，昨天我亲自到学校去问，门房说什么刊物也没有。记得你说寄印刷物有好几次，别的没有法子了，那挂号的一束，还可以追问么？

　　自郭沫若做官后，人皆说他左倾，有些人且目之为共党，这在广州也是排斥人的一个口头禅，与在北京无异。创造社中人的连翩而去[3]，不知是否为了这原因。你是大家认为没有什么色采的，不妨姑且来作文艺运动,看看情形,不必因为他们之去而气馁。但中大或较胜于厦大,却不能优于北大;盖介乎二者之间,现在可先作如是想,则将来便不至于大失所望了。

昨天遇见一个熟悉学界情形的人,我就问他中大助教是怎样的。他说,先前的文科助教,等于挂名,月薪约一百元,却没有什么事做,也能暗暗的到他校兼课,可算是一个清闲的好位置。助教二年可升讲师,再升……云云。末一节和我不相干,因我未必能至二年也。但现在你做教授,我就要替你抄写,查书,即已非挂名可比,你也不要自以为给了我"好位置"罢,而且在一处做事,易生事端,也应该留意的。

Your H. M.

一月五日

注释:

[1]河南　指广州珠江南面地区。

[2]土鲮鱼　又名鲮公,以有机物为食品,生活在水底,生性怕冷,是我国南方的特产。

[3]创造社中人的连翩而去

　①指创造社的主要骨干郭沫若、成仿吾、郁达夫先后离开广州。

　②指郭沫若、成仿吾、郁达夫等相继离穗。郭沫若于 1926 年 7 月辞去广东大学文学院院长职务,参加北伐;成仿吾在此期间也辞去广东大学文科教授,去黄埔军校任兵器处科技正;郁达夫于 1926 年 12 月辞去中山大学(前身即广东大学)教授及出版部主任,去上海主持创造社出版部工作。(人民文学出版社 2005 年版)

　③郭沫若　1926 年 3 月,应广州中山大学(按广东大学)之聘为文学院院长。……7 月,从广州出发参加北伐。24 日离长沙,25 日晨过汨罗江,28 日至石城,月底至武昌。(据《中国现代作家研究资料丛书·郭沫若著释年表》)。成仿吾 1926 年 7 月间离开广东大学到黄埔军校任科技正。他于 1927 年 1 月在一次工作报告中说到:本处成立已经五月,可以认为是一个筹备时代。最初要寻相当的人材,在专门人材缺乏的目前,这一点就是我们感到最头痛。其次,我们有了人,就要有地方,北伐时设在黄埔,这一点也费了许多时候。更其次,才

是真正设备的筹划。学校的经费有限,直到十月间才决然请另给经费二千元为扩张化学实验室之用。最近才又给千三百元买参考书及杂志,不知不觉之间,成立已经五个月了。……现在化学实验室将要扩充,参考书籍也陆续可到,以后对于各种改良与研究一定会多一点把握。我们计划的迫击砲研究可以着手,研究火药的也可以着手。我们筹备期间已经告一个阶落,以后我们可以作名实相符的研究。(据《成技正报告》,《黄埔日刊》(本校兵器研究处工作特号)第二三四号,1927 年 1 月 13 日)。郁达夫 1926 年 4 月任广东大学英国文学系主任兼教授,12 月中旬离开广州。有关这段经历,他在《日记九种》中作了这样记录:1926 年 11 月 3 日:自从五月底边起,一直到现在,因为往返于北京广州之间,……记得六月初由广州动身返京……暑假中的三个月完全沉浸在悲哀里,阴历八月半迁了居,十数天后出京南下。在上海耽延了两星期之久,其间编了一期第五期的创造月刊,做了一篇《一个人在途上》的杂文。仓皇赶到广州,学校里又起了风潮,我的几文薄俸,又被那些政客抢去了。在文科院闷住了十余天,昨天始搬来法科学院居住,把上半年寄存在学校里的书籍打开一看,天呀天呀,你何以播弄得我如此的厉害,竟把我这个贫文士最宝贵的财产,糟塌尽了……。11 月 9 日:今晨学校内有考试,午前九时,出去监考。吃中饭的时候,和戴季陶氏谈了些关于出版部的事情,想于一礼拜内,弄一个编辑部的组织法出来。11 月 13 日:赴学校监考,一直到下午四点半止。11 月 23 日:早晨把小丛书的计划弄妥……午后三四点钟……去会戴季陶,没有会到,就把计划书搁下,走了。11 月 28 日:午后去学校,向戴季陶及其它诸委员辞去中大教授及出版部主任之职。12 月 14 日:自明晚上船后,当不暇书日记,……行矣广州,不再来了。这一种龌龊腐败的地方,不再来了。

————

My dear teacher：

　　昨五日接到十二月卅日挂号信；现在是七日了，早上由叶家表姊自己送来你十二月二日及十二日发的印刷品共二束，一是隔了一月余，一是隔了廿多日，这样的邮政，真是慢得出奇。

　　两束刊物我大略翻了一下，除《莽原》的《琐记》和《父亲的病》没有看外，我觉得《阶级与鲁迅》这篇没有大意思，《厦门通信》[1] 写得不算好，我宁可看《通信广州》[2] 了。但《坟》的《题记》，你执笔可真是放恣了起来，你在北京时，就断不肯写出"倒不尽是为了我的爱人，大大半乃是为了我的敌人"这样的句子，有一次做文章，写了似乎是"……的人"，也终于改了才送出去的。这一次可是放恣了，然而有时也含蓄，如"至于不远的踏成平地……"等就是。至于《写在〈坟〉后面》说的"人生多苦辛，而人们有时却极容易得到安慰，又何必惜一点笔墨，给多尝些孤独的悲哀呢"这话，就是你"给来者一些极微末的欢喜"的本意么？你之对于"来者"，所抱的是博施于众，而非独自求得的心情么？末段真太凄楚了。你是在筑台，为的是要从那上面跌下来么？我想，那一定是有人在推你，那是你的对头，也就是"枭蛇鬼怪"，但绝不是你的"朋友"，希望你小心防制它！恐怕它也明知道要伤害你的，然而是你的对头，于是就无法舍弃这一个敌手。总之，你这篇文章的后半，许多话是在自画招供了，是在自己走出壕堑来了，我看了感到一种危机，觉得不久就要爆发，因为都是反抗的脾气，不被攻击固然要做，被攻击就愈要做的。

　　卅日的来信说"北京似乎也有流言"[3]，这大约是克士先生告诉你的罢？又，同日挂号信上，像是说要不管考试，就赴中大，但中大表面上不似那么急速组织的样子,惟内容则不知。倘为别的原因,也可以无须这么哑哑。

　　这几天除不得已的事情外,我不想多到外面去,恐怕有特别消息送到。

　　　　　　　　　　　　　　　　　　Your H. M.
　　　　　　　　　　　　　　　　　一月七日下午六时

注释:

[1]《厦门通信》　鲁迅在厦门期间,先后写了三篇《厦门通信》。即《厦门通信》,最初发表于厦大学生创办的《波艇》月刊第一号;《厦门通信(二)》,最初发表于1926年11月27日《语丝》周刊一〇七期;《厦门通信(三)》,最初发表于1927年1月15日《语丝》周刊第一一四期。后均收入《华盖集续编》文集。

[2]《通信广州》　戏谑语,指鲁迅从厦门寄往广州给许广平的信。

[3]"北京似乎也有流言"　这是许广平在信中向鲁迅提及的问题。鲁迅于1月11日致函说道:"我写信去打听……才知道这种流言,早已有之……。有些人又说我将她带到厦门去了,这大约伏园不在内,是送我上车的人们流布的"。明确表示:"但这些都由它去,我自走我的路。"并劝勉许广平说:"不必连助教都怕做,同事都避忌,倘如此,可真成了流言的囚人,中了流言家的诡计了"。

一一二

广平兄：

五日与七日的两函，今天（十一）上午一同收到了。这封挂号信，却并无要事，不过我因为想发几句议论，倘被遗失，未免可惜，所以宁可做得稳当些。

这里的风潮似乎还在蔓延，但结果是决不会好的。有几个人已在想利用这机会高升，或则向学生方面讨好，或则向校长方面讨好，真令人看得可叹。我的事情大致已了，本可以动身了，今天有一只船，来不及坐，其次，只有星期六有船，所以于十五日才能走。这封信大约要和我同船到粤，但姑且先行发出。我大概十五日上船，也许要到十六才开，则到广州当在十九或二十日。我拟先住广泰来栈，待和学校接洽之后，便暂且搬入学校，房子是大钟楼[1]，据伏园来信说，他所住的一间就留给我。

助教是伏园出力，中大聘请的，俺何敢"自以为给"呢？至于其余等等，则"爆发"也好，发爆也好[2]，我就是这么干，横竖种种谨慎，也还是重重逼迫，好像是负罪无穷。现在我就来自画招供，自卸甲胄，看看他们的第二拳是怎样的打法。我对于"来者"，先是抱着博施于众的心情，但现在我不，独于其一，抱了独自求得的心情了。（这一段也许我误解了原意，但已经写下，不再改了。）这即使是对头[3]，是敌手，是枭蛇鬼怪，我都不问；要推我下来，我即甘心跌下来，我何尝高兴站在台上？我对于名声，地位，什么都不要，只要枭蛇鬼怪够了，对于这样的，我就叫作"朋友"。谁有什么法子呢？但现在之所以还只（！）说了有限的消息者：一，为己，是总还想到生计问题；二，为人，是可以暂借我已成之地位，而作改革运动。但要我兢兢业业，专为这两事牺牲，是不行了。我牺牲得不少了，而享受者还不够，必要我奉献全部的性命。我现在不肯了，我爱对头，我反抗他们。

这是你知道的，单在这三四年中，我对于熟识的和初初相识的文学青年是怎么样，只要有可以尽力之处就尽力，并没有什么坏心思。然而男的呢，他们自己之间也掩不住嫉妒，到底争起来了，一方面于心不满足，就想打杀我，给那方面也失了助力。看见我有女生在座，他们便造流言。这些流言，无论事之有无，他们是在所必造的，除非我和女人不见面。他们大抵是貌作新思想者，骨子里却是暴君酷吏，侦探，小人。如果我再隐忍，退让，他们更要得步进步，不会完的。我蔑视他们了。我先前偶一想到爱，总立刻自己惭愧，怕不配，因而也不敢爱某一个人，但看清了他们的言行思想的内幕，便使我自信我决不是必须自己贬抑到那么样的人了，我可以爱！

那流言，是直到去年十一月，从韦漱园的信里才知道的。他说，由沈钟社里听来，长虹的拚命攻击我是为了一个女性，《狂飙》上有一首诗[4]，太阳是自比，我是夜，月是她。他还问我这事可是真的，要知道一点详细。我这才明白长虹原来在害"单相思病"，以及川流不息的到我这里来的原因，他并不是为《莽原》，却在等月亮。但对我竟毫不表示一些敌对的态度，直待我到了厦门，才从背后骂得我一个莫名其妙，真是卑怯得可以。我是夜，则当然要有月亮的，还要做什么诗，也低能得很。那时就做了一篇小说[5]，和他开了一些小玩笑，寄到未名社去了。

那时我又写信去打听孤灵[6]，才知道这种流言，早已有之，传播的是品青，伏园，玄倩[7]，微风[8]，宴太[9]。有些人又说我将她带到厦门去了，这大约伏园不在内，是送我上车的人们所流布的。白果从北京接家眷来此，又将这带到厦门，为攻击我起见，便和田千顷分头广布于人，说我之不肯留居厦门，乃为月亮不在之故。在送别会上，田千顷且故意当众发表，意图中伤。不料完全无效，风潮并不稍减，因为此次风潮，根柢甚深，并非由我一人而起，而他们还要玩些这样的小巧，真可谓"至死不悟"了。

现在是夜二时，校中暗暗的熄了电灯，帖出放假布告，当即被学生发见，撕掉了。此后怕风潮还要扩大一点。

我现在真自笑我说话往往刻薄，而对人则太厚道，我竟从不疑及玄倩之流到我这里来是在侦探我,虽然他的目光如鼠,各处乱翻,我有时也有些觉得讨厌。并且今天才知道我有时请他们在客厅里坐,他们也不高兴,说我在房里藏了月亮,不容他们进去了。你看这是多么难以伺候的大人先生呵。我托令弟[10]买了几株柳,种在后园,拔去了几株玉蜀黍,母亲很可惜,有些不高兴,而宴太即大放谣诼,说我在纵容着学生虐待她。力求清宁,偏多滓秽,我早先说,呜呼老家,能否复返,是一问题,实非神经过敏之谈也。

但这些都由它去,我自走我的路。不过这次厦大风潮之后,许多学生,或要同我到广州,或想转学到武昌去,为他们计,在这一年半载之中,是否还应该暂留几片铁甲在身上,此刻却还不能骤然决定。这只好于见到时再商量。不过不必连助教都怕做,同事都避忌,倘如此,可真成了流言的囚人,中了流言家的诡计了。

迅

一月十一日

注释:

[1]大钟楼　当年中山大学最高的建筑,原为中山大学校本部,文科理科设于此,现为广州鲁迅纪念馆。大钟楼两侧为东堂、西堂,系理科、文科课堂。鲁迅到达广州后次日,即迁入大钟楼,在靠近西堂的二楼居住。

[2]"爆发"也好,"发爆"也好　1927年1月7日,许广平在原信写到:"你卅日信也说,'北京似乎也有流言',这大约是三先生告诉你的吧。——伏园说,家里叫他回京祝寿——你如来了,我料想爆发即在目前,因为脾气都是反抗性的。愈攻击愈做,不攻击亦做,时间只不过早晚一点,所以前信说,要先为敌人攻倒防御计,先寻立足点,不使一棒打下几个人。"鲁迅即在信中回应道:"'爆发'也好,'发爆'也好,我就是这么干,横竖种种谨慎,也还是重重逼迫,好像是负罪无穷。"

[3]即使是对头　这是鲁迅回应许广平于1927年1月7日信中讲到的话。许广平在原信中说到:"那一定有人在上面推你,那是你的对头,愿你小心防制!那也是'枭蛇鬼怪',但绝不是你的'朋友',你口口声声唤它是朋友,它是明知要害你,然而是你的对头,没法舍弃这一个敌手。"鲁迅在信中即明确地说道:"这即

使是对头,是敌手,是枭蛇鬼怪,我都不问;要推我下来,我即甘心跌下来,何
尝高兴站在台上?我对于名声,地位,什么都不要,只要枭蛇鬼怪够了,对于这
样的,我就叫作'朋友'"。

[4]《狂飙》上有一首诗 指高长虹发表于《狂飙》第七期(1926 年 11 月 21 日)题为
《给——》的诗,其中有"月儿我交给他了,我交给夜去消受。……夜是阴冷黑
暗,他嫉妒那太阳,太阳丢开他走了,从此再未相见"等句。

[5]一篇小说 指《奔月》,发表于 1927 年 1 月 25 日《莽原》半月刊第二卷第二期,
后收入《故事新编》。

[6]孤灵 原信作"川岛"。

[7]玄倩 原信作衣萍。即章衣萍(1900—1946),名鸿熙,字衣萍,安徽绩溪人,北
京大学毕业,《语丝》周刊撰稿人。

[8]微风 原信作小峰。

[9]宴太 原信作二太太,指周作人之妻、日本人羽太信子(1888—1962)。

[10]令弟 原信作羡苏(1901—1986),浙江绍兴人,许钦文四妹。1924 年北京女
子师范大学数理系毕业。鲁迅离京南下后,她随鲁迅母亲居住西三条胡同二
十一号故寓,帮助料理家事,直至 1930 年 3 月离京到河北大名任教。

一一三

广平兄：

现在是十七夜十时，我在"苏州"船中，泊香港海上。此船大约明晨九时开，午后四时可到黄埔，再坐小船到长堤，怕要八九点钟了。'

这回一点没有风浪，平稳如在长江船上，明天是内海，更不成问题。想起来真奇怪，我在海上，竟历来不遇到风波，但昨天也有人躺下不能起来的，或者我比较的不晕船也难说。

我坐的是唐餐间[1]，两人一房，一个人到香港上去了，所以此刻是独霸一间。至于到广州后，住那一家客栈，现在不能决定。因为有一个侦探性的学生跟住我。此人大概是厦大当局所派，探听消息的，因为那边的风潮未平，他怕我帮助学生，在广州活动。我在船上用各种方法拒斥，至于恶声厉色，令他不堪，但是不成功，他终于嬉皮笑脸，谬托知己，并不远离。大约此后的手段是和我住同一客栈，时时在我房中，打听中大情形。我虽并不怀挟秘密，而尾随着这么一个东西，却也讨厌，所以我当相机行事，能将他撇下便撇下，否则再设法。

此外还有三个学生[2]，是广东人，要进中大的，我已通知他们一律戒严，所以此人在船上，也探不到什么消息。

迅

注释：

[1]唐餐间　指供应中餐的船舱，相当于二等舱。旧时外国人称中国人为唐人。

《明史·外国传·真腊》:"唐人者,诸番呼华人之称也。凡海外诸国尽然。"(人民文学出版社 2005 年版)

[2]三个学生　指廖立峨等三人。

附

录

厦门和广州①

许广平

　　当北京"三一八"事件之后，政治还是那么黑暗。我们料想：中国的局面，一时还会不死不活地拖下去，但清醒了的人是难于忍受的。恰好这时厦门大学邀请鲁迅去教书，换一个地方也好吧，鲁迅就答应去了。其时我刚在暑假毕了业，经过一位熟人的推荐，到广东女子师范学校去教书。

　　临去之前，鲁迅曾经考虑过：教书的事，绝不可以作为终生事业来看待，因为社会上的不合理遭遇，政治上的黑暗压力，作短期的喘息一下的打算则可，永远长此下去，自己也忍受不住。因此决定：一面教书，一面静静地工作，准备下一步的行动，为另一个战役作更好的准备，也许较为得计吧。因此，我们就相约，做两年工作再作见面的设想，还是为着以后的第二个战役的效果打算。这是《两地书》里没有解释清楚的。

　　抱着换一个地方的想法到了厦门，遇到"双十节"，当时使得鲁迅"欢喜非常"。因为北京受北洋军阀统治了多年，"北京的人，仿佛厌恶双十节似的，沉沉如死。"大凡人对某一件事的看法有了不同，则感情上也自然产生爱恶两种极相反的态度。鲁迅在北京，对过年的鞭炮声也听厌了，对鞭炮有了恶感，这恶感是因为北京的鞭炮声，代表了陈旧腐朽的一面，所以厌恶。而厦门的鞭炮声带来了新鲜希望，所以就"这回

　　① 许广平：《鲁迅回忆录（六）厦门和广州》第65～69页，作家出版社1961年版。

才觉得却也好听"、"欢喜非常"了。再看他的比较："听说厦门市上今天
也很热闹，商民都自动地挂旗结彩庆贺，不像北京那样，听警察吩咐之
后，才挂出一张污秽的五色旗来。"（以上均见《两地书》）从挂旗上，鲁迅
判别出自动与被动，觉悟与不觉悟的精神来，说明了北京人民之所以如
此，是因为这一面旗代表的是封建军阀的黑暗统治，人民听警察的吩咐
才挂旗，是反抗军阀压制的一种无言表示。而在厦门，当时，大革命的
浪潮，正从南方兴起，人民对民主革命抱有一点希望，那是在孙中山联
俄联共扶助工农三大政策影响下来庆祝节日的，所以鲁迅差强人意地
认为："此地的人民的思想，我看其实是'国民党'的，并不怎样老旧。"
（引文同上）

同样的"双十节"，在广东，"一面庆贺革命军在武汉又推倒恶势力，
一面提出口号，说这是革命事业的开始而非成功"，这原来蕴藏着国共
分裂、排斥共产党人的阴谋。看来违反孙中山路线的企图，这时已在萌
动了。所以表现在一般人的态度上，并不因打下武汉而特别高兴，自然
在庆祝大会的会场上只看到"雨声、风声、人声，将演讲的声音压住"（见
《两地书》：第五十五），闹嚷嚷乱哄哄地混作一团。这天我是和学生一
同游行，亲眼看到这种情况的。正好上海的《新女性》杂志索稿，就写了
一篇《新广东的新女性》投出，说明我在广州看到新女性，还是娇滴滴的
小姐式，应付了事的态度多，认真庆祝的少，与"三一八"时北京的女学
生奋斗争取达到游行目的的情形迥异，和厦门鲁迅所喜欢的景象也不
同。作为窥测气候的一面镜子来说，是令人失望的。

一到广州，听女子师范学校廖冰筠（廖仲恺的妹妹）校长说，是要我
担任"训育"的事，这当然就应交出从北京带去的"国民党"关系证件了。
在北京我曾加入国民党左派，回广东路过南京时，鲁迅曾担心有文件怕
被发现而不安，就是这个证件。但廖校长叫我慢点交出。时因初到，不
便多问，这事就此搁起。后来听说邓颖超大姐在省党部工作，想去看看
久别了的、景仰的邓大姐，向廖校长打听地址，她又叫我最好不要去，意
思是避免新回去的我，不要因为色彩过于鲜明而被国民党反动派注意。
对于这些，因是初到，都觉得诧异，以为必是校长过于谨慎。既然这样，
就听取了一半，不交证件出去，也就是从此和国民党断了关系。后来才
晓得，国民党内部是如此复杂，大别之有左右二派，派中又有无数小派，
无怪廖校长叫暂不要去报到了。若一旦错与右派联系，便不得了。所

以不交出去还是妥当的。但要不去见邓大姐,却万万做不到,就暗地里找到省党部,不在;又设法找到她的寓所,见到了渴望已久的亲大姐。叙了阔别之情……谈了许久的话,现时不能一一写出了,但记得还在她那里吃了一顿饭才走的。

后来又见到一位同志,是李春涛。他本来在北京当教授,和杜老(守素)同住在一起。那时许多人都想丢开教书去干革命,彭湃同志首先南下了,接着李春涛、杜老也计划离去。他们两人同住在北京地安门内南月牙胡同,经过同乡介绍,我到过他们住的"赭庐"。门也油着红色,表示赤色的思想,但没有遇见一个人。后来在1925年4月5日,在东安市场的森隆见面了,当时还有些什么人一起同席,现在已经记不起来了,只记得他给了我很多鼓励,并约我毕业后回到广东去做事,临别时又送了一本书,说那本书他看过了,还不错。翻开里页,看到写着:"广平先生惠存、春涛敬赠",另一页又盖着"李春涛读书章",并有他订正补充的文字,具见革命者读书的认真不苟的严肃态度。这次在广州见面,是他以代表身分到广州开会来的,是第二回见面了。他很高兴我真的回到了广州,并且邀请到汕头去,无论教书,做妇女工作,做报纸宣传工作都可以想办法。总之,那面缺人得很。那大约是1926年的冬天。后来广东女子师范风潮闹起来了(实际上是国民党右派在攻击廖冰筠校长),一时离不开。到了国民党右派极端猖獗的时候,学校里反动分子非常嚣张,写信恫吓校长,在学校内滋事,校外又和由右派把持的学生会以及相互呼应的青年部有联系,可见事情并不简单,当时已处于暴风雨的前夕。但我以为不管怎样,负责到告一段落的时候,交代得过去才可对得起学校。后来知道各个负责的都另有工作了,就想也卸却仔肩,去汕头应李春涛同志为革命事业多找些人工作的约请,哪晓得这个为革命事业不惜费尽一切苦心的人,在大革命时期被国民党反动派暗害了,在汕头连尸首也找不着。从此中国失掉了一个为革命尽忠的英勇战士,现在手头只留着烈士赠送的一本书,永远纪念他为革命献身的精神,成为鞭策我们工作前进的力量。当时,想去汕头,是为了走向革命,学习到更多的东西,同时,也为了离厦门近一些,与鲁迅呼应较便。但对在厦门的鲁迅解释得不够详细,倒引起他的牢骚来了:"我想HM不如不管我怎样,而到自己觉得相宜的地方去,否则,也许因此去做很牵就,非意所愿的事务,比现在的事情还无聊。"在写完这封信的深夜,又添了几句:"我想 HM 正要为社会做事,为了我的牢骚而不安,实在不好,想到这里,忽然静下来了,没有什么牢骚了。"(见《两地书》:第八十一)这里越是说没有什么,正表明有什么,因此我考虑:同是工作,要自己去闯,可能也多少干一些事,但是社会这样的复杂,而我又过于单纯,单纯到有时使鲁迅很不放心,事情摆在面前,恐怕独自干工作是困难的了。既然如此,就在鲁迅跟前做事也是一样的。这样的想法一决定,就不去汕头了。以后也没有改变这决定。

　　……

在大革命的风暴中①

陈漱渝

　　一九二六年八月二十九日晨七时,鲁迅与许广平乘火车沿京浦线抵沪,鲁迅寓沪宁旅馆(后移寓孟渊旅社),许广平在她的叔父许炳璜家暂住。九月二日晨七时,鲁迅乘"新宁"轮由上海赴厦门。同日晨八时十分,许广平乘"广大"轮由上海赴广州。旅途中,许广平两次在舱面发表讲演,向船上的工人和其他旅客揭露北京社会的黑暗情形。九月六日下午六时,许广平安抵广州。当她看到原来低檐窄巷的故乡在阔别十年之后已是层楼高耸、马路纵横时,心情一度异常激动。她很想在这憧憬已久的地方追寻儿时的逝影。然而很快她就感到,这种想象中的美好踪影却如同水中的月亮,一旦伸手去捞取,所得到的只是一片荡漾的散光……

　　九月八日,许广平来到广东省立第一女子师范学校报到。这所学校创立于一九〇七年(清光绪三十三年),位于广州市大石街(今吉祥路)太清宫旧址,以培养小学师资为目标。一九二三年,该校在广州市莲塘路(今教育南路)扩充校舍,将师范部迁入,原址改为师范部宿舍和附属小学宿舍,学制亦由四年制改为六年制,即初中、高中各三年。校长是国民党左派廖仲恺之妹廖冰筠。许广平在北京曾加入国民党左派组织,因此被该校聘为训育主任兼舍监,从九月十三日起正式上班。训育主任的工作是十分繁琐的。根据校章规定,其权责共有十七项之多,如宣传党义、考查学生操行、调解学生纠纷、处理学生惩奖、审查学生集

---

　　①　陈漱渝:《许广平的一生》第五章,天津人民出版社1981年版。

会、联系学生家庭、管理学生起居饮食,等等《广东省立第一女子师范学校学生须知》,1926 年 8 月编印。。此外,她每周又担任四个班的八小时课,因此从早上八时到下午五时,工作应接不暇,弄得精疲力尽。晚饭后,还要查看学生自习,直至晚十时学生就寝以后,才能预备教材或处理一些自己的事情。有时连星期日都不得闲。事情繁,收入却少。月薪名义上是一百八十元,但实际上只能领到三、四成。此外还要从中减去公债票,国库券、北伐慰劳捐、学校建筑捐……所余廖廖无几。住宿条件亦差。许广平开始住在旧校舍楼上一间狭而暗的小屋里,连窗户都没有,后来搬到东面一处隔成田字形的楼房内。房间纵五步横六步,家具是从各处搜罗的破桌烂椅。特别使她难以忍受的,是毗邻的三家经常高朋满座,喧嚣吵闹,没有一时安静。

比工作条件和生活条件更令人失望的,是当时的政治环境。许广平到广州后,一方面为北伐战争的顺利进展而深感欢欣;另一方面,她又看到这里"反对赤化的势力"极为嚣张。十月十日那天,许广平带领学生参加游行集会。国民党右派在会上以欢庆北伐军攻克武汉为幌子,趁机别有用心地进行反革命煽动,妄图分裂革命统一战线。参加游行的一些所谓广州"新女性",其实是娇滴滴的小姐。她们缺乏革命的"自决心"和"自动精神",有的临出发前装病请假,有的到会后消极应付。如果没有各团体的领队维持秩序,中途退场的还会不少。这时正巧周建人转托鲁迅向许广平约稿。十月十七、十八两日,许广平写了《新广东的新女性》一文,由鲁迅转寄上海《新女性》杂志,尖锐批评了广东妇女界存在的这种消极现象。该文一九二六年十二月在《新女性》一卷十二期刊出时,编者在按语中正确指出:"至于景宋女士的那篇,一看好象对于本地的女界表示十分的不满,其实却充溢了满腔的热望。尤其难得的,使我们不曾到过广东的人,知道那里女子的实况。倘使各地的女子,都肯把本乡女界的情形,这样如实的记叙出来,对于研究妇女问题的人们,一定有极大的帮助,而且可使后进的女子得到正当的指导。"

许广平回广东后,也做了两件使她快意的事情:一是跟控制番禺县立中学的土豪劣绅作斗争,二是打击了广东女师的国民党右派势力。

一九二六年十一月,许广平跟番禺县学界的进步人士曾联名控告包办该县中学的土豪劣绅。广东省教育厅令番禺县知事于十四日下午召集乡人和学界有资望人士二百余人讨论解决办法。许广平以乡人资格出席了这次会议。会议进行途中，被控的十余名劣绅跟他们的走狗二、三十人捣乱会场。县长胆小怕事，宣布改日开会。许广平据理力争，使得会议得以继续进行。会上提议：番禺县废除由土豪劣绅垄断中学领导权的校长制，改行有进步教职员代表参加领导的委员制。又议决登报指斥扰乱会议的封建顽固势力。有些胆怯的人不敢附议，希望取消这一决定。许广平又发言坚持，遂使这项决议得以通过。

在广东女师，许广平也经历了一场剧烈的斗争。这所学校的学生分成三派，一部分倾向革命，一部分表示中立，而占优势的是"树的派"（"树的克"是英文 stick 译音，意即手杖，当时国民党右派学生常用手杖殴打进步学生，有似意大利棒喝团，所以叫他们"树的派"）。校内的学生会，全为反动学生把持，其核心人物是李秀梅和蒋仲簏（"四·一五"反革命政变后，她们成了以反共为宗旨的广州女权运动大同盟的要员，李任文书部长，蒋任调查部长）。一九二六年十月，广州学生联合会召开例会，每校三十人中选出一名代表参加。为争夺广州学联的领导权，李秀梅未经校方允许，又未经级代表会议通过，私自利用上课时间，召集一部分私党违法选举大会代表。李的活动遭到革命学生的坚决反对。为了打击校内的右派反动势力，许广平组织了一个特别裁判委员会，当时国民政府的中央青年部，省、市青年部也派员到校协同裁判，一致同意采取断然措施，宣布选举无效，并开除李秀梅的学籍。当学校宣布这项决定时，反动学生蒋仲簏在会场中站立高呼校长是"共产党"、"反革命"。根据校章侮辱校长应予开除的规定，蒋也被勒令退学。许广平到广东女师两个月，就接连制裁了校内的两个反动头目。她感到十分高兴，并立即将这一消息告诉了远在厦门的鲁迅，让鲁迅也能分享斗争胜利的欢乐。

然而，百足之虫，死而不僵。李秀梅、蒋仲簏被开除之后，广东女师反动学生的气焰并没有因此收敛。她们受国民党右派张静江等人的支持、操纵，死灰复燃，继续扩大事态，疯狂进行反扑。她们在夜间张贴辱骂学校、恐吓校长的标语；给校长写英文信，内画一剑一枪，以暗杀相威胁。她们还发表援助李、蒋的宣言，煽动罢课。在风潮之初，反动势力以校长的职务为诱饵，妄图拉拢许广平。此计未果，就辱骂许广平是"共党走狗"。由于学校经费拮据，反动学生捣乱，校长被迫于一九二六年十一月十七日离校,并在辞呈中推举许广平继任校长之职。接着,总务主任,教务主任另谋新职,溜之大吉。一部分教员因薪水不足以维持生活,也陆续引退。这样一来,校长及三主任四种职务就萃于许广平一身。由于"校中无款,总务无法办;无教员,教务无法办;学潮未平,训育无法办"许广平 1926 年 11 月 21 日致鲁迅信,见《两地书》。,许广平难于独立支持,也于十二月十六日搬回嫂嫂家,辞去了校内一切职务。

许广平离开广州女师之后,邓颖超同志曾想推荐她任中山大学附中训育员。当时,出席广东省党部代表大会的汕头代表李春涛,也想约请她任汕头市妇女部长兼汕头女子中学校长。后来因鲁迅应广州中山大学之聘,任教务主任兼文学系主任,许广平就决定担任鲁迅的助教。

一九二七年一月十八日,鲁迅乘苏州号海轮抵达广州。但是一登岸,却遇到了一场比海上险恶得多的"陆上的风涛"。

北伐战争胜利声中鲁迅思想的新进展[①]

庄钟庆

鲁迅在《三闲集·答有恒先生》一文说："我离开厦门的时候,思想已经有些改变"。鲁迅从厦门到了广州之后,他在剧烈的斗争中开始转变为马克思主义者。不过,这决非偶然,应该说,从五四到五卅在北京,特别是北伐战争胜利声中在厦门,鲁迅所受的马克思列宁主义思想的影响更为显著,他的思想确实"有些改变"。

鲁迅长期以来为追求无产阶级的革命未来作了不懈的努力。他早在《狂人日记》一文就号召人民彻底摧毁封建制度的旧世界,实现"将来是容不得吃人的人,活在世上"的新世界。五卅前他在《灯下漫笔》(一九二五年四月二十九日)一文中提出"创造这中国历史上未曾有过的第三样时代"。这里所说的"第三样时代",虽然未能明确地指出来,但已经意识到革命未来是个崭新的时代。他在《马上日记之二》(一九二六年七月七日)中又指出,中国将"出现一个较新的新时代",表明他热烈期待全新的革命未来的到来。在厦门期间,他在为翻译高尔基等人的散文、小说集《争自由的波浪》一书写的小引(一九二六年十一月十四日),赞扬列宁、斯大林领导下的苏联社会主义革命,是一场反对剥削阶级的革命,指出这场革命的胜利是"平民究竟抬了头","贵人自然总要较为苦恼"。他说,这本书虽然介绍的是十月革命以前的事,但是"翻翻过去的血的流水账簿,原也未始不能够推见将来"。他认为这本书对"中国还是很有好处的",可以"明白别人的自由是怎样挣来的"。他指

---

①　原载《厦门大学学报》(哲学社会科学版)1981 年第 3 期。

出,中国"平民总未必会舍命改革以后,倒给上等人安排鱼翅席"。这是告诉人们,在中国"平民"革命胜利以后,肯定对剥削者,即"上等人"不利。这说明鲁迅对中国革命未来的追求比起五卅前说的"创造中国历史上未曾有过的第三样时代"更有实际的社会内容。他到广州后,从"四·一五"反革命大屠杀中目睹工人阶级及其先锋队共产党率领人民英勇斗争的事实,使他看到"唯新兴的无产者才有将来"《二心集·序言》。

彻底摧毁旧制度,迎接新世界,不能采取和平方式,必须实行武装斗争。鲁迅对于这个革命道理的认识是逐步明确的。他在《故乡》(一九二一年一月)一文中确信,"应该有新的生活,为我们所未经生活过的"。这种"新的生活"怎样才能获得呢? 鲁迅并没有指出具体途径。他在《娜拉走后怎样》(一九二三年十二月二十八日)一文指出,改变当时中国社会现状,必须有"很大的鞭子",否则"不肯动弹",又说,"这鞭子总要来","但是从那里来,怎么地来,我也是不能确切地知道"。鲁迅对变革当时黑暗现实充满火热的革命热情,但不知道采取什么办法。在大革命胜利形势的启迪下,他有了新的看法,认为不能离开武装斗争来解决中国的问题。他说:"无论如何,总要改革才好。但改革最快的还是火与剑,孙中山奔波一世,而中国还是如此者,最大原因还在他没有党军,因此不能不迁就有武力的别人。"《两地书·一○》他在总结"三·一八"爱国斗争经验后,指出必须坚决反对请愿之类的办法,主张采用"别种方法的战斗"《华盖集续编·空谈》。这"别种方法"便是他所说的"火与剑"即武装斗争的方式。鲁迅认识到了中国革命必须依靠革命的武装斗争,因此,他对反对北洋军阀的武装斗争寄以热烈的希望。他在厦门时以欢欣心情写信给许广平说:"此地北伐顺利的消息也甚多,极快人意"。《两地书·四一》这些有关革命的武装斗争的看法,说明了他在思想上逐步地抛弃了渐进的进化论观点,即"新的应该欢天喜地的向前走出,这便壮,旧的也应该欢天喜地的向前走去,这便是死"。《热风·随感录四九》。鲁迅到了广州之后,明确地指出:"中国现在的社会情状,止有实地的革命战争,一首诗吓不走孙传芳,一炮就把孙传芳轰走了"。《而已集·革命时代的文学》。他看出了中国革命和武装斗争的密不可分的关系。后来,他更把中国革命的希望寄托在中国共产党领导的武装斗争上。

　　武装夺取政权,战争解决问题,这是中国革命成败的关键。只有依靠真正的革命力量才能夺取全国革命的胜利。在这个问题上,鲁迅曾做过长期的探索。不可否认,他在一个较长的时间内未能充分认识人民大众的伟大力量。他认为"只好从知识阶级……先行设法,民众俟将来再谈"《华盖集·通讯》。鲁迅对于群众的革命力量估计不足,并非完全忽视,所以他能在革命斗争中注视着群众,探索群众的力量。他谈到群众与天才的关系时,指出群众的巨大力量,他说:"没有这种民众,就没有天才"。《坟·未有天才之前》。他赞扬老百姓揭露反动统治阶级虚伪面目的革命精神,说道:"愚民究竟也有聪明的,早已看穿了这把戏,所以又有俗谚,说,"口头上仁义礼智,心里男盗女娼! 他们是很明白的"。《坟·论"他妈的!"》。他还肯定人民群众反抗反动统治者的斗争精神,说"皇帝和大臣有'愚民政策',百姓也自有其'愚君政策'"《华盖集续编·谈皇帝》。在厦门期间他看到了北伐战争中人民思想活跃的景象。他指出:"世界却正由愚人造成,聪明人决不能支持世界,尤其是中国的聪明人"。《坟·写在〈坟〉后面》。他又说"世界是傻子的世界"。章木老:《记鲁迅先生廿年前在集美的一次讲话》,厦门《江声报》一九五一年十月十三日。鲁迅已经看到人民的伟大创造力量,他努力在自己的创作中表现劳动人民的革命精神,他着手写的历史小说《铸剑》是以传说中的故事为题材,歌颂劳动者在同阶级敌人斗争中不怕流血牺牲的大无畏精神。他在《〈阿Q正传〉的成因》一文谈到阿Q是否作革命党的问题时说:"中国倘不革命,阿Q便不做,既然革命,就会做的。"这里可以看出鲁迅坚信贫苦农民是中国革命斗争不可缺少的重要力量。到了广州后,他"对于无产阶级确有信心"《中国文学家对于英国知识阶级及一般民众宣言》的说明,《洪水》半月刊,一九二七年四月一日。。鲁迅就是这样逐步地认识到无产阶级在中国革命中的主导作用的。

　　鲁迅把重视青年的作用,同探索中国革命的力量联系起来。由于进化论的影响,他认为"青年必胜于老人"。无数事实告诉他,在实际斗争中,青年有着不同表现,不能一概而论。他批判青年中出现复古主义的"反改革"论调,《华盖集·通讯》。他根据斗争实际,对青年中不同情况进行具体分析。他说:"有醒着的,有睡着的,有昏着的,有躺着的,有玩着的,此外还多。但是,自然也有要前进的"。《华盖集·导师》。他还从有利于革命斗争的观点来评价青年。如在《伤逝》这篇小说中,他通过艺术形象充分肯定子君、涓生在五四时期反封建的斗争精神,严肃批评他们脱离社会斗争的弱点。《纪念刘和珍君》一文,赞扬了青年们反对北洋军阀的英勇斗争精神。在厦门期间,正值北伐战争节节胜利,他指出"有希望的青年,恐怕大抵打仗去了"。《两地书·八五》这就指明了有作为的青年必须参加反对北洋军阀的武装斗争,表明了他对青年的新看法。鲁迅到广州后,经过剧烈的阶级斗争的冶炼,对青年的看法完全摒弃了进化论的观点,他开始以明确的阶级观点分析青年的不同表现。例如在《新时代的放债法》一文中揭露新时代的"新青年"(即反动青年)的帮凶的嘴脸;又在《怎么写——夜记之一》一文中沉痛地悼念为革命牺牲的年青共产党员。

鲁迅总是把新文学运动同中国革命的命运联系在一起。中国民主革命是在斗争中不断发展的,新文学运动也是如此。早在五四时期,他就看出了新文学阵营内部的分歧,他毫不犹豫地站在共产主义知识分子一边,反对以胡适为代表的资产阶级右翼。然而他对新文学内部的斗争并不理解,感到新文学界布不成阵,力量分散,"有的高升,有的退隐,有的前进",而他自己却成了"游勇"。《南腔北调集〈自选集〉自序》。随着革命斗争的深入发展,资产阶级右翼投靠了帝国主义和封建军阀,成为敌人的帮凶。然而新文学运动内部的矛盾与斗争依然存在。如《莽原》社的一些人企图夺取新文学运动的领导权,在上海组织了狂飚社,攻击马列主义,否定革命,诽谤鲁迅。鲁迅身居厦门,心怀整个文坛,他对新文学阵营的"同道"的不正当行为深为不满。他说,这些人"大抵是貌似新思想者,骨子里却是暴君、酷吏、侦探、小人"。《两地书·一一二》。他认为"当面称同道的暗中将我当傀儡或从背后枪击我,却比被敌人所伤更其悲哀"。《两地书·七一》面对着新文学阵营内部的斗争,他"决定不再彷徨",坚决与之斗争到底,他说:"拳来拳对,刀来刀当,所以心里也很舒服了"。《两地书·七九》。他深深感到,革命形势的急剧发展,需要不断地组织浩浩荡荡的革命队伍,向着反革命猛烈进攻。他说:"对于'绅士'们仍然加以打击",希望"与创造社联合起来,造一条战线,更向旧社会进攻"。《两地书·六九》。到了广州后,他和创造社一些同志合作,共同发表了《中国文学家对于英国知识阶级及一般民众宣言》,抗议帝国主义。他还努力探索革命文学理论,以期把新文学运动引向新的阶段。

中国革命的道路是曲折的，艰巨的，然而有着无产阶级及其先锋队共产党的领导，中国人民经过长期的不懈斗争，必定能达到胜利的彼岸。鲁迅对于无产阶级和共产党的领导作用的认识是有一段过程的。十月革命后，他"知道这'新的'社会的创造者是无产阶级"，"但因资本主义各国的反宣传，对于十月革命还有些冷淡，并且怀疑"。《且介亭杂文·答国际文学社问》。后来他在实际斗争中逐步了解到中国共产党的威力，对无产阶级的领导作用的认识也日益加深。他在《〈十二个〉后记》极力称赞十月革命"是一个大风暴，怒吼着，震荡着，枯朽的都垃圾崩坏"。他在厦门期间著文批驳对十月社会主义革命的诬蔑。《集外集拾遗·〈争自由的波浪〉小引》。还申明对中国共产党的看法，他说："我在厦门，还只知道一个共产党的总名"。《而已集·答有恒先生》。鲁迅到广州之后，同党发生了密切的联系，从此，他在党的领导下，开始了新的更伟大的斗争！

鲁迅在厦门期间对于民主革命的主力、武装斗争、领导权、前景以及新文学运动等方面看法的新进展，表明了他接受马列主义思想的影响是明显的，然而，他并没有确立以科学的社会主义思想为主导思想，所以他不能明确的认定无产阶级在民主革命的领导作用，因而也不能完全认清中国革命的前景。正如他所说的，自己努力寻求革命道路，可是"还不明白应当怎么走"。《坟·写在〈坟〉的后面》。

在厦门期间，鲁迅思想上的新进展，为他在广州期间根本转变马列主义者作了充分的思想准备，但决不能象有的研究者所说的那样，鲁迅在厦门已开始成为马克思主义者。

在厦门，鲁迅的思想有其统一性又有其矛盾性。他那种彻底反帝反封建的革命思想，是同现实的发展相吻合的，符合新民主主义革命要求，这是一方面，但是，另一方面，他的思想同新民主主义革命的客观现实有矛盾，因为无产阶级领导的新民主主义革命要求以无产阶级的观点、方法观察现实生活，然而他并没有达到这种程度，因而他的思想产生了内在的矛盾，即思想不能同革命现实发展完全适应，里面表现出茫然的情绪。

鲁迅思想的统一性，从客观上来讲，那是同北伐战争胜利进军的大好形势有关的。一九二四年以后，在中国共产党推动下，建立了各革命阶级反帝反封建的统一战线,实行了国共合作,并组成了北伐军,以推翻北洋军阀的统治。一九二六年七月起北伐军开始胜利进军,革命形势蓬勃发展,鲁迅极为高兴。他呼唤人民革命的"好事之徒",向旧制度猛烈开火,以推进大革命从胜利走向胜利。他说:"我以为今之中国,却欲好事之徒之多,盖凡社会一切事物,唯其有好事之人,而后可以推陈出新,日渐发达"。一九二六年十月十四日在厦门大学周会上的演说,同年十月二十三日出版的《厦大周刊》第一六〇期刊出。他密切地注视着大革命的胜利给厦门人民带来新的景气,关心着大革命策源地——广州的革命变化,终于毅然决然奔向广州,迎接革命的洗炼。

还应当看到,鲁迅思想的统一性还同当时苏联十月社会主义革命取得重大胜利密不可分。我们从他写的《〈争自由的波浪〉小引》一文中清楚地看到,他以满怀热情赞颂十月社会主义革命,并以此为借镜,思考中国革命问题,从而从十月革命推知中国的将来。

还要提到,新文学运动的向前发展给鲁迅以很大鼓舞。那时文学研究会的中坚茅盾、创造社的骨干郭沫若、成仿吾等人都投身于北伐战争之中。北伐战争给新文学运动增添了新的光彩,促使新文学运动同革命现实更加紧密的联成一气。鲁迅面对文坛的新形势,决心离开厦大,为推进新文学运动而努力。他说:"我必须改变我的农奴生活;为社会方面,则我想除教书外,仍然继续作文艺运动,或其他更好的工作"。《两地书·八三》。鲁迅认为必须到革命策源地广州去,同投身于革命的创造社同志们组成同一战线,向旧社会进攻!

鲁迅思想的统一性,还有其主观因素。鲁迅从青年时代起就努力探求救国救民的真理。十月革命后,他才看到"新世纪的曙光",然而他并没有一下子寻得革命道路,他经历着彷徨的苦恼,不过他善于总结历史经验,清理自己的思想,不断求取进步。在探索中曲折而又艰巨的前进,这是鲁迅思想新发展的内在力量。

鲁迅的思想还有矛盾性的一面,这同受到一定的社会条件的限制有密切关系。当时的厦门,虽然被大革命洪流所冲击,然而反动势力相当顽固猖獗,党的组织处于地下状态,革命力量发展较为缓慢,马克思主义传播受到很大影响。由于这种种客观原因,鲁迅当时在学习马克思主义,同党的接触,以至置身于革命激流方面都有很大困难。这些客观因素造成了鲁迅当时的思想很难完全适应革命形势的发展。

　　当然,鲁迅思想的矛盾性的产生也有主观的因素。这就是他尚未从根本上转变到无产阶级的轨道上来。他虽然对无产阶级、社会主义有所了解,由于"积习""不能顿然荡除","时常使人感到一种气闷的沉重"。《坟·写在〈坟〉后面》。这样一来,他的思想进展的步伐就受到一定影响。

　　鲁迅在厦门的思想新变化,是他成为共产主义者的前奏,也是他由革命民主主义走向共产主义的转折。认真地研究这种过渡阶段的思想是研究鲁迅思想发展的全过程不可缺少的一环。正如他自己所说的"一切事物,在转变中,是总有多少中间物的"。《坟·写在〈坟〉后面》。只有从鲁迅思想发展过程中的各个阶段上的矛盾特殊性入手,联系其总体思想及其各个阶段思想相互关系,才能准确地科学地了解鲁迅的马列主义思想的形成。长期以来,学术界在研究鲁迅思想发展的问题上,往往忽视他在厦门期间思想的新进展以及重大意义。如果重视这方面的研究,那么,鲁迅思想研究的领域或许会扩大些。同时,对于我们了解鲁迅追求、学习马克思主义的历程也有所裨益。

与鲁迅的一席话①

李叔珍

　　这是我初次和鲁迅的会见，他现在是已经离开了厦门。景慕先生和渴望先生的人们，无从瞻仰先生的机会，现在写来，聊供这班人们的参考。

　　我们会见的地点，是厦大同安楼（按应为集美楼）楼上。因先生之外，还有孙伏园先生；时间，是去年十二月十五日的傍晚。

　　我是以中山大学学生的资格来探访他们的，因在广州的时候，就听见周先生不久将正式做我们的教授；孙先生是要做民国日报副刊的编辑。

　　我先见伏园先生在他的卧室。我将来访的意见告诉他。这个竟使他喜欢得非常。同时他说："鲁迅先生亦在喜欢得点广州的新闻"。于是他导我到隔壁访鲁迅去了。

　　他正在桌上很忙碌地抄写些什么，仿佛是编讲义罢，他看见我和伏园进门来，才从木凳上立起。经了伏园的介绍，他就指着桌旁的木凳请我坐下，同时跑到床边披上一件灰色的长袍。

　　他约摸有四十左右的年纪，并不象人家所说的那样，他的头发胡须都很整齐，他的奕奕的容光，正和他在世界文坛上的名誉，一样光辉，他的身材不高不矮，只是瘦削不堪。他那沉静，深刻的面目，现着同情和悲哀；至于行动举止，是很和蔼可亲；说到开心的时候，索性把头仰向后，哈哈地笑。总之，他是个机智灵活，富于同声的人。他好象狂风怒

---

　　①　原载《厦声日报》1927 年 1 月 15 日。

涛中的灯塔,他好象机器厂里的发动机。

他坐在我的旁边,孙氏坐在我的对面,我们就开始谈话了。

"你几时回来的"? 他擎着一枝烟给我,说出这句话。

"已经有一星期多了,听说你和孙先生都要到广东,故特地来探访"。

"是的,因这里住不大惯,孙先生已经去过一次,他不久又要动身。"他说时举目望伏园。

"唔,那里报纸都载过先生要到中大的消息,并且校里也有很浓厚的风声。"

"这事在数月前已经提起了,不过那时厦大已先聘定了,并且语堂先生等都是好朋友。"停了一会又继续说:"现在学校对你们怎样?"

"学校对我们到是很客气,不过意见不同就很难办。比如说:校长是注重文言,我们注重白话;校长是尊重孔子,我们又不大那个,所以,这就难了。"

"他自己称是孔教徒,曾著过一本'孔什么纲'"。

"是《孔教大纲》吗? 这个……",伏园接着说,于是两人相视而笑。

"其实呢? 这个学校是很有希望的,不过就是办事人差点"我说完这话,静待着他发表意见。

"到也很奇怪的。"伏园接着说:"这一次的招生,就说上海一个地方罢,不知花了多少的广告费,但是只招了两个科生,看他们的意思,是很想多招些新生,可是事实并不如此。这个他们到底是何居心,就很费思量了。"

"先生到厦大来,不是也做过合同吗? 现在怎好随便就离开?"

"做到是做了两年,但是这个管不了许多。"鲁迅很把握地说:"他(指着伏园)前次到广州,也是这样的。"

"是的,我走也是没经什么手续,同样我也做了两年的契约。"伏园接着鲁迅说。

"那么,你几时要动身呢?"

"我想总要等到这学期结束罢",他停了一刻,又继续地说:"你看他现在去好呢,还是等这里结束?"

"现在那边既已停课,也没有什么那个,不过先到那里看看也好"。

"还是待这学期结束,反正那边也没有事",伏园望鲁迅说,又向着我:"民国日报要搬到湖北,可不是吗?"

"这事总要等国民政府搬过之后,都会实现罢。那么你也要跟到湖北了。"

经过了片刻的静寂。

"厦门的社会运动,还没有十分惯罢,听说前次的工商学联合会,厦门大学到场,已经惹起不少人的注意。"

"厦门的群众运动,这回要算是第一次了,以前简直没有这回事,听说北京是很热烈的"。

"北京的群众运动,总是各大学做中心;厦门的厦门大学,那就差得远。"

"先生近来有什么新的著作吗?"

"因为编印讲义及看国学院的卷子,就没有功夫"。

我们谈了两点多钟,不用说也有许多其他的问题! 中山大学文科的事情,广州国民党的现状……

和鲁迅先生在厦门相处的日子里^①

川　岛

　　鲁迅先生于一九二七年一月十六离开厦门的,我则于一九二六年十二月二十四才到厦门,和鲁迅先生在厦门相处的日子,总共不过三个礼拜。一起相处的日子虽然很短,但毕竟同住在一个学校里,离的比住在北京时却要近的多。

　　鲁迅先生的要离开厦门大学到广州去,我在还没有去厦门之前,就已经知道了的。鲁迅先生于他到厦门大学之后不久,就在给我的一封信中说起他:"我则至多敷衍至本学期末",而且早已接受了广州中山大学的聘请。所以,即使我一到,他就走,也还不怎么感到突然,何况还得到三个礼拜的时间,可以朝夕相见。

　　我们怎么忽然会从北京路远迢迢的赶到厦门大学去的呢？主要是因为林语堂的关系;他要回到厦门大学去做文科主任,并且厦门大学要创办国学研究所,就把我们拉去了。在去之前,正是大革命的前夕,北方的政治是够黑暗也够残暴的,张作霖从奉天来到北京,正在作垂死的挣扎。尽管那时从北京到厦大去的人,自己心里都各有各的打算,然而都抱有一些幻想——哪怕是想在那里去安家立业、独霸一方的,也还不能说他不是抱了一种幻想去的。以鲁迅先生来说,他也是打算安安静静的在那里埋头苦干两年,对学术上作出一些贡献来的,可是一到那里之后就事与愿违了。当我还逗留在绍兴的时节,鲁迅先生于十月二十三日给我的信中就说:

---

　　①　原载《红旗飘飘》第 1 集,中国青年出版社 1957 年版。

"北京如大沟,厦门则小沟也,大沟污浊,小沟独干净乎哉？既有鲁迅,亦有陈源,……要做事是难的,攻击排挤,正不下于北京。从北京来的人们,陈源之徒就有。你将来最好是随时预备走路,在此一日,则只要为'薪火',念兹在兹,得一文算一文,庶几无咎也……

这里的情形,我想到很适当的形容了,是:'硬将一排洋房摆在荒岛的海边',……

我想,我们不会这么老实,就真的相信鲁迅先生是"念兹在兹"的为了"薪水"才去厦大的。鲁迅先生也不会这么老实的,但也只有吃粮不管事的一法了。鲁迅先生信中虽是要我去了之后"随时预备走路",但在鲁迅先生后来给我的信中,还是鼓励我去,只嘱咐我轻车简从,"勿作长久之计"。原因是因为我在绍兴逗留的时节,得到北京朋友们的来信,说有人在那里要谋我的饭碗,想把我挤掉,我就想不去了;而且留在北京的朋友们知道了当时厦门大学的情况,以及南去的人排挤倾轧的情形,也劝我不去。我把这意思告诉了鲁迅先生之后,先生就几次写信来劝我还是去,并且劝我要快点去。

我到厦门,第一个遇见的熟人便是鲁迅先生。彼此见面还没有说几句话,我就问他:"几时走?"鲁迅先生的答复是:"还有几日"。我当时听了就已经心满意足了。

二

我在绍兴一直挨到十二月后半月,才如鲁迅先生所叮嘱的那样,轻车简从,把我们的第二个女孩留在绍兴,一家三口,还有一个会做饭的保姆,带了大小四件行李,去到厦门。

于上轮船之前,打了一个电报给林语堂,说我定二十二离沪赴厦,希望他们能派人到码头上来接。顺风,船走的很快,二十四午前就到了,但是没有人来接。船离岸有两三丈远,一水盈盈,我就搭了舢板渡船照例:太古轮船到达码头之后要过两小时,才能把吊桥放下来让乘客走到岸上,为的是可以在这时间内,让舢板做些生意,渡客人到岸上。每人不带行李,收费两角。这是在建造码头时,经过舢板夫的流血斗争后才定下来的规矩。先上岸去。

从太古码头到厦门大学,还有好几里路,路是曲曲折折的崎岖山

路,除了从海上乘舢板去以外,在岸上,没有别的交通工具如洋车马车
之类的,所以我只好边走边问,可是又不懂厦门话,就在手心上写字问。
他们都是向东面一个竖有大烟囱的方向指去,我也就只好朝着大烟囱
走去。好容易走到了,是一所电灯公司。再打听,再向东走,看见一排
排的洋房。因为我先有"硬将一排洋房,摆在荒岛的海边"的印象,觉得
虽不中,也该不远矣了。及至走到了一排排的洋房面前,想能看到一些
厦门大学的标帜就好,如牌匾、校门、厦大号房之类,但是遍找不得。在
一排洋楼面前,有块大空地,近乎操场,但也有牛羊散在那里吃草。我
只好闯进洋楼去了。一进楼门,就看见有一块写着"会计科"的小木牌
钉在墙上。我于是就再闯进会计科去,这才知道此地确是厦门大学。
打听林语堂等人的住处,知道住的离此地都很远。问到鲁迅先生,说就
住在间壁的楼上。

　　上楼,找到鲁迅先生。他说:"他们已经收到电报了,可是说船要明
日才能到。"先生想已看出我那副着急的狼狈相来,从暖水壶里倒出水
来——让我洗脸,让我喝水,吃点心。之后,就陪我下楼,找到他的工友
春来同我雇了舢板,一起去把我撂在船上的老婆、孩子、保姆和四件行
李接了乘原舢板回来。

　　当我又走入厦大时,林语堂、罗莘田……都在鲁迅先生所住的集美
楼前那块草地上等我们了。想来,鲁迅先生就在春来和我走后,又跑去
通知了他们,并为我们安顿好住处。因而我们一到,就有人来把我那四
件行李和一家大小,送到不远的镇北关外周辨明先生的家里去暂住,食
宿都无问题了。当晚,又有顾颉刚先生派人给我们送来一大碗红烧牛
肉和一碗炒菜花。

　　已经过了冬至了,厦门还是初秋的景色,在海滩上散着贝壳。象我
这样一个久居北方的人,乍到此地,面对这样自然环境,确是感到新鲜
的。但几天之后,使我也深有"地利不如人和"之感,原来带着并不轻快
的心情来的,一接触到人事,心情就更为沉重了。对鲁迅先生的要离开
此地,也极以为有理。谁肯将生命虚耗在这里,和这些人来周旋呢!

三

　　还在我没有到厦门之前,十月间,从鲁迅先生自厦门来的信里,知

道一些他在那边生活方面许多不便的情形：当他初到时,被"陈列于生物楼四层楼上者三星期,欲至平地,一上一下,扶梯就有一百九十二级"。后来"在图书馆楼上,霸得一间房子,一上一下,只须走扶梯五十二级矣"。大小便都得下楼来的。当我到厦大时,鲁迅先生就住在这间屋子里。

也就在那年十月三日,鲁迅先生从厦门的来信中说到他在那边饮食方面的情形：

"饭菜可真有点难吃,厦门人似乎不大能做菜也。饭中有沙,其色白,视之莫辨,必吃而后知之。我们近来以十元包饭,加工钱一元,于是而饭中之沙免矣。然而菜则依然难吃也。吃它半年,庶几能惯欤。又开水亦可疑,必须自有火酒灯之类,沸之,然后可以安心也,否则不安心者也。"

在以后另外的几封信中也还总说起："此处最不便的是饭食","你们两位来此,倘不自做菜吃,怕有'食不下咽'之虞",此处最讨厌者却是饭菜不好"。

我要动身去厦大之前,就写信问他,有没有什么喜欢吃的家乡土宜,我可以顺便带去,复信是并不想吃什么绍兴东西。所以鲁迅先生的攻击厦大的伙食,实在是因为"食不下咽",并不是为了"口腹之欲"。虽然如此,在我到厦大的第二天午后,给他送去的土宜,仍是可以作为肴馔下饭的,糟鹅和茶油鱼干,另外还有二十包麻酥糖,都是食物。当时我所关心的,还只是鲁迅先生的饮食。

我们去的时节,鲁迅先生刚吃完午饭不久,盘碗未撤,桌上放着一个五寸红花碟子,剩有半碟子菜,是炒豆腐干丝。

这回我到鲁迅先生那里去,不象昨天刚到时那么匆忙、着急,有时间可以从容的看看房中的陈设了。先看见一只小水缸,水面上浮着一只马口铁的水枓;还有黄铜的打气炉;有大大小小的铝锅;有烧开水用的水壶;板壁上挂着几个大大小小的纸包。当然其它还有床、书桌、书架、脸盆、暖水瓶以及其它的碗盏、瓢盆、桌椅板凳之类,一间原来可以容下五六十人的教室,把它当作为卧室、书斋、接待室以及小厨房之用,也就不显得空荡荡的了。东一堆,西一簇,看来倒是井井有条,很有秩序的。

　　鲁迅先生见我们去了,就点起打气炉来给我们烧水沏茶,说他自己也要喝一点。象这样的打气炉,我以前没有见过,鲁迅先生却已经使用得很熟练了。先在炉中央一个小碟子似的引擎上倒上酒精,然后打气,用火柴点着以后,扭动气门,就"蓬"的一声,从引擎四沿喷出绿火苗来,"呼呼呼"的响着,散发着浓重的煤油气。我就问鲁迅先生:"常常是这样吗?""每天大约三四次,也有多的或者少的时候。"鲁迅先生说。"如何看书,写东西呢?""现在也惯了。"三四个月来鲁迅先生也许真的习惯于这种生活了。在我乍一看到时,觉得每天总这样的在耳边"呼呼呼"的三四次,倘若没有相当高的修养是难以安居乐业的。

　　我们就从那剩下的半碟豆腐干丝说到饭菜,鲁迅先生说今天这个还算是好菜,可吃下半盘去。有时候不但饭中带沙,在炒菜中,常加一些没有收拾干净的蠔,带有碎壳,怕划破嗓子,就不敢吃了。在伏园没有走以前,有一个时期,连菜也没有了,只有饭,就买罐头牛肉来吃,或者伏园自己来动手。我对伏园兄的烹调技术,并不怎么太钦佩的,就"嗵"了一声。鲁迅先生就说:"伏园有一次烧出一个满盘血红的白菜来,我问他'是什么菜?'伏园说:'似乎红烧白菜之类。'你想'之类'上面还要加个'似乎'也就可想而知了。"我听了和鲁迅先生都大笑起来了。可是鲁迅先生还说:"他的本领比我高,我是连'似乎之类',也没有法子的。肚饥的时光,只好吃点心和散拿吐瑾。"

　　其实鲁迅先生说这话是有些谦虚的,肚饥时吃点心与散拿吐瑾,是实情,却不是自己不会烧菜。就在这次谈话以后,鲁迅先生因为伏园走时还留下一块火腿,就自己动手收拾好了,用干贝清燉,约我们去吃。吃的时节,大家蘸着胡椒,很好。决非"似乎"清燉火腿"之类",而是真的清燉火腿。而且还带有指导性的和我说:"干贝要小粒圆的才糯。燉火腿的汤,撇去浮油,功用和鱼肝油相仿。"收拾火腿是不容易的,鲁迅先生既能收拾,又能选佐料,还知道它的功用,燉的火候也恰到好处,在我看来都是难上加难的。后来在一九三五年底写的那一篇"采薇"中《故事新编》伯夷叔齐把薇菜做成烤薇菜,薇汤、薇羹、薇酱、清燉薇、原汤焖薇芽、生晒嫩薇叶、……,虽只是因为山上买不到酱油,做不出红烧、红焖、红燉的薇菜来,但花式也够多的了,可见鲁迅先生对此道也有研究,无怪他批评"厦门人似乎不能做菜也"。

谈到后来,鲁迅先生以为饮食起居的问题,还是比较容易解决的,即使不去解决它,也会渐渐的习惯的。只是对人事方面,鲁迅先生谈起来,颇为气愤,表示不肯屈己从人,适应他们的。他以为当时厦大的当局,只是为了要报账,想拉几个人来作幌子,并非真心的要办好学校,"发扬国学"。对自北京来的那些"陈源之徒",固然可厌,就是对拉我们来的林语堂,鲁迅先生也已经觉察出来,对他再不存什么希望,而且以为他在厦大也必定失败。

四

离厦门大学生物楼不远的镇北关外,一座小山岗上蠹立着四所前门临海,后门倚山的小洋楼;其中之一,便是周辨明先生的住宅。他是当时厦门大学的总务长。我们一到,就因林语堂的介绍寄居在这里,饮食起居,都比在我们之前,从北京来的人既方便又好得多了。而且所住的地方,如果从后门走,经过一条小山路,就到鲁迅先生那里。我总在早晚上下班前后,绕几步路到鲁迅先生那里去,有时一天去三次,站着说几句话就走。一天,刮大风,不知是否就是现在所谓的台风,我没有到鲁迅先生那里去。晚饭后,天色墨黑了,有人敲后门,接着鲁迅先生便进来了;从灯光下看去,襟袖上都沾着泥土,而且手也擦伤了。我就问"怎么了?"鲁迅先生低下头去用手掸着身上的土说:"跳下山来,摔了一跤。"原来这四所洋楼的后门都靠着山岗上的一条行人通路的,在路旁也就是房后,树了木椿,围有刺的铁丝栏;栏置小门,到了晚上就关起来。鲁迅先生从山岗上小路旁的铁丝栏上跳下来,没有站稳,摔倒,手也擦伤了。

鲁迅先生来了就和我说:今天学生已经考完了,打算就在明天中午应周辨明先生之邀,来这里吃过春饼之后,和我同到林语堂家去向他提出辞职书。并且说:有一部分学生也已经感到无可挽留,同意他走了。

早已知道鲁迅先生是要离开厦门的,但当知道他真预备离开时,心情总不甚自然,却也无话可说。鲁迅先生表示不愿意因他的走,影响我的行止,希望我能在厦大多干几天,真要是干不下去的话,也可以到广州去,现在他先试试。

第二天的中午,鲁迅先生又来到周家吃春饼。

　　厦门的春饼是著名的,曾见于当时商务印书馆出版的旅行指南中,但一般餐馆中的吃法与家庭中的是有所不同的。吃之前,鲁迅先生和我都并不晓得。

　　我们宾主六七个人,都围坐在一张大餐桌旁,开始时,和通常的宴会差不多,无非是喝酒吃菜,只是主妇没有来,空着一个坐位。后来主妇来了,春饼也来了,色白,甚薄,和我们在市上所见的所谓春饼皮是一样的,只是大了些,每张饼的直径约摸有一尺来大。由主妇包好了交给我们吃,其中作料很多,很好。包的很大,我和鲁迅先生都只得用两只手捧着来吃,分左、右、中三次咬,才吃下一截去;至少可以说:我们吃的第一个春卷已经“其大盈把”了。一个刚吃完,第二个又从殷勤的主妇手上递过来了,比第一个还大,几乎象一个给婴儿用的小枕头。我和鲁迅先生还是左咬一口,右咬一口,中间再咬一口的勉强把它吃下去了;当第三个比小枕头还要大的春卷送过来时,我们已经无能为力,只好道谢。

　　周辨明先生家的生活,是相当欧化的,每次吃饭都先由主妇坐在饭桌旁用一个小铃当摇几下,我们才去。这次的春饼会,据后来知道,完全是厦门风俗。春卷由主妇来包,要包得大而不破,可以用几张春饼皮拼起来包,包的越大越算本领,习惯上往往以此来试新娘子的手艺。用来包饼的菜馅,即有厨司,也是由主妇自己来炒。这样厚意而亲切的招待,给我们的印象很深,不但“醉酒”,而且“饱德”,一直过了多少年之后,鲁迅先生和我都还记得起当时彼此用两只手捧着一个小枕头咬的场面。

五

　　厦门大学的校长林文庆博士,长的样子非常像从前日本大学眼药的商标,或者不如说大学眼药的商标像他。在新加坡以行医致富,中国人而是入了英国籍的。基督徒而是信奉孔子的,包括福州话,厦门话和北京官话在内,能说十多种语言,照“草上之风必偃”的逻辑来说,在当时厦门大学中是具有浓厚的半封建半殖民地的气息的,就如鲁迅先生收在《故事新编》里,一九三五年十一月写的一篇《理水》中说:文化山上,聚集着许多学者,“只听得上下在讲话:

'古貌林!'

'好杜有图!'

'古鲁几哩。……'

'OK'"

那也就是当时厦大的面影之一。平常叫人,太太则必"马丹",先生是"海尔讷"。即便是一个口吃不会说洋话的人,见了人时,至少也得拉着手说一个"古貌貌……貌林"。乍听实在别扭。这种空气,就是厦门的海风,一时也吹不散的。但从鲁迅先生到厦门大学以后,人们有的感到这种空气的腐朽与窒息,以先是不觉得的,而今也要作呕了。

鲁迅先生在厦大课堂上授课的情形,我只知道是讲授中国文学史和小说史。文学史的讲义是现编的,鲁迅先生还送我一份报纸油印的讲义,解放后我把它送给北京图书馆了。来听课的不只是国文系的全部和文科各系的学生,也有理科和法科的,这样的情形,是厦门大学前所未有的。

另外我还知道:学校当局连同从北京来的一部分人士,都主张学生应该钻进实验室埋头研究,百事不管;鲁迅先生却公开演说,劝学生要留心世事,出来做"好事之徒"。校长尊孔,鲁迅先生却劝学生要少读中国书。别人都去巴结校长,企图做"永久教授",鲁迅先生却一定要走。校长要学生静,鲁迅先生却希望学生动。弄来弄去,总不对头。

原来在孤岛上平平静静的一池死水,鲁迅先生去搅了它一下。

六

从一九二六年十二月三十一日鲁迅先生向林语堂提出辞职书以后,学校里便是一连串的对鲁迅先生的送别会和饯行宴。虽然这时节因青年学生的压力,学校当局还在挽留,那也只是礼节上的一种表现,彼此都是心照的。

我也经常的去参加这类送别会。青年学生们则以为鲁迅先生之去,是由于厦大的环境不良,学校腐败,当局的措施不善。学校当局则推的一干二净,说鲁迅先生的要走,是因为从北京来的一伙人当中,有胡适派和鲁迅派,他们自己内部闹开了,学校留不住,与学校无干。被认为胡适派的人则我都觉得他更浅薄无聊,无甚希望了。

　　鲁迅先生临行前,还给我一张坐在坟当中照的照象,我又请他给我写了一张册页;似乎彼此都预感到:此去经年,不见得就能朝夕相处了!

　　一月十五日的上午,鲁迅先生将他为我写好的那张册页,亲自给我送到家里。午饭后,我,还有几位同学随同鲁迅先生和他的四件行李,跨上了舢板。四件行李是一个衣箱,一个新买的书箱,一卷铺盖,还有一只网篮,其中装着煤油炉、铝制的锅和茶壶脸盆等等,这一篮就算是鲁迅先生在厦门大学唯一的收获了。登轮后,知道船要次晨才开。我们又陪了鲁迅先生到厦门市上买了些书,临别前,只嘱托我,以后如有他的信件,叫我收了给他寄到广州。

　　一件事情,往往在事后才容易看得明白;诚如鲁迅先生所说的,哪里有鲁迅,哪里就有陈源,无论厦门也罢,广州也罢,现在想想,鲁迅先生怎么能和他们一团和气的长期共处呢? 他总要突出重围,寻找他自己的道路的,有时也会单枪匹马的冲入重围去的。他怕什么!

　　　　　　　　　　　　　　　　　　1957 年 4 月 9 日

回忆鲁迅先生在厦门大学①

俞　获

　　一九二五年秋天,我从青岛大学转学到厦门大学的文科。初到厦大,我住在囊萤楼,是一座花岗石建筑的三层楼洋房。每一个窗子都装有纱窗、玻璃窗、百叶窗。每一个房间里都很整齐地摆着床、书架、书桌。其他的建筑物:群贤楼、集美楼、同安楼、映雪楼、博学楼、兼爱楼、笃行楼、化学院、生物学院,这一些全都用花岗石建筑的。还有学校自办的自来水厂。站在小山上一望厦大的全景,好象在童话里一样:在沙滩上排列着一座一座的花岗石的洋房,前有海,后有南普陀,有四季常绿的树木,风景秀美。可是我还是感到失望,因为我转学到厦大来的目的,希望能学习一些战斗的丰富的文学的知识,但是这儿所学的是和时代完全不相干的东西,而且还要用文言写文章呢!全校充满了封建的、古旧的习气,在群贤楼大礼堂上开会或看电影,男的坐一边,女的坐一边。有一次,我们班里有一个男同学,可说勇气很大,竟敢写一封信给一个女同学,在现在看起来是一件很平常的事情,但在当时却闹得满城风雨。

　　如此厦大!我在课外,只得自己多看些文艺书报了!

　　一九二六年八月间,听说鲁迅先生不久要来厦大了。这个突如其来的喜讯,反而有点令人不敢相信。然而喜讯真的变成事实,孙伏园、沈兼士、丁山、川岛等著名教授、讲师都继续不断地来厦大了。九月四日,鲁迅先生也来了。这一天,好像海潮也在欢笑,南普陀的榕树也显

------

　　①　原载《文艺月报》1956 年 10 月号。

得特别翠绿。文科的同学,欢呼雀跃地说:"鲁迅先生真的来了!"。

　　九月八日,这是我不会忘记的一天。我终于鼓着勇气走上石阶九十六级的生物学院三楼——鲁迅先生的临时寓所。生物学院耸立在小山岗上,面临大海。因为鲁迅先生来厦门只有五天,所以我去谒见他的时候,他正在那儿整理书籍。我轻轻地叫一声:"鲁迅先生!"他走过来,微笑地和我握手。他中等身材,清瘦,浓黑的眉毛,眼睛很亲切,尤其他自己真实地描写过的,"既不上翘,也难拖下,如一个隶书的一字"形的胡子,给我初见时感到特别亲热。那时,我是一个青年学生,从未会见过伟大的人物,就是连学校里一些名教授吧,除了上课见面之外,我也没有去看过他们。所以当我在没有会见鲁迅先生之前,我以为我在见到他的时候会窘得说不出话来。不,他是一个一点没有架子的朴素的人,一个很容易接近的、和蔼可亲的导师!我告诉他,这几年来,我欢喜读他的作品,我又谈到厦大的现况,谈到对厦大的未来的希望。他听了我说到厦大校长林文庆提倡复古、尊孔,学生还是用文言写作的时候,他感到很惊奇。他幽默地笑了一笑说:"这应该改变一下!"他又亲切地看了我一眼,坚决地对我说:"你别着急!以后关于阅读和写作方面,我会给你们一些帮助的!"

　　过了一会儿之后,哲学教授陈定谟先生来访了。我们谈到明末英雄郑成功所建造的镇北关和演武场(即在厦大的前面)和鼓浪屿的郑成功操练水师的水操台。鲁迅先生对于厦门这些民族英雄的遗迹,感到很有兴趣。快要吃饭的时候,我才离开那一间充满光辉的房间。走出生物学院,斜阳照着无边的大海,海浪闪着金色的光芒,天边泛着美丽的晚霞,我喜得带跳带跑的走回映雪楼。

　　鲁迅先生在厦大担任《中国文学史》和《中国小说史》这两门课程,同时还兼国学院研究教授。本来在文科教室里,除了必修的十来个学生之外,老是冷清清的。可是从鲁迅先生来校讲课以后,钟声一响,教室里就挤满了人,后来的只好凭窗站着听了,教室里非但有各科学生来听讲,甚至助教和校外的报馆记者也来听讲了。鲁迅先生自己也说:"此地学生似尚佳,清早便运动,晚亦常有;阅报室也常有人,对我之感情似亦好,多说文科今年有生气了。"(《两地书》五八页)

　　他的讲学,并不像一般名教授那样只管干巴巴的一句一句的读讲义,枯燥无味的下定义。他的讲话也和他的作品那样的丰富多采。他讲到某时代的代表作家及其作品的时候,他善于引证适当的丰富的资料来详尽地加以分析,雄辩地加以批判,说明什么应当吸取,什么应当摒弃。听他讲学,好像小学生听老师讲有趣的故事那样,恐怕时间过得太快。

以前学校里每周都有一次周会。可是这种周会像教堂里做礼拜一样。校长林文庆是尊孔的,所以每次在周会上讲的差不多,满口《大学》、《中庸》的说个不休;讲些"治国平天下"、"君子独善其身"的大道理。这种周会谁都感到乏味和无聊!

十月十四日那一次周会却和往常不同了。钟声还没有响,男女学生都争先恐后的拥进群贤楼大礼堂,期待着鲁迅先生来演讲。他的演说主要内容有两点:"劝青年学生少读中国古董书,应该做'好事之徒'。"这一番演话,给当时死气沉沉的只顾读死书的厦大学生很大的启发;可是对于当时开口"之、乎、者、也"的复古的校长林文庆却是当头一棒。

不久,鲁迅先生从生物学院搬到集美楼来了。那时,我住在他的近邻映雪楼。我每天到图书馆里去,总要经过他的门边,我可不敢常去吵闹他,恐怕浪费他编讲义和写作的时间。有一次,我和王方仁、崔真吾这几个爱好文艺的同学,想办一个文艺刊物,因此,我们一同看鲁迅先生去。我们一走进他的房门口就闻到一股香气。我们不禁异口同声说:"鲁迅先生,好香啊!"他对我们笑一笑说:"最近我想把自己的身体弄好一点,可是这儿的饭菜又吃不惯,所以只好自己动手来烧菜了。无非想增加一些营养,多延长几年寿命,给那些讨厌我的人,多讨厌几年!"当时,我深深地体会到:他的身体越健康,他越能多做工作,越能多写战斗性的杂文,可以使敌人恐惧,也可以使我们快乐。学校当局名义上虽说优待从北京南来的著名教授,其实对鲁迅先生的茶饭问题都没有很好的解决,所以他只好自己动手来烧开水、煮菜了。

"五四"运动以来的文言和白话之争,白话可说基本上已获得胜利。可是,在当时厦大还是要学生用古文写作的。鲁迅先生来了厦门之后,在上海有一些报刊上似乎有这样的论调,要白话写得好,先得精通古文,而且把鲁迅先生的文章来作典型的例子。他们说鲁迅先生的文章之所以写得好,简洁、流畅,完全由于精通古文的缘故。我就把这个问题向他提出来。他说:"上海报刊上确有这种莫名其妙的论调,这是古董家骗人的话。其实,我的初期作品多少杂着一些古怪的字眼,但这不是金子,而是砂砾! 我的白话好像小脚放大脚,所以这种白话是不纯洁的,不健康的! 所以纯洁的,健康的白话,只有在年青的一代,没有受过古董的毒的年青的一代才能产生!”当然,这些问题现在看起来,已是不成问题的问题了,可是在当时和封建的、复古的遗老和斗争的时候,鲁迅先生这种生动的、形象化的语言,是打击复古派最强有力的武器。

后来我们向鲁迅先生说出我们心里的愿望,想努力写一点东西,想办一个文艺刊物,并且希望他支持我们,他毫不踌躇地满口答应:“好的,好的! 我一定来帮助你们!”鲁迅先生这种最直爽的、最热情的、最亲切的帮助青年的态度,怎能不令人感动! 他是我们的真正的文学导师,又好像是我们的知心的朋友。就是法科学生欧阳治、教育科学生陈梦韶、龚达清等以及其他各科许多学生都乐于和鲁迅先生接近了。

鲁迅先生像一阵温暖的春风,把沉睡着的厦大学生吹醒了。尤其是文科学生,掀起了学习文学的热潮。爱好写作的学生,我和谢玉生、崔真吾、王方仁、朱斐、洪学琛、卓治,在鲁迅先生的帮助下成立了“泱泱社”,并出版《波艇》月刊。

鲁迅先生说:“我先前在北京为文学青年打杂,耗去生命不少,自己知道的。但到这里又有几个学生办了一种月刊,叫做《波艇》,我却仍然去打杂。”

其实,鲁迅先生非但给我们审稿、改稿,而且他还要设法把刊物出版。当初,他本想把搞子寄给某书店出版,但是某书店来信婉辞谢绝了。关于这件事,他感到很气愤,“市侩! 市侩!”骂个不休! 他幽默地对我们说:“这种市侩,只要有利可图,他们会若无其事地厚着脸皮,又会来请我写文章;那我只好不客气说,‘没有什么空闲’!”

鲁迅先生就是这样爱护文学的幼芽的,这是这样不顾一切来培养我们的!

他又费尽心血把稿子寄到北新书局去。十一月间,草绿色封面的、精致可爱的《波艇》月刊创刊号,终于在鲁迅先生的支持下出版了。鲁迅先生的《眉间尺》(即《铸剑》)就是在《波艇》月刊创刊号上发表的。我的短篇小说《樱花下的一夜》也经鲁迅先生的修改后登载在《波艇》的创刊号上。

鲁迅先生对我的那个短篇提出这样的意见,他说:“你的这一篇,倒像一首抒情诗,只可惜带点学生腔!但是,你现在也只能如此。不过,以后还得多多阅读各种名著,好扩大你的眼界;对社会生活也要多观察,这样你的题材就不会太狭窄了!他是这样耐心、这样认真地对待初学写作者的!

《鼓浪》周刊也是由鲁迅先生审稿、改稿的一个小型的文艺刊物。这是附在《民钟日报》副刊上出版的。此外单印一部分,由鼓浪社"发卖。《鼓浪》第一期出版,大受读者欢迎,初版立即卖完。为了应读者要求,只好再版一次。

《鼓浪》这个刊物名称,虽和厦门对岸的鼓浪屿同名,实际上含有"鼓起新时代的浪潮"的意思。文章体裁和风格颇像"语丝"。

这虽是仅仅两棵文艺的幼芽,但当时在厦门文学青年中起了很大的作用。

由于这两个刊物的出版,我与鲁迅先生接近的机会比较多了。有时候,我问他应读些什么课外书?做一个大学生对社会应抱什么态度?关于这些问题,他都很耐心给我解答。他最反对学生读死书,他也最痛恨那些提倡"读书救国","不问国事"的学者名流。他常对我说,不但要读中国的好书,也要读外国的好书。并且科学书籍也要多浏览,不要仅仅抱住目下流行的时髦书。此外,他也告诉我,必须要懂一种外国语,多学会几种更好。这种宝贵的意见,对我以后学习有很大影响。当时,假古董和鸳鸯蝴蝶派的小说很流行,所以鲁迅先生叫我们多读些优良的外国文学作品,引导我们走向正确的文学的道路上去,避免误入歧途。

到了十二月底,突然听说鲁迅先生要离开厦大了,这个消息,象晴空霹雳一样。

鲁迅先生为什么离开厦大呢?据我们当时的了解,他对"英国籍的中国人"、尊孔的林文庆校长,对排挤国学院的教务长刘树杞,以及国学院的一批"现代评论"派之流人物,感到不满,甚至憎恶。他与学校当局根本冲突,已到了无可调和的地步。在十二月底,他坚决地向学校提出辞职书。学校当局中对他的辞职书,感到很难弄。

这个消息一传出,全体学生立刻掀起一个挽留运动;看到挽留无效的时候,却变成改革学校的运动了。全校弥漫着"驱逐刘树杞"、"重建新厦大"的风潮。

　　许广平先生在《欣慰的纪念》里说："……幸而他好像青年的吸铁石,自他到后,厦门大学研究文艺之风盛行起来了,冷清清的大房间里时常有学生的足迹不断来往,就在他离校之际,还引起青年的觉悟,改革学校运动于是发生……"这是当时厦大由挽留鲁迅先生,而转为改革学校运动的一段很真实的叙述。

　　同学们看到络绎不绝南来的教授、讲师如沈兼士、孙伏园来校没有多久,又都纷纷四散,眼看全校同学所敬爱的鲁迅先生也要离开我们而走,因此,同学们都积在心里的气愤,就好象火山一样爆发了。

　　在鲁迅先生离开厦大之前,大约是在一九二七年一月二日这一天吧,"泱泱社"的几个年轻朋友,邀请鲁迅先生到学校后边,南普陀西南的小山岗上去照相。那儿丛生着鲁迅先生所喜爱的龙舌兰。龙舌兰就是他和孙伏园先生初到厦门时,常欢喜学着厦门人叫作"番葛",也叫做"芦荟"的那一种草本植物。在那小山上点缀着好像馒头似的洋灰的坟墓。鲁迅先生看到那种坟墓感到很有兴趣,因为他在不久之前,编了一本杂文集,叫做《坟》,所以他要单独在坟边照个相。我们全体拍了照之后,我就扶着他,走到那高低不平的,龙舌兰丛生的坟的祭桌上,他就在那儿照了一个相。他对我们说,这张照片将寄到上海去,赶印到那本《坟》上去。因为《坟》里的文章,有几篇是用古文写的。这张照片就算表示那集子里几篇杂文,是被埋葬了的坟。

　　现在,我希望鲁迅先生的新墓地上,能种上几棵他所喜爱的厦门的龙舌兰。

　　那时,虽然已经初冬了,不过在厦门还是和上海的秋天一样的和暖,鲁迅先生穿一件深灰色的长袍,脚穿陈嘉庚公司的橡胶鞋,他比初来厦大更清瘦一些。因为他在厦门忙了四个多月:教书、编讲义、写文章、接见访问的人,还要给我们审搞、改稿,工作很紧张;而学校当局,连茶饭都没有给他适当的照顾。

　　我们在那一条从南普陀通到学校的小路上,边谈边走地慢慢儿踱回来。我看看一同走的鲁迅先生,在厦门为了我们的学校,为了我们的学习写作,为了我们的《波艇》和《鼓浪》两个刊物,不知费了多少心血,但是不久他就要离开我们了。想到这里,我感到自己心情很沉重,不知怎样才好!

　　一九二七年一月十六日这一天,天气特别阴沉。记得鲁迅先生初

来厦大时,那天天气是那样明朗,校庭里各种花卉开得多鲜艳;可是今
天鲁迅先生要离开我们而到广东去了。阴沉沉的天气,好像也为我们
添上几分别离的气氛。他终于含着笑容和我们送别的人一一握手,走
上到广东去的"苏州"号的海船上了。

鲁迅先生走了,厦大失了光辉!南普陀的前面,仍旧留着几座没有
生气的石造的洋房!但是鲁迅先生曾经在厦大,辛勤地散布过文艺的
种子,也曾经在那儿开放过文艺的花朵!

鲁迅师在厦门时期与我们的聚会^①

戴锡樟

　　据我所记忆的：鲁迅师于一九二六年九月四日到达厦门，就任厦门大学文科教授。他讲教文科中国文学史外，兼作研究教授和指导编辑书目等事。当时在集美学校教语文的有五位北京师大毕业生，戴锡樟，宋文翰，吴菁，赵宗闽，林品石，这些同学都是国文系同年毕业，受过鲁迅师指导的。那时我们在鲁迅师指导下学习了中国小说史课程。从一九二四年大家毕业后，到一九二六年离别鲁迅师已三年了，我们听到了鲁迅师从北京南来厦门，不胜喜跃。我与宋文翰、吴菁等商议，准备欢迎；经宋、吴等同意后，又联系在厦门省立十三中学任教的庄奎章同学一起到菜馆定办宴席。我与宋文翰，庄奎章等到厦大生物馆会见了鲁迅师。我还很清楚地记得：他那严肃又关怀青年使我毕生难忘的神情便展现在我们的眼前。接着他谈到："我来到南方想不到会看到你们，真是难得！"他首先问："你们工作得怎样？"我们都怀着乏善足陈的心情而异口同声地回答说："不算是理想的。"谈了一会，便邀约鲁迅师于九月十九日（星期日）中午在厦门南普陀膳厅宴会，并请沈兼士老师等一起聚会，鲁迅师微微地笑着卡向我们点头表示同意。

　　九月十九日上午我和宋、吴等同志从集美到厦门，十点半左右我们就齐集南普陀膳厅，十一点左右鲁迅师，兼士师，玉堂陆续都来了。菜是厦门菜馆办的。席间大家谈起话来，我们同学比较拘谨些。谈话内容主要有三方面：（一）谈到文化界任务：目前北方文化界落后了，但"五

---

　　①　《鲁迅在厦门的资料选编》,《鲁迅研究资料》(2),文物出版社1977年版。

四"运动的精神我们绝不允许有所改变。文艺目的是要暴露黑暗面,鞭挞反动落后的势力和它的代表人物的。社会生活定要向民主化进展;我们对事物定要有科学态度,没有科学与民主,那什么事情都做不成了;我们的生活前途就没有希望,社会就没有光明。这是值得文化界人们注意的。(二)谈到文艺刊物:革命文艺和舆论要起先驱的作用,进步的文艺刊物当然能出版得越多越好;但目前事实上不是这样的。在厦门出版文艺刊物,有许多条件是不够的,我们队伍里的人就不够。(三)最后谈到白话文:我们要继续提倡白话文,推广普及白话文,并要把它通俗化。现在还有人提倡读经,恢复文言文,我对什么"子曰"、"诗云",早已忘得一干二净了;我们要毫不客气地反对它。

在十一月间又有一次星期六聚会时候,我们谈到了我们在集美主张推广白话文,因为学生对白话文比较易懂,所以对白话文的文章能有深刻的理解和感情上的体会,学生是欢迎白话文的。学生对文言文觉得辞句古奥,意义含糊,隔膜得很。虽然学校方面不鼓励学生学习白话文,集美各校当时每周还有上"读经"一课;但我们在教学上仍然推广白话文。鲁迅师说:"白话文的推行是不可改变了,有些人要复古也是不可能的了。"又说:"你们这样做了,有没有人在压迫和反对你们呢?"我答说:"我们教学工作是不受他们干涉的,他们也不敢明白地反对我们。"

戴锡樟记,1972 年 11 月 1 日

鲁迅在周会上演说有关
"少读中国书"部分追记①

陈梦韶

　　一九二六年十月十四日的早晨,在厦门大学群贤楼下的布告牌上,贴着一张学生指导处的布告:"本日上午九时,特请国学研究院教授鲁迅先生,在纪念周会上演讲,希全体教职员学生,准时出席听讲,切切此布。"本来这种每星期举行一次的周会,很多学生并不感兴趣,时常躲在宿舍或阅览室里看报纸,或读自己心爱的书。这一次早上六时起床,就有先看到指导处布告的同学,到处大呼大喊:"鲁迅先生早上要到大礼堂来演讲啰,快吃早饭吧,早些去占好的坐位去!"就这样一传十,十传百,在八时半左右,早就有五六百名的教职员和学生,还有学校工友,挤在群贤楼上的大礼堂里了。九时正式开会,照例是林文庆校长担任主席。大家起立,先唱校歌:"自强自强,学海何泱泱!……鹭江深且长,致吾知于无穷。……吁嗟乎,南方之强!"——歌声停歇了,校长简短介绍,略谓"鲁迅先生乃新文化运动的首领,国内外闻名的文学家。到本校来已一个多月,大家老是盼望着要听他伟论。今早算是负了众望,他到这里来演讲了,请大家肃静,倾耳以听"。说完,向坐在台后的鲁迅先生的一揖。顿时,雷雨似的拍掌声,响起来了。鲁迅先生就在这拍掌声中,站到讲台的旁边,开始了他的演讲:大意是,

　　今天我的讲题是:"省读中国书,做好事之徒。"我来本校是搞国学

院研究工作的,是担任中国文学史课的,论理应当劝大家埋首古籍,多读中国的书。但我在北京,就看到有人在主张读经,提倡复古。来这里后,又看见有些人老抱着《古文观止》不放。这使我想到:与其多读中国书,不如少读中国书好。

尊孔、崇儒、读经、复古,可以救中国,这种调子,近来越唱越高了。其实呢,过去凡是主张读经的人,多是别有用心的。他们要人们读经,成为孝子顺民,成为烈女节妇,而自己倒可以得意恣志,高高骑在人民头上。他们常常以读经自负,以中国古文化自夸。但是他们可曾用《论语》感化过制造"五卅"惨案的日本兵,可曾用《易经》咒沉了"三·一八"惨案前夕炮轰大沽口的八国联军的战舰?——讲到这里,会场上雷鸣似的拍掌声,隆隆地响起来。

你们青年学生,多是爱国,想救国的。但今日要救中国,并不在多读中国书,相反地,我以为暂时还是少读为好。少读中国书,不过是文章做得差些,这倒无关大事。多读中国书,则其流弊,至少有以下三点:一、中国古书越多读,越使人意志不振作;二、中国古书越多读,越想走平稳的路,不肯冒险;三、中国古书越多读,越使人思想模糊,分不清是非。正是因为这个缘故,"我所以指窗下为活人之坟墓,而劝人们不必多读中国之书"——拍掌声,响起来。

你们青年学生,多是好学的,好读书是好的。但是不要"读死书",还要灵活运用。不要"死读书",还要关心社会世事。不要"读书死",还要注意身体健康。书有好的,也有坏的。有可以相信的,也有不可以相信的。古人说:"尽信书,则不如无书"。那是从古史实的可靠性说的。我说的有可以相信,有不可以相信,则是从古书的思想性说的。你们暂时可以少读中国古书,如果要读的话,切不要忘记:明辨,批判,弃其糟粕,取其菁华。——暴风雨似的拍掌声,连续响了好久。

(据陈梦韶回忆材料)

鲁迅在集美学校讲演内容概要[①]

戴锡樟

　　鲁迅先生来厦门大学任教职一事,哄传福建全省,文艺工作者认为是福建文化界的好音。集美学校与厦大近在咫尺,集美学生中酝酿要求鲁迅先生到集美讲学。集美学校校长叶采真为应付学生要求,派集美学校图书馆主任蒋孝丰到厦门大学与林玉堂商量,邀请鲁迅先生到集美讲学,结果决定十一月廿七日,星期六那一天到集美学校讲演一次。到了约定日期,集美学校派水产部小汽船到厦门港迎接鲁迅先生,当时同来的有林玉堂。上午八时左右小汽船载鲁迅先生等到集美来了。他们到校长会客厅小憩,谈叙。吃过午饭集美学校各部师生约二千余人集合集美大礼堂,由校长叶采真主持开会,经简单介绍后,鲁迅先生开始讲演。讲演的题旨是属于“生活的意义与价值”方面;讲演时间约一小时半。鲁迅先生到集美往返路上,我与宋文翰都在作陪。鲁迅先生讲演的内容大意如下:

　　人的生活的社会性表现在对社会事业有利,对大家生活有益;这样生活是有意义的。如果有意义的生活过得越多,生活的价值就越大;例如:你的生活是在为国家民族的利益而奋斗,那么你的生活价值就更大了。

　　五四时期的学生运动,原是为山东半岛问题,反对巴黎和会决议;实行内除国贼,外抗强权;继而进行反封建、反帝运动;进而提倡民主与科学的精神,使全国思想界面貌焕然一新。这一群青年学生在运动中

---

①　《鲁迅在厦门的资料选编》,《鲁迅研究资料》(2),文物出版社 1977 年版。

表现积极,在他们生活本身来说,有重大意义,对国家民族来说,有重大价值。换句话说:五四运动是正义的、爱国的。可是,最近的五四运动气氛淡薄了。

近来有些反"五四运动"精神的事件出现了,前些日陈济棠在广东提倡读经,恢复古文;他是反动军阀,不足为怪。但是在北京"首善之区",段祺瑞、章士钊一帮推行法西斯统治,压迫民主,摧残学生,闹得乌烟瘴气。胡适之流搞什么整理国故,开出什么国学必读书目,蒙骗青年学生,埋头读书,不问国事。陈源、唐有壬"现代评论"派一伙,联结"研究系"政客活动,阻碍革新,抨击革命,认为学生革新运动不合时宜。这些自认为聪明人,把北方文化界弄得死气沉沉。但是,有觉醒的青年学生总看到,这种黑暗情况继续下去,中国人民的苦难将更加深重了。青年学生对黑暗事物终于起来揭露、攻击,掀起群众性运动。军阀政府就来实行逮捕、监禁、杀害;胡适陈源一帮聪明人认为这批青年学生是无知的傻子,不识时势,自讨苦吃。"三·一八"惨案是军阀政府镇压学生运动的暴行,竟有买办文人陈西滢在《现代评论》上发表一篇《闲话》,诬蔑爱国群众盲目地被引入"死地"。这真是下流、无耻极了!

但是,黑暗与暴力不可能永远笼罩着中国。中国社会在发展,正义与不义是清楚的,那些聪明人睁着眼睛看不懂。青年学生总是知道;为着爱国和正义,为着真理就不含糊,自有坚定不移的斗争"傻劲"。为着正义和真理,为着民主和科学而奋起的傻子,却大有人在,傻子和傻子结合起来。一起发傻地向前冲,社会才能进步。世界上的事业是傻子干出来的。那些聪明人为着名利而钻营,干了不光彩的事情,把世界推入黑暗深渊,结果他们也跟着沉沦了。而世界仍然在我们傻子手里,推向前进;世界是傻子的世界啊!

我们青年要以科学态度,狠狠地反击暴力,扑灭黑暗,中国一定走向光明世界。这样,我们的生活才有意义,才有价值。

戴锡樟记。1972 年 11 月

厦门大学地下党与鲁迅的关系^①

罗　明

　　一九七六年十二月下旬罗明同志来厦门访问,那时因注释《鲁迅全集·两地书》的需要,于十二月二十五日在厦门大学招待所拜访了他,随后将他的谈话整理成文,寄请审阅,他作了修改寄回给我。一九七九年三月五日又写了一封信给我,对他在厦大招待所的谈话记录稿作了校正、补充。现将两份材料加以综合、整理,着重介绍他所知道的鲁迅与当时厦门大学地下党关系的一些情况。

　　一九二六年一月罗明同志从广州到厦门招收全国农讲所学员,他作为两广党区委、区委特派员,召开党团员会议,成立党和团的总支部,党总支部委员会设在厦门大学,该校教育系学生罗扬才任党总支委书记。罗明经常参加会议讨论形势与任务。厦门大学成立党支部,那时党支部还没有公开,处于地下状态,罗扬才任书记,支委有罗秋天、刘大业。

　　一九二六年四月罗明同志由厦门回广州任两广党委宣传部秘书,七月他到汕头主办汕头农讲所,九月他任汕头党地委书记。当时厦门党支部归汕头党地委领导。以后汕头党地委收到厦门总支部几次报告,内有谈及鲁迅来厦门大学任文学教授,支持革命运动,支持学生革命活动,对学生影响很好、很大等等情况。

　　一九二七年一月两广党区委决定罗明到厦门漳州成立闽南党特委,领导闽南闽西工作。一月初他从汕头到厦门,与厦门党总支委联

① 　原载《新文学史料》1994 年第 1 期。

系,决定成立厦门市委。罗明到了厦门大学,找到了罗扬才,罗扬才告诉他,根据组织上的意图,曾找过鲁迅,由于当时党还没有公开,罗扬才是以学生身份去见鲁迅的。罗扬才又说,鲁迅来厦门大学任大学教授,思想先进,所讲的文学及小说史等课程很受学生欢迎。鲁迅支持学生革命活动,支持办平民学校,对当时厦大校长林文庆崇儒尊孔及其办学方针都表示不满,林文庆对鲁迅的言论及活动也表示不满,鲁迅决意离开厦门大学。厦门大学进步学生极力挽留,未能如愿。当鲁迅离开时,学生热烈欢送,罗明同志看了一九二七年一月四日厦大部分学生送别鲁迅的照片,他说,第二排左起第五个就是罗扬才。

一九二七年一月罗明同志在厦大与罗扬才谈话时,罗扬才还告诉他,据学生反映,徐玉诺当时的思想、与学生关系都是与鲁迅有很大的差距。徐玉诺系文学研究会成员,从事小说、散文、诗歌创作,曾受到茅盾的好评,一九二四年九月至一九二五年四月在厦门大学任注册组编译员。

罗明还介绍了罗扬才的情况。他是广东大埔枫朗乡坎下村人,父亲是个耕田人,经常替人挑东西过活,早年逝世。母亲务农兼理家务,叔父在漳州做小贩。他从小跟着叔父在漳州读书。

罗扬才小学毕业后考入集美学校师范部,曾担任学生自治会干部,思想进步,和罗明一起主编过《星火》油印刊物,后改为铅印。他和刘瑞生、丘泮林等人参加发动集美学潮。

罗扬才一九二五年秋天考入厦门大学预科,同年五月在厦门参加中国共产主义青年团,十一月到广州参加全国学联第八届代表大会,并在那儿入了党,入党后任厦门特别支部书记兼学生运动委员。一九二六年二月担任国民党福建省党部工人部长。同年十一月任厦门总工会委员会会长。一九二七年一月被选为中共闽南特委委员兼厦门市委组织部长,同年四月九日厦门反动派突然发动反革命事件,罗扬才被捕,是年五月二十三日在福州英勇就义。

(庄钟庆整理)

集美停办与厦大风潮之再起①

　　……继集美而起的,便是厦大的风潮;它的原因,是起始于一层深大的意义,"若果这人人格破产,……和反革命的刘树杞打不倒,学校将永没有好教员告来。教员的好坏,直接影响学生的学业,间接便大有关于学校的兴败。"所以厦大这次风潮的目的就是:

　　一、求整个的——学生教员学校——的生机

　　二、拯救闽南衰落的文化。三、培植福建的革命气息。

　　这三个要求的,我们早就有人横在心内,我们不是常常听著一班咒叹说:"厦大办得糟子","厦门终是个文化落后的地方!"每次遇到社会运动,也常见一些人嚷说:"厦大的大学生尚不参加,我们算什么!?"哼,厦大的风潮,早就该接二连三的爆发了,可惜还是迟到今日。

　　但如果革命而能成功,迟早终究是一样的。厦大风潮的结果成了什么样了? 已经有三个事实,陈列在我们眼前:一、学校全部关门;二、下季国学院宣布停办,三、比较有革命性的教员学生多跑空了。

　　啊,在这个当儿,我们应该如何急起努力! 我的希望是:

　　一、厦大的学生为使外界明白真象,要再接再厉,尽力宣传,尽力奋斗;

　　二、舆论界应当接力赞助;

　　三、各团体须继起实力援助,要求国民政府将厦大根本改革;

　　这样,到了厦大的生气复活,我们的希求自然暂暂长大。(世中)

---

　　①　原载《福建青年》第 4 期,福建革命青年团出版,1927 年 2 月 15 日。

关于《波艇》和《鼓浪》^①

庄钟庆

"我先前在北京为文学青年打杂,耗去生命不少,自己是知道的。但到这里,又有几个学生办了一种月刊,叫做《波艇》,我却仍然去打杂。"(《两地书》七三)

鲁迅在厦门大学期间,谢玉生、崔真吾、卓治、俞念远等几位学生得到鲁迅的支持和帮助,组织了泱泱社,并创办了《波艇》文艺月刊。刊物的命名,据载:"在厦门海浪汹涌滚来时,想到漂浮在碧波里的 boat,就得到这个名字。"(《北新》第十五期,一九二六年十一月二十七日)

《波艇》创刊号没有标明出版日期,鲁迅在《两地书》(五八)提及一九二六年十一月要印出来。《北新》第十九期(一九二六年十二月二十五日)插页的广告说:"《波艇》月刊,今已出版。"有人便据此断定:《波艇》创刊于一九二六年十二月二十日前后。可是《语丝》第一一三期(一九二七年一月八日出版)刊登北新书局广告说,《波艇》"不日出版",可见那种主张《波艇》是一九二六年十二月二十日前后出版的说法是根据不足的。《语丝》第一一四期(一九二七年一月十五日出版)刊登了创刊号目录,有人据此认为《波艇》创刊应是一九二七年一月十五日前后,我以为这个说法比较可信。《波艇》第二期于一九二七年一月十六日出版,鲁迅离开厦门即停刊。

---

① 原载《鲁迅研究百题》,湖南人民出版社 1981 年版。收入本书时作了一些修改补充。

　　鲁迅为《波艇》撰稿,如创刊号刊登了《厦门通讯》一文,孙伏园也极力支持《波艇》,该刊一、二期都登了他的《厦门景物记》。

　　《波艇》中登载的学生作品的倾向,如鲁迅所指出的:"或则受创造社的影响,过于颓唐,或则象狂飙社的样子,大言无实。"(《两地书》八三)尽管青年们作品存在着这样那样的弱点,鲁迅还是耐心地加以审改,据俞念回忆,他作的短篇《樱花下之一夜》(刊登于创刊号)就是经鲁迅修改后发表出来的,鲁迅对俞念远说:"你的这一篇,倒象一首抒情诗,只可惜学生腔!"(俞荻:《回忆鲁迅先生在厦门大学》,《文艺月报》一九五六年十月号)是的,《波艇》中学生的稿子"大抵尚幼稚,然而初学的人,也只能如此。"(《两地书》五八)不过,鲁迅总是教导初学作者认真磨练自己,不断前进。他对俞念远说:"以后还得多多阅读各种名著,好扩大你的眼界,对社会生活也要多观察,这样你的题材就不会太狭窄了!"

　　《鼓浪》周刊,也是谢玉生、崔真吾、俞念远等人创办的,同时得到鲁迅的支持与帮助。这个刊物名称,据俞念远的回忆,"虽和厦门对岸的鼓浪屿同名,实际上含有'鼓起新时代的浪潮'的意思"。刊物是附在鼓浪屿《民钟日报》上出版,于一九二六年十二月一日创刊,每逢星期三出刊,一九二七年一月二日出版第六期后停刊,第六期为"送鲁迅专号"。原况为停刊,近日发现一九二七年一月二十日出版第七期为"送鲁迅先生专号(二)"。

　　《鼓浪》的文学体裁和风格象《语丝》。鲁迅认为"恐怕也不见得有什么好结果"。尽管《鼓浪》是一株幼嫩的艺苗,然而在当时的厦门的特定情况下,确实发生过一定的影响。该刊第一期出版后,颇受读者欢迎,很快销售馨尽,读者纷纷要求重印,果然一九二七年一月一日再版,以飨读者!

　　鲁迅扶植支持《波艇》、《鼓浪》两棵文艺幼苗,表明了鲁迅非常重视文艺上的新生力量,因为"惟其幼小,所以希望就正在这一面。"(《二心集·一八艺社习作展览会小引》)

鲁迅在厦门的心灵旅程①

——《鼓浪》创刊号及五六七期的特殊价值

陈天助

　　2006 年 4 月,厦门大学鲁迅纪念馆重修开馆,在主题为"鲁迅与厦门大学"的第二展室,《鼓浪》创刊号及五、六、七等四个原件引人注目。《鼓浪》在厦门现代文学史上具有重要地位,原先发现的只有《鼓浪》一、六期目录,文史研究界普遍认为,由"鼓浪社"主编的《鼓浪》周刊只出版了六期。这次不但改写《鼓浪》只出六期的说法,而且还发掘了一、五、六、七期的完整作品。

关于《鼓浪》的最后一期

　　"3·18"惨案发生后,鲁迅抱着"换一个地方生活"的想法,在林语堂的邀请下,于 1926 年 9 月 4 日从上海乘轮船抵达厦大,任国文系教授与国学研究院教授。鲁迅在厦大任教 130 多天,在此期间,鲁迅开设了中国文学史和中国小说史两门课程,编写了中国文学史讲义,前三篇为《中国文学史略》(或简称《文学史》),第四至第十篇名《汉文学史纲要》(1938 年编入《鲁迅全集》,首次正式出版时,取用后者为书名),创作《故事新编》中的《眉向尺》(后改名为《铸剑》,未完成)、《奔月》等,完成了《从百草园到三味书屋》、《藤野先生》、《范爱农》、《〈坟〉的后记》以及《〈阿 Q 正传〉的成因》等等重要文章。鲁迅还帮助厦大文学青年成

---

　　①　原载《新文学史料》2007 年第 2 期。

立了"泱泱社"和"鼓浪社",并为这两个文学社团创办的《波艇》月刊和《鼓浪》周刊撰稿、审稿、改稿并指导编印。鲁迅特别为鼓浪社的周刊命名"鼓浪",名称出自厦门的鼓浪屿,同时带有"鼓起新时代的浪潮",启发民智,振奋民心。

为什么研究中国现代文学史的专家和学者都一致认为《鼓浪》只出过 6 期呢? 因为在第 7 期发现之前,能找到的《鼓浪》相关资料,只有第一期和第六期目录——

《鼓浪》第一号再版目录:

厦门大学鼓浪社编辑

本刊广告

谒死了(伊哥)

那不是空谷的回音(岩野)

男生宿舍里的柔兰(绯心)

过秦论(梅川)

厕所中的字纸(田木)

　　　　一九二七年二月一日再版

《鼓浪》第六号目录——送鲁迅专号

鲁迅先生去矣(闵子)

新科学原理及方法(白浪)

论走过去(宝飞)

书房里的故事(长生)

两件事(小伙计)

　　　　一九二七年一月五日出版　每份售铜元二枚

　　　　代售处:厦门大走马路协作商店。

以上两个目录见《厦门大学国学研究院周刊》第一卷第二期,1927年 1 月 15 日。

同时,1927 年 1 月 15 日《北新》第 21 期也记载:"《民钟日报》附刊《鼓浪》每星期三出,现在出第六期号,是'送鲁迅专号',零售每号铜元二枚。通信处厦门大学青子转。"《鼓浪》第六期为"送鲁迅先生专号",人们以为鲁迅离开厦大后,《鼓浪》就停办了,因此,第 6 期"送鲁迅先生专号"的出版很容易让人以为是《鼓浪》周刊的最后一期。

不过,与鲁迅一起工作过的同事和学生回忆鲁迅时,曾提起《鼓浪》

刊出第七期。上世纪 80 年代初,旅居菲律宾的老华侨洪学琛参观厦门大学鲁迅纪念馆,他对当时管理负责人说《鼓浪》第七期目录一事。洪学琛是当年厦大教育系学生、文学青年,与鲁迅交往甚密。查阅《波艇》第一期目录,第一篇为鲁迅的《通讯》、第二篇为孙伏园的《厦门景物记》、第三篇即是洪学琛的《失望》,可见洪学琛当年在厦大文学青年中已有一定影响力。由于当年找不到进一步的论据,洪学琛的说法并未引起重视。

一个双喜临门的发现

厦门文史专家洪卜仁长期研究厦门旧报,2005 年 9 月,他得知有人在旧报摊搜到一叠《民钟日报》,凭着职业的敏感,洪卜仁赶到现场,眼睛为之一亮——80 年前《民钟日报》文学副刊《鼓浪》创刊号、第五期、第六期、第七期的原件,品相完好,内容详实。洪卜仁对鲁迅在厦门的文史资料有一定了解,他知道《鼓浪》刊出了六期,而手中的旧资料却出现了第七期,而且,以往只有一、六期目录,这回却发现了一、五、六、七的完整版面。这是一个双喜临门的发现。

报纸收藏的难度大于杂志,虽然"《波艇》不在厦门印刷,寄交上海北新书局代印代发。"(原载《厦大周刊》第 170 期,1927 年 1 月 1 日),然而《波艇》杂志的内容至今保存完整,而几乎同时刊发的《鼓浪》却一直只有一、六期的目录,只是因为《鼓浪》是附加在《民钟日报》的副刊,报纸版面一般较难收藏。第 7 期"专号"后面有个"(二)",而第 6 期并没有与之呼应的"(一)",研究者均推断《鼓浪》到第 6 期为止。

人民文学出版社出版 2005 年最新印刷的《鲁迅全集》第 11 卷 227 页,对《鼓浪》周刊的注释同过去版本一样:"厦门大学学生组织的鼓浪社创办,附《民钟日报》发行。一九二六年十二月一日创刊,次年一月五日出至第六期停刊。"这里标明《鼓浪》周刊出版了 6 期。厦门大学现代文学研究专家庄钟庆从《厦门日报》(2005 年 10 月 31 日)读到发现《鼓浪》第 7 期的报道后,向人民文学出版社反映了这一情况,并寄去了登载这条新闻报纸,立即得到现代文学编辑部的回信。新出版的再次印刷的《鲁迅全集》已经将这条注释改为 7 期了。

《鼓浪》第 7 期"送鲁迅先生专号(二)",于 1927 年 1 月 12 日见报,文章有顾飞的《"至善饭店"的掌柜》、阿品的《打破黑暗的铁窗》、行素的《别鲁迅先生的话》、么胆的《镇南关与黄花冈》、人可的《橡树林中》、北极之民的《一杯冰水》、Catalyst 的《沉淀》等文章。报头位置还醒目地登载着一句话:"鲁迅先生准于 15 日离开。"

《鼓浪》第 5 期刊出时间为 1926 年 12 月 29 日,由于新年将到,《鼓浪》策划了一期主题文章《新年的礼物九件》,署名"我们的一群",由 9 位作者撰写新年随想,其中有长生的《论语一部》、田木的《臭东西》、绯心的《返魂舟》、白浪的《火把》、芜栽的《冒尖一顶》、都非的《照妖镜》、思源的《套鞋一双》、闵子的《饭》、玫玫的《相思情》等 9 篇,赠给九类不同的人群,寄予不同的希望,有送给孔子的门徒们、有送给塚国里的朋友们、有送给厦门的一般老少男女、有送给挨饿的自己……。同期还有小莺的《游艺会里》、绮暗的《流音》以及林语堂的《塚国絮语(二)》等三篇。

鲁迅精神的影响力

鲁迅给许广平的信写道:"此地无甚可为。近来组织了一种期刊,而作者寥寥数,或则受创造社影响,过于颓唐,或则像狂飙社嘴脸,大言无实;又在日报上添了一种文艺周刊,恐怕也不见得有什么好结果。大学生都很沉静,本地人文章,则'之乎者也'居多。"(《鲁迅全集》第 11 卷 226 页、人民文学出版社 2005 年)鲁迅在厦门一段时间后意识到,虽然文学风气不盛,却弥漫两种恶劣文风,一种是"大言不实",另一种为"之乎者也",前者表现为颓废浮躁,后者则是满嘴食古不化的文言文。鲁迅先生虽然只在厦大呆了四个月的时间,彻底扫荡了这两股歪风。许广平在《欣慰的纪念》里提到:"自他到后,厦门大学研究文艺之风盛行起来,冷清清的大房间里时常有学生的足迹不断往来。"

鲁迅在厦大青年学生中树立了崇高的威望,许多青年学子对这位著名的文学家、思想家、革命家充满了崇敬和爱戴。这一点我们从新发现的《鼓浪》第五期可以看得很清楚。其中的文章处处彰显鲁迅文学精神,《返魂舟》的主题"送给塚国里的朋友们",作品直接引用鲁迅的"铁屋子理论",更将"铁屋子"比喻为"坟墓",作者希望从新年起,铁屋里的人们注入新的生命,个个复活。白浪的《火把》中企图教厦门人领会火把的功用,即使在白昼派上用场,文章立意有《长明灯》的流风遗韵。

　　然而，鲁迅要离开了，许多学生纷纷拿起笔直抒胸臆，为"先生送行"。还有，"几个学生因为我和兼士在此而来的，我们一走，大约也要转学到中大去。"（《鲁迅全集》第 11 卷第 227 页 2005 年）《鼓浪》第七期的刊出，正是因为第 6 期出版后，纪念文章太多了，又增刊一期，所以这期专号有了一个"（二）"。

　　《鼓浪》第 7 期所刊登的文章洋溢着对鲁迅先生的崇敬和爱戴之情，为先生的离去感到深深的痛苦。阿品《打破黑暗的铁窗》写道："鲁迅先生离开厦大，只要我们的头脑没有麻木，谁都会说是件不幸的事。我亲见这位宣言'救救小孩子'的救主离开我们而去，心里的难过实是不可言说的。"顾飞在《'至善饭店'的掌柜》一文中写到："'鲁迅先生要走了'，南普陀也许会再作牵线戏，间歇的锣鼓声，也行会使人们更感到寂寞，感到寂寞的人们也许会因之头痛。——但'新科学家'不是已经替我们起个药方吗？'耳腔塞破布，头上戴纱帽'。"这些文章往往引用鲁迅的著名语录，加以引申阐发，还有以鲁迅笔下的吕纬甫、魏连殳、涓生等形象为原点，结合现实，抨击时弊。

　　新发现的一、五、六、七期《鼓浪》，再现了鲁迅作为青年导师的光辉形象，更彰显了鲁迅在厦门时期的精神力量。

鲁迅是这样走的[①]

卓　治

　　这两天连着在《申报》上见到厦门大学的消息，我想许多人定要注意的，对于鲁迅的走开厦大，或者也有人要惊奇，其实他现在的走开，他自己初去的时候也并不会想到，但是他终于要"日内离厦"了。

　　我是在见到去年秋间《申报》的《厦门通信》而转学厦大的。记得那通信的大意是：厦门大学要扩充了，文科方面有林语堂、鲁迅等等，其他各科也请了许多有名的教授……。一九二七年一月四号我退学离开厦大到上海来，那时我已晓得鲁迅不久便也要走了，因为四号下午学生会开了一次欢送鲁迅大会，（我因早晨上船，未得参加，此后的事，就不大清楚了。）学生会先去挽留，挽留不得，所以开欢送会，我以为厦大学生会做了向来不曾做过的事——欢送一位教员——已是难能可贵，绝不想到会有象报纸上所说的事情发现，但是已经成了事实，于是乎我觉得鲁迅的离厦，的确有想想的必要。

　　鲁迅到厦门去的时候，原想在那面住二年，所以合同上订了二年，他以为这两年间，很可以教出两班学生，同时可以自修自修。中国文学史略，及其他两三种书（他说的书名记不起了）也可以整理清楚。同时他自己觉与外界接触是不大好的，决意牺牲自由，闭起门来，把所想做的工作成功了。而事情却如此的屡屡发生，国学院有一次开会了，院长（即自称孔子门徒的林文庆）以为，最好能在年假时便可以看到教授或学员的研究的成绩，鲁迅告诉他，研究国学，并不是三日两夜，便可以有

----

①　原载《北新》第 23 期，1927 年 1 月 29 日。

所成的,半年的时间,不见得能有什么成绩吧。假若为装潢门面起见,他可以先把自己的存稿古小说钩沈(名字不见得真确,我的记忆是这样的薄弱)拿去付印。院长当时很慷慨的说了,大意是:只怕没有稿子,有时便可立即付印,请就拿给他看。鲁迅的稿子果然拿出了(可证他——鲁迅——并未吹牛),来往不到半点钟,这部稿子转了回来,以后便没有声息,稿子也就到鲁迅的箱里去休息了。这件事相当的使鲁迅要不安,他此后或者时常要怀疑自己,不晓自己可曾骗过人家。他的住所,他的饭食,全不舒服;学校的庶务,常常要请他搬家,为桌椅多少等等也向他麻烦,厨房时常变换。厦门的一个副刊——鼓浪上有过这么几句:"到校二三月,挨饿三四顿,包饭五六家,还要等一等。"足见一般了!

鲁迅经过了几次的被邀开会以后,便晓得原有的计划不易实现了,因为每次开会,总要头痛着归来。他曾屡屡的在谈话间说到宁愿头不痛,肚子饿些无妨,若是头要常常痛,而肚子虽可得饱,也是不舒服的,于是二年的期限,自行缩短,成为一年。不久又遇到了国学院预算案的减少问题。

所以在国学院的牌子挂上了不久,便有"现在橡皮折本,本校应行减政"的意趋。国学院之于院长之流似乎有些看不惯,如他们想用白话文的格式,或者是比较简易的格式,而院长之流,却以为还是"等因"准此"……的好。所以一眼望到,便想法子,来在少无可少的原有预算上找寻,鲁迅觉着太不平了,便这样的提出一些反对的话头,大意是:预算并不为多,加增之不增,反要减少,现在成立将近半载,国内外各处,送来许多东西,我们却连一种刊物也还没有出得,现在要减少预算,研究的成绩记录,既不愿印行,连刊物也要视为"莫须有"的,有中化无的消灭,那么我们来到这里半年,人们将谓我们是来白吃饭的。同时这种似乎骗人的行为,的确有些放心不下。如此如此,他怎能不头痛呢!

这次的结果,虽然是:"今日减,明日加,后日恢复。"——见鼓浪送鲁迅专号——

但是鲁迅已经觉到头痛太苦,太麻烦,于是由一年而半年了。孙伏园走的时候,我就替鲁迅担心,我想他是最苦的,他最富于情感;忽然走开了他的邻居?且是他喜欢见到的会笑嘻嘻催棉的孙伏园,他是何等孤寂,固然他不愿和见了便使他不舒服的人们见面,在没有他所喜欢看到的人们的时候,他宁愿单独的幽默着。我也曾劝他不必结束,就可以走开，（虽然起初劝他留一年的也有我）因为他班里修功点的学生也有限，并且其中因听不懂他的话，而在班里"画菩萨"的很有其人。但是他总怕许多人在功点上吃亏，很想勉强的做去，年假以后再走，但是事情是这样的发生了，使他由二年而一年，一年而半年，终于半年也不成，只好提前考试，结束之后，便要走开了。

　　一九二六年十二月二十九日（确切的日子记不得了，大概是二十八至三十之间吧）国学院又开会了，代理主任张星　便说到沈兼士辞职，大家都说应当挽留，而张公（大概是主席）却这样的老实说："不必喽！他——指兼士——已有地方喽！何必多此一举哟！"这些话鲁迅听了已觉欲呕，但是这不大要紧，接着又由张代理主任报告了，大意是：院长示意，希望国学院添设几位顾问，有想藉此联络感情之意。至于顾问的人选，大概是理科主任之流。

　　鲁迅不得已便又出来说话，：大意是：假使是院长或校长的命令，那么大可以奉命遵行，倒也象是一回享；若是要取决于会议的，那么就很想正式的说几句。设若顾问是为联络感情的，可是没有顾问时，我们研究国学，便要与什么理科等等的人们失却感情？若是这样，我们的顾问便很难请了，海军总司令他也不以为然，我们也要去请他来"顾问"，恐怕不大易办，倒不如不必多此一举。同时还有许多人反对这件事，但是已觉得太苦了，只好早早走开，所以当时就告诉文科主任林语堂，自一九二七年一月一日起便不上课？也不要钱，只是房子要借住几天，整理行李好走路。

　　鲁迅先生可算是很对得起厦大了，只是厦大太对不起他。现在报上仍是登着那面风潮的消息，这件事的结果，还没有人晓得，也许将来大家可以多知道些那里的情形，我的这一篇就此结束了。至于厦大的介绍，在最近的将来，还想写些，这或者可以使读者得晓厦大光明的十分之一吧！我一定努力的介绍哟！

　　附白：前面有许多地方，书名日期等等从前因没有做这篇东西的意思，所以就不曾想到应当记着。里面大地方总不致相差得太远，至于小地方，不免要这样说："我的记忆弱些，或许有不大对的"，好在鲁迅先生看见了后，如有差得太远的地方，可以帮我改正，因为我这篇里的事情，居多是听他讲的，我只写我所记得的，所以不太完全。

　　　　　　　　　　　　　　　　　　　一九二七，一，十六，于上海滩上。

与鲁迅先生有关系的校舍[①]

陈梦韶

　　鲁迅先生于一九二六年九月四日抵达厦门,因言语不通,只得先寓靠近码头的中和旅馆,同日用电话通知学校。当晚,孙伏园等即到旅寓迎接,并即催船移入厦门大学。先住在生物学院的三楼,当时国学研究院,即附设在生物学院内。鲁迅先生对于这座生物学院,有这样的描写:"这楼就在海边,日夜被海风呼呼地吹着。"(《厦门通讯》)

　　因为当时的生物学院盖在海边小山岗上,四无遮拦,鲁迅先生所住的房间,是在靠海一边,时节又逢秋天,自然所听的是呼呼的风声,所见的是茫茫的海水了。这个建筑着生物学院的小山岗,向镇北关那边低,向演武场这边高。建造这座楼屋时,依山岗形势,把低的那边多盖一层地下室,跟高的这边取齐。因此,从演武场这边看是三层楼,而从镇北关那边看,却是四层楼。鲁迅先生在《两地书》中,有时说是住"在三层楼上"(九月二十日),有时却说是"住在四层楼上"(九月二十八日),这并不是前后矛盾,而是实在的情形。

　　在《两地书》内九月十二日那次的信中,他说:"我已写好一张有这房子照相的明信片,或者将与此信一同发出。"他在那张明信片——"鲁迅全集"第十卷里的一张插图——的背面,这样写着:"从后面(南普陀)所照的厦门大学全景。前面是海,对面是鼓浪屿。最右边的是生物学院和国学院,第三层楼上有记的便是我所住的地方。昨夜发飓风,拔木发屋,但我没有受损害。迅。九,十一。"他说住在生物学院,并没有说

---

　　①　选自陈梦韶:《鲁迅在厦门》第3～17页,作家出版社1954年版。

错,但却误把记号打在博学楼上。因此,便有许多人以为鲁迅先生,初
到厦门大学的时候,是住在博学楼的。原来生物学院是在厦门大学那
五座"一字形平列"的校舍的东南,而博学楼则是在东北。明信片那张
厦门大学全景,是从后面西北的蜂巢山上拍照的。因此,博学楼本在东
北,看来好像在正东;生物学院本在东南,却变为完全在正南,而且屋顶
与南面海水混成一片,模糊看不清楚。鲁迅先生初到厦大只一星期,环
境方向尚未十分了解,一时把记号打错,自然是不足怪的。

鲁迅先生对于他最先住过的这座生物学院,不有这样的叙述。他
说:"我们来后,都被搁在须作陈列室的大洋楼上,至今尚无一定住所。"
"我现在如去上课,须走石阶九十六级,来回就是一百九十二级,喝开水
也不容易,幸而近来倒已习惯,不大喝茶了。"(《两地书》·四二)他所谓
"石阶九十六级",是指从平地至山岗上四十八级加上生物学院内三层
楼四十八级的总级数而言的。他在九月二十二日所写的信里,又说:
"但十天内外,我要移住到旧的教员寄所,那时情形又当与此不同,或者
易得开水罢。(教员寄宿舍有两所,一所住单身人者曰'博学楼',一所
住有夫人者曰'兼爱楼',不知何人所名,颇可笑。)"(《两地书》·四四)
他说不久要移住教员寄宿舍——住单人的是博学楼,可知他还未迁移
之前,所住的并不是博学楼。

可是,在三天之后,并没有真的移住到博学楼去,因为"教员宿舍已
经人满"(《两地书》·四六),鲁迅先生便于九月二十五日下午,"从国学
院迁居集美楼"《鲁迅日记》了。

在演武场北边,那五座"一字形平列"的校舍,是东西对称的:它以
群贤楼为中心而以西边的囊萤楼对东边的映雪楼,以西边的同安楼对
东边的集美楼。囊萤楼的西边,又有西膳厅及西厨房,映雪楼的东边,
又有东膳厅和东厨房,这也是两边对称的。我们站在演武场的南边,面
朝北,左手在西,右手在东,从左边的囊萤,看到右边的映雪楼,从左边
的同安楼,看到右边的集美楼,就像写的"一"字,是从左至右的。现在
依次序,自西至东,把这五座楼和鲁迅先生的关系,一一说明于左:

囊萤楼在最西边,是男生宿舍,在这座楼前面,有用人工开凿的游
泳池,四周铺砌白石,围以铁栏干,鲁迅先生在下课后,有时顺路走到这
里。

囊萤楼的东边,是同安楼。鲁迅先生就在这楼上最西边的一间教

室,讲授"中国文学史"和"中国小说史"。在每一周中,他至少要以这里来四次。

同安楼的东边,是群贤楼,也就是居中的大礼堂。这座楼的两端是两层的,中间一段是三层的。当时楼下专作校长、教务长、总务长、及各科系主任的办公室,二楼的中央作大礼堂,三楼仅有一间大厅,常是空着的。学校每次开会,都是在这二楼上的大礼堂举行的。一九二六年九月二十日,鲁迅先生会在这里的大礼堂中,参加开学典礼。十月十日这一天,到这里来过好几次:第一次是早晨,来赴国庆庆祝会,第二次是午后,来赴国学研究院成立会,第三次是晚间,来听恳亲会所演奏的音乐并看电影。在这一天下午所开的国学研究院成立会,仪式很隆重,厦门各机关学校,都派代表出席。学校当局事先请鲁迅先生演说,他因为负责展览事忙,坚辞不允。可是他却赶来赴会,坐在城,来听别人的演说。

首先,是当时校长兼国学研究院院长林文庆演说,大意是说:"本人于十多年前,因北洋政府召集医学会议,鲁到过北京一次。在会议席上,一般人对于医学名词,多用洋文,将中国名词,完全废弃。我对于这事,不禁发生无限感慨。常想中国数千年来固有的文字,竟衰替一至于此,真令人痛心切齿!其后陈嘉庚先生请本人来做本校校长,本人来校之后,对于国学,提倡不遗余力。这次特组织国学研究院,聘请国内名人,从事研究,目的在乎保存国故,发扬文化,使它不致衰替丧堕"云。

鲁迅先生听了林文庆的演说,虽然觉得他浅薄可笑,但是他既说"对于国学,提倡不遗余力",又说将来对于教授研究的成绩,一定会加以重视,尽量出版,所以他当时觉得国学院的今后工作,是大有希望的。这天,他又和各位研究教授,引导来宾去参观国学院的图书和古物展览。古物陈列分东西二室:东室陈列鲁迅先生所收藏的拓片,大多数是六朝及隋唐的造像;西室陈列各种古物,大多是河南洛阳一带所出土的。参观完毕,已是午后六时多了。

这次国学院成立会,鲁迅先生事前忙于陈列筹备展览,当日又忙于赴会听演说,介绍来宾参观,真是弄得头昏。因此,当晚在大礼堂开的恳亲会,他就不再赴会了。他坐在宿舍中那双长躺椅上休息,待到恳亲会完毕,接着要开始音乐演奏及电影放映的时候,他才到大礼堂中来坐坐。他看到十一时映完后,才回宿舍去,。

在开国学院成立会后的第四天，即十月十四日，鲁迅先生便应学校的邀请，出现在群贤楼大礼堂中，在周会上演说了。事先同学看见学校的布告，知道是鲁迅先生要来周会演说的。那天上午十一时，无论男女同学，无论各科系学生，都特别精神起来，大家欣欣然提前蜂拥走入大礼堂中，坐在那里等着，要听鲁迅先生的演说。他的演说词的大意，是说：

"世人对于好事之徒，每感不满，以为'好事'二字，好像有'遇事生风'的意思，其实不然。我以为今日的中国，这种'好事之徒'却不妨多。因为社会一切事物，就是要有好事的人，然后才可以推陈出新，日渐发达。试看各科学家的种种新发明，他们的成绩，何一不是从好事得来的。即如本校，本是一片荒芜的地方，建校舍来招收学生，其实也是好事。所以我以为'好事之徒'，实无妨碍。我曾经看过本校的运动场上，常常有人在那边运动，图书馆的中文阅览室，阅报、看书的人也常常满座，这当然是好现象。但西文阅览室中的报纸杂志，看的人却寥寥无几，好像不关重要似的，这就是不知好事，所以才有这种现象。不知西文报纸杂志，虽无重大关系，然于课余偶一翻阅，实在也可以增加许多常识。所以我很盼望诸位，对于一切科学，都要随时留咝。学甲科者，对于乙科书籍，也可稍稍涉猎，学乙科者，对于甲科书籍，也可稍加研究，但自然以不碍正课为限。一定要这样，才能够略知一切，毕业以后，才可以在社会上做事。但是各人的思想境遇不同，我不敢劝人人都做很大的好事者，只是小小的好事，则不妨尝试一下。譬如对于凡可遇见的事物，小小匡正，便是。但虽是这种小事，也非平时常常留心，是做不到的。万一不能做到，则我们对于'好事之徒'，应该不可随俗加以笑骂，尤其是对于失败的"好事之徒"更不要加以讥笑轻蔑。"（见一九二六年十月二十三日《厦大周刊》。原用文言记录，现改写为白话，以供参考）

鲁迅先生这次的演说，虽只讲了三十多分钟，但他的演说，却得到全体学生热烈的欢迎。他这次演说的内容，本来有两个中心思想：一是"少读中国书"，一是"应该做'好事之徒'"。（《两地书》·五六）他的演说词的前半段，先从"少读中国书"，发挥了一番见解，因为这些话和提倡孔教的校长林文庆见解不同，所以登在《厦大周刊》时就被删掉了。剩下在这里的，就只是"要做'好事之徒'"的话。林文庆听了演说之后，对于鲁迅先生前段的话不敢当面加以驳辩,而对于"应该做'好事之徒'"的话,却大大加以"赞许"。他当场对鲁迅先生说:"陈嘉庚也正是'好事之徒',所以肯兴学。"(《两地书》·五六)鲁迅先生对于林文庆这样的话,并不认为他有正确的理解,却认为他的思想胡塗。因为做"好事之徒",是和他的提倡孔教相冲突的。

十月下旬《厦大周刊》出版后,鲁迅先生看见他的演说词的前半通通被删掉,明白了这是不合学校当局脾胃的表示。因此,以后学校屡次再请他演说,他都谢绝了。他说:"近来对于厦大,什么都不过问了,但他们还要常来找我演说,演说,则与当局者的意见一定相反,真是无聊。"(《两地书》·九三)

这次在周会演说之后,又过十天,即十月二十四日,鲁迅先生又于夜间,到群贤楼上,来看电影,是演林肯事迹的。鲁迅先生说:"明天是星期,夜间大约要看影戏,是林肯一生的故事。大家集资招来的,需六十元,我出一元,可坐特别席。林肯之类的故事,我是不大要看的,但在这里,能有好的影片看吗?"(《两地书》·六〇)

此后,一直到了十一月十七日,鲁迅先生才又到这里大礼堂,来赴第二次恳亲会——在全学期中所开三次的恳亲会,鲁迅先生只赴了这一次。这次全体教职员同学生都出席,教职员的眷属也来参加。男女分坐,济济一堂。"林玉霖妄语,缪子才痛斥"的事情,也就是在这次会里发生的。当时,学生指导长林玉霖,从会众中起而演说,大意说:"'恳亲'两字,是恳切亲密的意思。我们的老校长,好比家长父亲,教员好比年长的大哥,同学好比年幼的弟妹,整个学校,就像一个大家庭,痛痒相关,很亲切亲密的。"鲁迅先生说,他听了,"真要立刻跳起来!"那时,有一位名叫缪篆(缪子才)的,是一位教"中国哲学史"的教授,正在大病初愈之后,听了很不高兴,大发脾气,用着慷慨激昂的声调,说:"我们都是大学教授,是有学问的人,不是妇人孩子,怎么可以这样比喻?林玉霖今天所讲的,究竟算是什么话!"(据林玉霖回忆所述)这次开恳亲会,因为有这一段插曲,所以闹得不欢而散。

从这次赴恳亲会后,鲁迅先生又于十一月二十六日,十二月三日,十二月十日,都在夜间,到群贤楼大礼堂来过三次,是来看电影的。这些影片,在当时鲁迅先生的眼里看来,是很粗劣的,故事情节也很平凡。但在这离市区很远的学校里,日常生活很单调枯燥,有这种电影看看,也就聊胜于无了。

十二月十二日,厦门大学学生会所倡办的平民 ,借群贤楼大礼堂开成立会,这些学生都是学校工友的子女,贫苦的失学青年。鲁迅先生于百忙中,应邀来此赴会,并作简短的演说。大意是说:

"今天,你们这学校开成立会,我十分高兴。因为它是平民学校,我就不能不来,而且也就不能不说几句话。首先我要说的是:你们这学校的先生,都是本校的同学,他们这种服务精神,是值得钦佩的。其次我要说的是:你们都是工人、农民的子女,你们因为穷苦,所以失学,所以须到这样的学校来读书。但是你们穷的是金钱,而不是聪明与智慧。你们贫民的子弟一样都是聪明的,你们贫民的子女一样是有智慧的。你们能够下决心,你们能够奋斗,一定会成功,一定有前途。没有什么人有这样的大权力:能够叫你们永远被奴役;也没有什么命运会这样注定:要你们一辈子做穷人。你们自己不要小看自己:以为自己是贫民子女,所以才进到这平民学校来。"(据该校教员李淑美回忆口述)他讲完了,又有一位留学过西洋的教授,也登台演说,却说是:"这学校之有益于平民也,例如底下人认识了字,送信不再会送错,主人就喜欢他,要用他,有饭吃,……。"(《两地书》·九三)鲁迅先生听了大为生气,马上"溜出会场",到邮政代办处去看信了。

从《鲁迅日记》里,我们知道鲁迅先生在一九二六年,九月至十二月这段期间内,就会到过群贤楼十一次。还有一次,就是一九二七年,一月四日下午,他来赴过全体学生的送别会。

群贤楼的东边,便是集美楼。鲁迅先生早于九月二十五日,就搬到这里来住了。这座集美楼,在当时是做图书馆用的。楼下东边是阅览室,西边是书库。楼上房间专作装订书刊的场所,有的房间是空着的。鲁迅先生当时就移住在这楼上靠西边第二间房子(现辟为"鲁迅纪念室"),和移住在西边第一间房子的张颐、孙伏园,只隔了一墙木板。鲁迅先生初住到这间房子来的时候,有如下的观感:"我的房有两个窗门,可以看见山。今天晚上,心就安静得多了,第一是离开了那些无聊人,也不必一同吃饭,听些无聊话了,这就很舒服。""现在的住房还有一样好处,就是到平地只须走扶梯二十四级,比原先要少七十二级了。然而'有利必有弊',那'弊'是看不见海,只能见轮船的烟通。""今夜的月色还很好,在楼下徘徊了片时,因有风,遂回,已是十一点半了。"(《两地书》·四六)集美楼前是演武场,场的前面有环绕着磐石砲台的两道城墙。因为有这城墙,所以就发生看不见海的"弊"了。

那时在演武场上,秋草萋萋,有好几尊郑成功遗留下来的野钢砲,掩埋在茅草里。附近的田野,遍生着龙舌兰,荒塚纍纍,到处有野狗在奔跑。鲁迅先生住在集美楼的一个月后,曾作这样的描写:"我在厦门的时候,后来是被搬在一所四无邻居的大洋楼上了,陪我的都是书,深夜还听到楼下野兽'唔唔'地叫。但我是不怕冷静的,况且还有学生来谈谈。"(《而已集》:"答有恒先生")他还有这样的叙述:"我所住的这么一所大洋楼上,到夜,就只住着三个人:一张颐教授,一伏园,一即我。张因不便,住到他朋友那里去了,伏园又已走,所以现在就只有我一人。但我却可以静观默想,所以精神上倒并不感到寂寞。"(《两地书》·六〇)

鲁迅先生那时,对于整个厦大的环境,是这样的看法:"我新近想到了一句话,可以形容这学校的,是'硬将一排洋房,摆在荒岛的海边上'。"(《两地书》)

集美楼的东边,是映雪楼,也是学生宿舍。楼下西南端两间房子,即今门牌编为"映"字"101"及"103"号的房子,是邮政代办处,一边办公,一边放着教职员及学生的信箱。鲁迅先生虽没有在这楼上住过,却是天天要从这座楼下中间的通道走过的。每天看看有没有来信,要到这里;往小店里买东西,要经过这里;早晚小便,也要假道于此的。他给景宋女士的信,有这么一段的叙述:"我到邮政代办处的路,大约有八十步,再加八十步,才到便所,所以我一天总要走过三四回,因为我须去小解,而牠就在中途,只要伸首一窥,毫不费事。"(《两地书》·四八)

鲁迅先生在厦门大学时所住过的集美楼,所往上课讲授的同安楼,所往演讲、赴会、观剧的群贤楼,所常往看信假道小便的映雪楼,现在都还面目依旧,没有什么两样的。只是他最初所住过的生物学院,却不幸于厦门沦陷期间,连同其他的化学院、兼爱楼、笃行楼,都被日寇全部拆光,仅存基址了。抗日胜利后,大家看不见原来的生物学院,又因傅闻鲁迅先生曾住在最高的三层楼上,于是就又说鲁迅先生曾住过群贤楼了。

在映雪楼的东边,有一家小店,鲁迅先生时常到那里去。这间小店,在东膳厅的南端,是把东膳厅的南边厅面用木板隔出来的。这家商店的主人,是一个胖老婆子,名叫三姑。因起初厦门大学建筑校舍,占用了她的一块屋地,所以学校特地拨出这间房子给她,并准许她在校旁经营小生意。鲁迅先生在厦大时,常到这家商店买水果,吃豆浆,有一个时期,还由这家商店代包伙食。他说:"鲜龙眼已吃过了,并不见佳,还是香蕉好。但我不能自己去买东西,因为离市有十里。,校旁只有一个小店,东西非常之少,店中人能说几句'普通话',但我懂不到一半。"(《两地书》·四二)又说:"四围的人家不多,我所知道的最近的店铺,只有一家,买点罐头食物和糕饼。"(《厦门通讯》)又说:"今天晚饭是在一个小店里买了面包和罐头牛肉吃的,明天大概仍要叫厨子包做。"(《两地书》·四六)又说:"此地有一所小店,我去买时,倘五个(按 指香蕉),那里的一位胖老婆子就要'吉格浑'(一角钱),倘是十个,便要'能(二)格浑'了。"(《两地书》·四八)当时这小店里的主妇三姑,替鲁迅先生包伙食,是饭菜在三姑店里烧好煮好,由鲁迅先生的工友春来(福建海澄浮宫人),送到鲁迅先生房间去的。抗日胜利后,厦门大学自内地长汀复员返厦,这家小店移设在东膳厅后面厨房的南端,主人仍旧是胖老婆子——三姑。当日鲁迅先生所常到过的小店,木板墙已拆掉,打成一片,变为东膳厅的一部分,看不出来了。

　　从东膳厅后面,转向东南走,爬上小山岗,又转向东北走,就到了镇北关(亦称白城)。在这关城外,建了好几家新式的平屋和小楼房,就是厦门大学教职员住单家家眷的地方。鲁迅先生赴林语堂家午餐、晚餐或茶话,又赴周辨明招请吃"薄饼",都曾经到过这里来的。

　　厦门大学校舍,在鲁迅先生在这里的当时,共有十座大楼:囊萤楼、映雪楼、同安楼、集美楼、群贤楼,——这五座"一字形平列"的校舍,除囊萤楼一座外,其余四座都与鲁迅先生有过关系;生物学院、化学院、博学楼、笃行楼、兼爱楼,——这五座"南北分散开"的校舍,除生物学院一座外,其余四座都与鲁迅先生没有关系。这十座大楼,鲁迅先生虽不都住过或到过,但他对于这些楼屋的命名,却曾注意过的。

　　鲁迅先生对于厦门大学这些校舍的情况、名称及整个环境,平时就是这么注意的。他看出生物学院是三层楼,同时又是四层楼;他算出集美楼的扶梯二十四级,而生物学院的扶梯却多了七十二级;他觉得博学楼、笃行楼、兼爱楼的名称,是"颇可笑"的;他形容出厦门大学的整个环境,简直就像:"硬将一排洋房,摆在荒岛的海边上。"这些虽是小事情,却也可以看出鲁迅先生观察事物是如何精密的了。

鲁迅在厦门活动简表①

林宗熙　袁桂芬

一九二六年

八月

26 日　北京"三·一八"惨案后,离京赴厦门,任厦门大学文科国
　　　　文系教授,兼国学研究院教授。许广平同行。

29 日　晨七时到上海。

九月

1 日　夜十二时,在上海乘"新宁"轮船赴厦,三弟周建人送至轮船
　　　　上。

　　　　在上海同许广平分手。

4 日　午后一时到厦门,住中和旅馆(在当时太古栈后面)。文科
　　　　主任兼国学院总秘书林语堂、国文系主任兼国学院主任沈
　　　　兼士,以及国学院编辑部干事孙伏园等,到旅馆迎接。当
　　　　晚,雇船至厦门大学,暂住生物学院三楼(当时国学院设在
　　　　生物学院三楼上)朝东南的一个房间。

　　　　离这住所不远,有一道明末郑成功筑的城墙。"我对于自然
　　　　美,自恨并无敏感,所以即使恭逢良辰美景,也不甚感动。
　　　　但好几天,却忘不掉郑成功的遗迹。"(《厦门通信》)。

5 日　同孙伏园往林语堂寓午餐,下午循海滨归,拾贝壳一匊。

───────────────

　　① 《鲁迅生平史料汇编》第 4 辑,天津人民出版社 1983 年版。收入本书时作
了若干修改。

9 日　午后访哲学系教授陈定谟,同游南普陀寺。

14 日　对人民革命运动,觉到一种从来未有的痛快,是日给在广州许广平的信中中,兴奋地写到北伐胜利进军的情况:"此地北伐顺利的消息也甚多,极快人意。"

18 日　作回忆性散文《从百草园到三味书屋》。

19 日　北师大毕业,当时任集美学校国文教员戴锡樟、宋文翰邀至南普陀寺午餐。当时任厦门中学校长庄奎章在寺恭侯,同坐又有林语堂、沈兼士、孙伏园。

20 日　参加厦门大学开学典礼。

21 日　到市里买一瓶麦精鱼肝油。对此,鲁迅自叙道:"……我的戒酒,吃鱼肝油,以望延长我的生命,倒不尽是为了我的爱人,大半乃是为了我的敌人,——给他们说得体面一点,就是敌人罢——要在他的好世界上多留一些缺陷。"(《坟·题记》)

是日中秋,林语堂送一筐月饼给住在国学院的同事搏饼。

22 日　据课程表,原定每周授课六小时,后来,声韵文字训诂专书研究没有开,每周担任中国小说史、中国文学史各两小时。中国文学史须编讲义。鲁迅想编一本较好的中国文学史。给许广平的信中说:"我想不管旧有的讲义,而自己好好的来编一编,功罪在所不计。"

23 日　作《厦门通信》。

25 日　从生物学院迁居集美楼(当时的图书馆楼)二楼西边朝南的一个房间,隔壁是孙伏园和哲学系张颐教授,靠东边一面是钉书作场。原先房间里没有一张桌椅,向校方领取,文科办公室襄理黄坚(白果)故意刁难,于是鲁迅便给他碰了一个钉子,又大发其怒。大发其怒后,家具就有了,还格外添了一把躺椅,总务长周辨明亲自监督搬运。

辞国学院教授兼职。给许广平的信中说:"我是不与此辈共事的,否则,何必到厦门。"

27 日　开始编写中国文学史讲义,前二篇为名《中国文学史略》(或简称《文学史》),第四至第十篇均为《汉文学史纲要》。一九三八年编入《鲁迅全集》首次正式出版时,取用后者为书名。晚,校方将国学院教授聘书送还,因林语堂为难,只得收下,将辞意取消。

28 日　编好中国文学史讲义第一篇。

30 日　每周授课改为五小时,中国小说史三小时,中国文学史两小时。听讲课的人多起来,文科除国文系全部,还有英文系、教育系,此外,法科、商科的学生、各科的助教,以及报纸的记者、编辑,也都常来听课。教室里挤不下,许多人靠着四壁站着听。

十月

4 日　中国文学史讲义已有两篇付印。

7 日　作回忆性散文《父亲的病》。

8 日　作回忆性散文《琐记》。

10 日　给许广平的信中说:"今天是双十节,却使我欢喜非常。"上午,参加全校国庆纪念会。下午,参加国学院成立会。晚上赴恳亲会,听演奏,看电影。

　　　四日至十日,国学院开展览会,鲁迅收藏的碑碣拓片辟专室陈列。会前,鲁迅将碑碣拓片(大多数是六朝及隋唐的造像)摊在地上,伏着,一一选出,然后同孙伏园拿到会场去陈列,沈兼士也来帮忙,高处则桌上放一椅子,站上去挂,忙碌一番。

12 日　作回忆性散文《藤野先生》。

13 日　继续编写中国文学史讲义。

14 日　上午,在群贤楼礼堂学生周会上演讲三十分钟。针对当时社会上和校长兼国学院院长林文庆以及现代评论派胡适、陈源他们推崇的尊孔读经,发表《少读中国书,做好事之徒》的演说。把反对尊孔读经与反帝反封建的斗争联系在一起,要青年学生少读或不读儒家经书,关心国家和社会的事,和实际的社会斗争接触,做"好事之徒"。校长林文庆对"好事之徒"这一点大以为然,说陈嘉庚也是"好事之徒",所以肯兴学,而不悟和他的尊孔冲突。一九二六年十月二十三日《厦大周刊》第一六〇期,登载讲演纪要时,前半部分被删,后半部分保留。

作《华盖集续编》小引。作向培良《记谈话》的附记和《华盖集续编》校讫记，一九二八年十月三十日，又将校讫记作为《而已集》的题辞。

15 日　　下午编定《华盖集续编》，收一九二六年一月至八月在北京和厦门的杂文三十三篇。

18 日　　中国银行总长马寅初来厦门演说，"北大同人"排队去欢迎。十月二十日给许广平的信中说："我固然是'北大同人'之一，也非不知银行之可以发财，然而于'铜子换毛钱，毛钱换大洋'学说，实在没有什么趣味，所以都不加入，一切由它去罢。"

　　　　　晚，同事六人共饯沈兼士于南普陀寺。

19 日　　寄出为淦女士（冯沅君）编定的小说集《卷葹》，收入《乌合丛书》。

　　　　　寄出《华盖集续编》稿。

20 日　　谢玉生、崔真吾等几个青年学生，想办一个文艺刊物，希望得到鲁迅支持，鲁迅便答应："好的，好的！我一定来帮助你们！"在鲁迅支持下，他们成立了泱泱社，出版《波艇》月刊。是日给许广平的信中说："他们想出一种文艺刊物，已为之看稿。"

　　　　　在同一封信中，鲁迅对国学院来了一大批胡适的人，愤怒指出："现代评论派的势力，在这里我看要膨涨起来，当局者的性质也与此辈相合。"

21 日　　晚，南普陀寺和闽南佛学院公宴太虚，被邀作陪。鲁迅决计不去，但职员硬要他去，说否则他们将以为学校看不起他们，于是只得去。入席，他们推他和太虚并排上坐，终于推掉，将陈定谟教授推上了事。

　　　　　受现代评论派胡适、陈源他们的排斥逐渐明显。这一天给许广平的信中说："这学校，就如一部《三国演义》，你枪我剑，好看煞人。北京的学界在都市挤轧，这里是在小岛上挤轧，地点虽异，挤轧则同。""我所以只好一声不响，自做我的事，他们想攻倒我，一时也很难，我在这里到年底或明年，看我自己的高兴。"

23 日　给许广平的信中说:"我以北京为污浊,乃至厦门,现在想来,可谓妄想,大沟不干净,小沟就干净么? 此胜于彼者,惟不欠薪水而已。"

24 日　夜,看电影《林肯事迹》。十月二十三日给许广平的信中说:"林肯之类的故事,我是不大要看的,但在这里,能有好的影片看吗? 大家所知道而以为好看的,至多也不过是林肯的一生之类罢了。"

30 日　把一九〇七年到一九二五年写的论文、杂文二十三篇编成杂文集《坟》,一九二七年三月由未名社出版。在听到《坟》已经印成一半的时候,大风之夜,又写了《坟》的《题记》,寄往北京。

31 日　浙江学生欢迎马寅初,邀请鲁迅照相,鲁迅竭力拒绝。十一月一日给许广平的信中说:"我非不知银行之可以发财也,其如'道不同不相为谋'何"。

　　　　本月,着手作历史小说《眉间尺》,次年四月三日完成,同年四、五月发表,一九三二年编入《自选集》,改名为《铸剑》。

十一月

1 日　中国文学史讲义已经写完五篇。

3 日　孙伏园在南普陀寺佛学院有几点钟课,孙伏园走后,请人代课,有些人想挖取这块地方,派探子前来探听孙伏园的消息。鲁迅这一天给许广平的信中说:"我不禁好笑,答得极其神出鬼没,似乎不来,似乎并非不来,而且立刻要来,于是乎终于莫名其妙而去。你看'现代'派下的小卒这样阴鸷,无孔不入,真是可怕可厌。"

　　　　夜,为《厦大国学》写《〈嵇康集〉考》,至半夜。

4 日　上午,续写完《〈嵇康集〉考》。

7 日　作厦门通信(二)。

　　　　决定至迟于本学期末(阳历正月底)离开厦大,到广州中山大学去,给许广平的信中说,希望到中山大学后,"与创造社联合起来,造成一条战线",更向旧社会进攻。"

11 日　中共粤区党委决定争取邀请鲁迅到中山大学工作。上午,鲁迅接到中山大学聘请书。

夜,作《写在〈坟〉后面》,无情面地自我解剖,对自己的思想
进行清理,这是旧的终结,新的起点。在《写在〈坟〉后面》
一文里,写下了闪烁着光辉的名言:"我的确时时解剖别
人,然而更多的是更无情面地解剖我自己……。"同时,写
下了"世界却正由愚人造成,聪明人决不能支持世界"的论
断。

13 日　夜,冒着大雨,同国学院编辑丁山以及孙伏园,往南普陀寺
看牵丝傀儡戏。

14 日　风雨之夜,编好文学青年董秋芳译的俄国小说和散文集
《争自由的波浪》,并写小引。指出:在十月革命后的俄国,
"贵人自然总要较为苦恼,平民也自然比先前抬了头。""中
国是否会有平民的时代,自然无从断定。然而,平民总未
必会舍命改革以后,倒给上等人安排鱼翅席,是显而易见
的,因为上等人从来就没有给他们安排过杂合面。"
《〈嵇康集〉考》修改定稿。

15 日　给许广平的信中写:"我先前在北京为文学青年打杂,耗去
生命不少,自己是知道的。但到这里,又有几个学生办了
一种月刊,叫作《波艇》,我却仍然去打杂。"

17 日　下午,同校中教职员照相毕,被一个同事硬拉到礼堂参加
恳亲会,学生指导长林玉霖"先感谢校长给我们吃点心,次
说教员吃得多么好,住得多么舒服,薪水又这么多,应该大
发良心,拼命做事",又说:"校长如此体贴我们,真如父母
一样",鲁迅听了,气得真想要立刻跳起来,但已有哲学系
教授缪子才立起驳斥。接着又有个留学西洋的教授为林
玉霖辩护,说:"在西洋,父子和朋友不大两样,所以倘说谁
和谁如父子,也就是谁和谁如朋友的意思。"十一月十八日
给许广平的信中说:"这人是西洋留学生,你看他到西洋一
番,竟学得了这样的大识见。"

18 日　作回忆性散文《范爱农》。
校方对教员的工作成绩常要查问,是日给许广平的信中
说:"上星期我气起来,就对校长说,我原已辑好了古小说
十本,只须略加整理,学校既如此着急,月内便去付印就是

了。于是他们就从此没有后文。你没有稿子,他们就天天催,一有,却并不真准备付印的。"原想将先前集成的《汉画像考》和《古小说钩沉》印出,到了这里,便将印《汉画像考》希望取消,现将印《古小说钩沉》意思也取消。

19 日　狂飙社高长虹一再攻击、毁谤鲁迅。鲁迅在信中对许广平说:"有青年攻击或讥笑我,我是向来不去还手的,他们还脆弱,还是我比较禁得起践踏。然而他竟得步进步,骂个不完,好象我即使避到棺材里去,也还要戮尸的样子。"所以决定,对无论什么青年,也不再留情面,"拳来拳对,刀来刀当。"

　　　　"希望全在未见面的人们。"

20 日　作《所谓"思想界先驱者"鲁迅启事》,还击高长虹。

22 日　继续编写中国文学史讲义。

25 日　校长林文庆在谈话会上宣布削减国学院经费预算。鲁迅提出抗议,林文庆自知理亏,只得取消前议,维持预算。

26 日　晚,集美学校校长叶渊派秘书蒋希曾来请鲁迅去演讲,并说,"校长的意思是以为学生应该专门埋头读书的"。鲁迅当即回答:"那么,我却以为也应该留心世事,和校长的尊意正相反,不如不去的好罢。"秘书急忙改口:"不妨,也可以说说。"

27 日　晨,与蒋希曾、林语堂同乘小汽船往集美学校。午后,以《聪明人不能做事,世界是属于傻子的》为题,演讲三十分钟。热情歌颂人民群众的伟大作用,批判剥削阶级轻视劳动群众的唯心史观。鲁迅说:聪明人不能做事,因为他想来想去,终于什么也做不成。世界是靠傻子来支持的,是靠傻子去推动的。最后,激愤地说:"世界是傻子的世界"!青年学生热烈鼓掌,讲台上的校长叶渊摇头不止。后来,叶渊诉说集美学校的闹风潮都是鲁迅不好,"对青年人说话,那里可以说人是不必想来想去的呢"。

28 日　这一天给许广平的信中说:"又在日报上添了一种文艺周刊。这种文艺周刊,就是在鲁迅支持和帮助下,由谢玉生、崔真吾等几个青年学生组织的鼓浪社编辑的《鼓浪》

周刊。

晚　魏兆淇、朱斐、王方仁、崔真吾合饯孙伏园于镇南关之一福州饭店,邀同往。

本月,不但为《波艇》阅稿,改编,还设法联系《波艇》出版的事。起初,同一个向他约稿的书店接洽,书店大概觉得无利可图,婉言拒绝。,他幽默地对青年学生说:"这种市侩,只要有利可图,他们会若无其事地厚着脸皮,又会来请我写文章,那我只好不客气说,'没有什么空闲'!"后来,把稿子寄到上海北新书局,由北新书局代为印行。

十二月

2 日　北伐战争接连胜利的消息,促使鲁迅对谁是革命的主力军有进一步认识。给许广平的信中说:"我现在对于做文章的青年,实在有些失望,我看有希望的青年,恐怕大抵打仗去了,至于弄弄笔墨的,却还未遇着真有几分为社会的,他们都是挂新招牌的利己主义者。"

寄集美学校讲演稿。

3 日　捐给平民学校五元。

作《〈阿 Q 正传〉的成因》。

7 日　译日本鹤见祐辅作《说幽默》。

11 日　丁山邀往鼓浪屿,并国文系罗常培以及孙伏园,同游观海别墅,并游日光岩,瞻仰郑成功水操台。

12 日　这天起得特别早,赴平民学校成立大会演说五分钟。鲁迅对大家说:你们穷的是金钱而不是聪明与智慧。你们平民的子弟,一样是聪明的,是有智慧的。他希望大家努力学习,多认识了字,也多关心社会国家的大事。而有个曾留学西洋的教授说:"这学校之有益于平民也,例如底下人认识了字,送信不再会送错,主人就喜欢他,要用他,有饭吃……。"鲁迅听了,"感佩之极,溜出会场"。

15 日　编一篇中国文学史讲义。

20 日　作《关于三藏取经记事》。

22 日　作《〈走到出版界〉的"战略"》。

23 日　接中山大学委员会十五日来信,催速往,并说所定正教授只鲁迅一人。他知道恐怕是做主任了。是日给许广平的信中写:"至于主任,我想不做,只要教教书就够了。"

24 日　作《新的世故》。

30 日　出题考试。

作历史小说《奔月》。

31 日　辞去厦门大学一切职务。

作《厦门通信》(三)。

中午,周辨明招待薄饼,同坐有欧君、矛尘及各夫人。

一九二七年

一月

2 日　下午泱泱社的几个青年学生邀请鲁迅到南普陀西南面的小山岗上照相,全体拍了照之后,鲁迅特意坐在一个洋灰的坟的祭桌上,拍了一张,后面都是坟,旁边是丛生的龙舌兰,坚韧挺拔。他对他们说:这张照片将寄到上海,赶印在那本《坟》上。

阅试卷。

学生会派代表来挽留,但"和厦大根本冲突,无可调和",故无论如何,决计离开厦门。

3 日　晚,教务长、大学秘书兼理科主任刘树杞(刘楚青)来挽留,并致聘书。

4 日　下午,赴全体学生在群贤楼礼堂召开的送别大会。会上,厦大学生会、厦大女生同学会全体会员代表致送别辞,并将书写在素绢和虎皮宣纸上的送别辞赠鲁迅留念。送别辞洋溢着对鲁迅崇敬和爱戴的感情。

鲁迅在学生代表致送别辞后讲了话。

会后,在群贤楼前和群贤楼后,分别同厦大学生会、浙江同乡会、文科青年学生合影留念。参加这次送别会和照相的,有当时厦门和厦大党的负责人之一罗扬才同志。

晚,赴文科送别会。

5 日　夜,译日本武者小路实笃作《文学者的一生》。

挽留鲁迅的运动将转为改革学校的运动。对这孔孟势力盘踞的厦门大学,鲁迅认为:"这学校除全盘改造之外,没有第二法。"

6 日　赴国学院同事饯行宴。

夜，译《支那文学研究》中的一篇日本铃木虎雄作《运用口语
的填词》。

7 日　晚，赴浙江同乡送别会。

8 日　应谢玉生（国文系一年级学生，当时在中山中学兼课）的邀
请，上午，由谢玉生陪同，赴厦门虎头山中山中学，午后演
说，题为：《革命可以在后方，但不要忘记前线》。他说：你们
在这后方，不要忘记革命是在前线。要效法孙中山先生，他
常常站在革命的前线，走在革命的前头。

演讲完毕，由谢玉生陪送出来。谢玉生同鲁迅来往较密切。
据许广平回忆，谢玉生"好象是个做社会运动的人物"。鲁
迅离开厦门后，"几乎时常记念着他，且疑心他已被黑暗卷
去"。

下午鲁迅还到鼓浪屿民钟日报社找总经理李硕果和主任编
辑陈昌标等人。后来，林语堂、章廷谦（字矛尘，笔名川岛）、
顾颉刚、陈万里也到。鲁迅去的目的是辟谣，驳所谓"胡适
派"和"鲁迅派"相排挤之说。

作《华盖集续编的续编》前记。

14 日　为教育系学生陈梦韶所编《绛洞花主》剧本写小引。

15 日　上午，再还聘书。午后，在师生陪同下，离开厦门大学，坐
小船上"苏州"号轮船。

16 日　下午，乘"苏州"号轮船赴广州。同行的有三个要转学到中
山大学的广东籍学生。开船不久，发现有一个侦探性的学
生跟踪。据判断："此人大概是厦门当局所派，探听消息
的，因为那边风潮未平，他们怕我帮助学生，在广州活动"。
用各种方法拒斥，那人嘻皮笑脸，谬托知己，并不远离，于
是便通知同行的三个学生注意防备，所以那人探不到任何
消息。

夜，在船上作《海上 通信》。

后 记

　　这个集注本即将面世,话就要拉得长一些,往事也会说得多些。

　　我们早年上大学时,就在学校设有鲁迅纪念室的集美楼上课,聆听徐霞村先生讲授鲁迅生平与创作,阅读陈梦韶先生的著作《鲁迅在厦门》,激起了学习鲁迅的情趣。从事教学工作后,犹能时而研习之。1973年前后,遭遇到那个百业俱废的年代,在剩有的极其狭小的教学空间里,设法开出了《鲁迅作品选》、《鲁迅在厦门专题研究》课程。1970年代中后期,参加了人民文学出版社新版的《鲁迅全集·两地书》注释工作,承担了撰写征求意见稿任务。为此,在1977年前后,足足用了三年时间,由近及远,到厦门大学图书馆、厦门市图书馆、集美图书馆、福建省图书馆、广东省图书馆、广州鲁迅纪念馆、上海图书馆、北京图书馆等,查阅和抄录有关报刊图书资料。向尚健在的老一辈学者、作家和知情人,当面请教和信访,计有二百多人次。同时,在厦门和广州两地,到当年鲁迅和许广平生活和工作过的地方,实地调查所在的地址、方位、周边风物和历史变迁。其间,还特地到广州市高第街中约许府去访问,与许广平家的后代座谈,了解到《两地书》中所提及许家亲属远近情况。的确,在那段时间,我们已尽所能,收集了相当一批前所未及的资料。而按照统一要求,在完成规定的注释任务中,能用上仅是有限的一些材料,随处都有难以割舍的感触。

　　还有的是,一九七三届厦门大学中文系的多位学生,因学习需要,参加了鲁迅在厦门及许广平在广州情况的调查工作,又在任课教师的指导下,撰成了资料性的文稿。其中多篇刊于《鲁迅研究资料》第二辑(1977年11月),更让我们感到所拥有的那批资料的价值。这些往事,看来并不特别起眼,但却是我们执着编撰本书的最重要原因和起点。

　　在《两地书》注释的前前后后,人民文学出版社有关编辑,为此提供了许多有益资料,令我们经久而未敢忘怀。即如本注本的文本,也是采用人民文学出版社 2005 年出版的全集本。谨此说明。

　　鲁迅曾在厦门大学任教,给厦门大学留下了丰富的思想资源,厦门大学中文系亦有多年的鲁迅研究传统,使我们受到诸多教益。

　　厦门大学校长朱崇实教授对本书出版,给予大力支持;时任中文系主任周宁教授对本书面世,也有诸多关注,均在此表示衷心感谢!

　　最后要说的是,这个注本,虽是出于我们之手,注入了我们历时付出的心血,而更主要的是,它附丽于鲁迅著作,复又汇集了好几代人辛勤耕耘的成果和奉献的广博智慧。但愿它能适应广大读者需要,不断地发挥其效用,渐行渐远。限于学识与水平,书中如有错误或不妥之处,敬请广大读者和同行朋友批评指正。

编撰者

2008 年 4 月

图书在版编目(CIP)数据

《两地书》(厦门—广州)集注/庄钟庆,庄明萱编撰. —厦门:厦门大学
出版社,2008.12

ISBN 978-7-5615-2902-7

Ⅰ.两… Ⅱ.①庄…②庄… Ⅲ.鲁迅书简-注释 Ⅳ.I210.7

中国版本图书馆 CIP 数据核字(2008)第 206575 号

厦门大学出版社出版发行

(地址:厦门大学 邮编:361005)

http://www.xmupress.com

xmup @ public.xm.fj.cn

厦门集大印刷厂印刷

(地址:厦门市集美石鼓路9号 邮编:361021)

2008 年 12 月第 1 版 2008 年 12 月第 1 次印刷

开本:787×1092 1/16 印张:19.25 插页:2

字数:385 千字 印数:1～1 000 册

定价:35.00 元

如有印装质量问题请与承印厂调换